碳红利

林安 —— 著

人民东方出版传媒
People's Oriental Publishing & Media
东方出版社
The Oriental Press

图书在版编目（CIP）数据

碳红利 / 林安 著 . — 北京：东方出版社，2022.6
ISBN 978–7–5207–2808–9

Ⅰ.①碳… Ⅱ.①林… Ⅲ.①中国经济－低碳经济－研究 Ⅳ.① F124.5

中国版本图书馆 CIP 数据核字 (2022) 第 088067 号

碳红利
(TAN HONGLI)

作　　者：	林　安
责任编辑：	刘　峥
出　　版：	东方出版社
发　　行：	人民东方出版传媒有限公司
地　　址：	北京市西城区北三环中路 6 号
邮　　编：	100120
印　　刷：	三河市华润印刷有限公司
版　　次：	2022 年 6 月第 1 版
印　　次：	2022 年 6 月第 1 次印刷
开　　本：	710 毫米 ×1000 毫米　1/16
印　　张：	16
字　　数：	228 千字
书　　号：	ISBN 978–7–5207–2808–9
定　　价：	58.00 元
发行电话：	(010) 85924662　85924644　85924641

版权所有，违者必究
如有印装质量问题，我社负责调换
请拨打电话：(010) 85924602　85924603

·开篇·
碳红利是你的财富分水岭

全球变暖问题是当代人耳熟能详的议题。似乎从记事起,就会有一些忧心忡忡的学者惊天忧变,以至于太多人听到麻木。可这么多年过去了,除了几部煞有其事的科幻大片,全球各大沿海城市里依然灯红酒绿,就算小有自然灾害,台风侵扰,但那不就是人间的日常吗?

可能对很多在城市中生活的人来说,室内有空调,室外可行车,生活已经风吹不到、雨淋不着,全球变暖与我何干?"碳排放""碳中和"、气候、环保等问题似乎是专业人士、环保人士足以应对的问题,感觉与我们的生活关系不大,而在这个专业分工越来越细化的时代里,我为什么要操心一个与我日常弱关联的事项?

其实不然,"碳中和"将成为我们这一代人的财富分水岭,而在碳排放问题之后,有着决定财富变迁的巨大红利。

如果把互联网变革、互联网红利视作全球财富的一次巨大变迁,那么围绕着"碳中和"问题将引发比互联网变革更为猛烈的变迁。"碳中和"可谓是对百年工业文明的洗牌式变革,从能源底层逻辑对人类文明进行重构,其规模之宏大、意义之深远,将影响至少三四代人,直接影响所有人的钱袋子。

可以说,从你拿起本书的这一刻起,你的未来就已经被"碳红利"三个字改变。有意识、有准备地去迎接这灿烂的"碳中和"时代,将有可能让你的财富有获得质变的机会。

有读者肯定会质疑:这是不是言过其实了?"碳中和"有这么重要吗?就算"碳中和"是关系人类未来的大事情,就一定会影响到当代的财富分配吗?

影响到我个人怎么赚钱吗？"碳排放""碳中和"离我的生活这么远，凭什么就能影响到我的钱包？

其实未来已来，碳红利已经来到你身边。

"碳中和"，是人类工业化进程的必然结果，也是历史规律，不会以人类意志为转移。关于这一伟业的必要性，本书第一部分将会详细呈现。

因为大气变化，因为空气成分的变化，地球上已经有好几拨生物灭绝了。人类固然可以对这些地球已经反馈的信号置若罔闻，其结果就是陆地之上再多一层人类化石，在多少亿年后，等待新一波智慧生命来考古挖掘、盘点人类文化。但这种地质级的时间跨度，人类文明还能留存下来什么遗迹，我实在是没有信心。

有些人搞环保，总喜欢说"保护地球"，其实渺小的人类哪有资格去保护一个星球。地球根本不在意人类的存亡，而地球变暖，则是人类自己"淘汰"自己。没有了人类，地球就不存在了？海平面升高或降低十米，对地球在太阳系中的位置毫无影响。所谓的保护地球，其实是保护我们自己，这是人类的自我救赎。

但请注意，就在"碳中和"推进之时，也是海量财富的迁移时刻。

煤炭、石油这些传统能源行业何去何从？新能源汽车已经让特斯拉老板马斯克登上了世界首富的宝座（《2021胡润全球富豪榜》），又有多少人投资特斯拉股票已经暴富？宝马、奔驰、通用、丰田、本田、上汽、一汽、小鹏、长城、比亚迪、吉利等汽车厂家谁能笑傲江湖？请记住，新能源汽车产业仅仅是一个开场而已，正剧还没上演。

围绕着新旧能源引发的制造业变革、金融业变革，动辄就是百万亿级别的财富大变迁，这是有史以来人类的最大红利，就这样悄然走进我们的生活。如果你对这一切还没有意识，还懵懂无知，那么不被时代的车轮甩开，还能有什么结局等待着你？

本书共分四部分。第一部分主要探讨了"碳红利"之所以产生的基本逻辑问题，可以看到"碳中和"变革是一个事关人类自身繁衍、存续的大事件，如果人类不积极采取行动，一些科幻大片所描绘的气候灾变将会离我们的生活越来越近。围绕着绿碳能源的产业变革，也是国家走向能源结构调整的关键举措，其中蕴含着巨大的红利机会，等同于人类淘汰马车、油灯，进入电力时代的那个曾经的黄金阶段。

第二部分具体分析碳红利的黄金落点，分析了最具变革机会的几大行业。煤炭、石油炼化、电力、钢铁、机械设备制造、铁路交通、汽车等行业将走在前列，其实如果这几大行业完成变革，基本就属于人类经济结构的全面重新组合了，直接影响的行业人群就已经过亿。人类经济迈入新阶段，随之必然在制度、文化、组织等层面造成持久的影响。每一次能源变革都会带来巨大的财富红利，把握住变革的公司与个人，将在此时实力大增。

第三部分从区域经济入手，为读者全景式地展示国内各个地区围绕新能源产业变革已经做了哪些工作、有了哪些布局，有些区域其实已经在新能源赛道上抢得了一席之地。在碳红利的时代里，你的家乡能不能抓住机会，实际上会直接影响到当地的经济水平，影响到每个人的生活。

第四部分放眼全球经济，目前全球已有超过120个国家和地区提出了"碳中和"目标，这无疑会对全球经济产生巨大的影响。一些传统的原油出口大国、一些重要的原油码头和航道，还有这百年工业历程中形成的能源巨头们能适应新的时代吗？像以原油为命脉的中东各国，会如何迎接这些挑战？像沙特阿美、洛克菲勒一批工业文明的巨头，还能否顺利跃进新能源时代？围绕碳资产的定价，各路资本巨头又将如何博弈？这都是即将上演的精彩大戏。

本书涉及内容较为庞杂，回顾了地球的气候变迁，研讨了各文明对环保的态度与差异以及其间蕴含的奇谋与战略，分析了工业文明革命的历程，对"碳红利"时代进行了预判和分析，对行业经济、地域经济进行了全景剖析，包含了气候学、地缘政治学、经济学等多学科内容。书中谬误难免，也请读者见谅，在新的时代面前，有时候很多细节性的内容还并不清晰，但这些细节一旦清晰，我们就已经身处时代之中，无力提前占位了。

本人才疏学浅，实无力预言未来的时代变迁，但就像一只报晓的雄鸡，已经感觉到红日将出，所以尽力高歌，为新时代呐喊、开路。全书参考了诸多经典著作和相关文献，避免影响阅读体验，我已依次在文中用序号标注出来并整理到书后的"附录"当中。

最后，请记住，尽管书中很多观点还有待时间验证，但毫无疑问，碳红利将是这一代人的财富分水岭。

请问，你选择站在分水岭的哪一边？

目 录
CONTENTS

第一部分
是重复生物大灭绝，还是拥抱碳红利？

第一章　全球变暖是骗局吗？/ 003

第二章　六次！大气至少完成过六次生物大灭绝 / 011

第三章　地球永生，人类需要拯救的是自己 / 023

第四章　临界点也许就在后天 / 037

第二部分
五大新行业分享碳红利，七大产业面临挑战

第五章　为什么是这些行业？/ 067

第六章　巨变已至 / 079

第七章　"碳中和"时代的红利行业 / 111

第八章　金融市场：高碳企业的压力锤，清洁能源的助推器 / 146

第三部分
你的家乡能不能抓住碳红利？

第九章　从"东西差距"到"南北变迁"/ 171

第十章　内蒙古、山西承受转型压力 / 178

第十一章　大湾区加码能源转型，上海谋求"碳金融"中心 / 183

第十二章　谁会是氢能之都？ / 187

第十三章　宁德奇迹 / 192

第十四章　"新能源汽车霸主"争夺战 / 195

第四部分
谁会拥有碳资产的全球定价权？

第十五章　"碳中和"已成全球主流趋势 / 205

第十六章　全球油气市场，40年后谁用石油？ / 210

第十七章　全球汽车产业的重塑时刻 / 216

第十八章　贸易运输行业的抽心之变 / 220

第十九章　全球金融市场，打响"碳资产"定价争霸战 / 223

第二十章　石油美元霸权面临巨大冲击 / 231

写在最后的话 / 235

附录：参考资料一览 / 241

第一部分
是重复生物大灭绝，还是拥抱碳红利？

◇ 第一章　全球变暖是骗局吗？
◇ 第二章　六次！大气至少完成过六次生物大灭绝
◇ 第三章　地球永生，人类需要拯救的是自己
◇ 第四章　临界点也许就在后天

·第一章·
全球变暖是骗局吗？

一、全球变暖，关我什么事？

几十年来，可能很多人都会有一个疑问：地球到底变暖了没有？

尽管已经有很多专家都在说地球受温室效应影响，全球正在变暖，但相信绝大多数人都没有察觉到什么太大的变化，觉得冬天依旧寒风呼啸，冷得伸不出手指；而夏天依旧如往昔，经常让人大汗淋漓。好像从体感上没有确定无疑的体验和证据。

确实，仅从我们个人体验上来看（这里的个人体验指的是我们辛苦奔波在城市里的体验，我们没有居住在北极圈内眼看着冰山消融；也不是专门的气象工作人员盯着创新高的气温而焦心如焚），对我们这些远离北极、不精研气候的大众来说，仅靠肉身是很难感受到全球正在升温的。我们每天每时每刻都在感知温度的变化，中午热、早晚凉，这已经是每天的日常生活规律。在季节更替时，有时候来个连绵的阴雨天或者冰雪天，我们也感觉不到地球变暖了，只会觉得似乎今年的秋雨格外缠绵，这个冬季比往年更冷了。

地球变暖这一陈述似乎在我们很多人的日常生活里难以得到验证。这让不少朋友心生疑窦，如果喊了几十年的地球变暖人们都觉察不到，那地球到底变暖了没有？全球变暖到底是不是一个骗局？认真想过全球变暖问题的朋友，也许还会进一步质疑，就算地球变暖了1℃，能有什么影响？

根据多方的研究数据，从20世纪初至今，地球表面的平均温度增加了约0.6℃；在过去的40年中，平均气温上升0.2~0.3℃。也就是说，这几十年来全球的平均升温幅度也没有超过1℃。

可是，我们每天都在经历温度变化，哪有一成不变的气温？正常认知里谁会为了气温增加或减少了一两度而惶恐不安呢？如果一天里每升温2℃，就有人告诉你会有危险，你肯定觉得这人是个神经病。按此逻辑推理，就算全球变暖是个确定性的结论，现在全球的学者、政治家、商人等社会各界人士为了连体感都觉察不到的一两度气温而经常吵吵嚷嚷，这种争论有意义吗？也就是升温1℃到2℃而已，这么点温度变化，又能有多大影响？前几年还有一部灾难电影大片《后天》，更是夸大地球变暖问题，因为气温升高，搞的全世界都崩溃了似的，全人类都在逃难。就升温1℃到2℃，至于吗？

再联想到在各类气候大会上，围绕着碳排放、温室效应等相关问题，各个组织和机构的专家、学者们总是吵个不停，动不动就这个协议退出、那个合约拒签的。还有一些朋友疑惑，这个"全球变暖""温室效应"是不是有人故意搞出来的噱头，就是想压制别人发展？

太阳每天的辐射量都在变化，太阳和地球的位置也在不停地变化，这些都是影响温度的因素，凭什么地球变暖就一定要怪到温室气体头上？更有激愤者会问，人活着喘气就要排出二氧化碳这种温室气体，难道为了控制温度，还不让人喘气了？他们认为一些环保主义者就是太过激了，人类只要活动，就会对地球造成影响，难不成倒退回原始文明，刀耕火种去？

将各种质疑声总结起来，发现围绕全球变暖问题最为常见的疑问有三个：

1. 地球到底变暖没？这变暖是不是一个骗局？
2. 地球变暖到底是不是"温室效应"造成的？这和温室气体有关系吗？
3. 就算这一切都是真的，关我什么事？难道每个人都需要像灾难电影中那样，因此逃难吗？

二、"两个半"结论

为了不让朋友们久久困扰，我就上文中的三方面问题先给出结论。

1. 地球到底变暖没？这变暖是不是一个骗局？

结论一：地球变暖是真的

很不幸，这不是骗局，全球各国、各地诸多科研人员已经验证了这个结论。

美国国家航空航天局戈达德太空研究所的研究报告显示，除了地球平均温度升高外，在2000年后，全球各地的高温纪录经常被打破，譬如：

2003年8月11日，瑞士格罗诺镇达到41.5℃，破了139年来的纪录。同年，8月10日，英国伦敦的温度达到38.1℃，破了1990年以来的纪录。同期，巴黎南部晚上测得最低温度为25.5℃，破了1873年以来的纪录。8月7日夜间，德国也打破了百年最高气温纪录。

2003年夏天，台北、上海、杭州、武汉、福州都破了当地高温纪录，而浙江更快速地屡破高温纪录，67个气象站中有40个都刷新纪录。

2004年7月，广州的罕见高温打破了53年来的纪录。

2005年7月，美国有两百个城市都创下历史性高温纪录。

2006年8月16日，重庆最高气温高达43℃。

2006年11月11日是中国香港整个11月最热的一天，最高气温达29.2℃。

学界已经形成定论，在20世纪，全球变暖的程度最为严重，变暖幅度超过了过去400~600年中任何一段时间的气温纪录。

尽管我们肉身的体温感知系统察觉不到浩大地球一两度的温度变化，但全球变暖已成事实。

2. 地球变暖到底是不是"温室效应"造成的？这和温室气体有关系吗？

结论二：这一切确实和温室气体有关

这是一个非常好的问题。就算地球变暖了，就一定是二氧化碳等温室气体导致的吗？

干扰地球温度的因素有很多。比如，地球围绕着太阳运动，那么地球公转轨道是有离心率变化的，轨道离心率越大越利于形成冰期，这有一个约9.6万年的周期。此外，地球不是直挺挺地立在宇宙中静止不动的，地球自转时，有一个倾斜角度，倾斜角度介于21.5度到24.5度之间，这个自转轴倾斜还会有角度的变化，以4.1万年为周期，倾斜角度越大，越易形成冰期。[1]

除了地球的因素，还有太阳的因素。地球接收到的太阳辐射其实非常少，据测算，地球所接受的太阳能只是太阳输出总量的22亿分之一。但太阳向广袤宇宙辐射的能量是时刻变化的，随着太阳辐射出的能量不断变化，自然是辐射量大，地球就会变暖，而太阳只要多散发一些热能，我们这些地球上的小小人类就要遭殃了。

既然有这么多因素能扰动地球温度，那么凭什么现在认定"温室气体"是罪魁祸首？

更可怕的是，从"温室气体"这个问题还可以引出一个非常具有"阴谋"气息的博弈。欧美等发达国家排放二氧化碳等温室气体已经上百年了，现在亚洲、非洲、拉丁美洲等国家需要发展，就开始搬出"温室效应"理论，拿碳排放说事。如果欧美等发达国家不先为自己过去百年的"碳排放旧债"负责，那么凭什么要限制发展中国家如今的碳排放？只要卡住碳排放这个节点，发展中国家就无望进入工业化时代，如此岂不是发展中国家要长期落后下去，一直为发达国家所欺压？就算地球变暖不是骗局，但赤裸裸地打压亚、非、拉等发展中国家的"碳排放问题"，真的不是那些发达国家的一个阴谋吗？

确实，这个质疑非常有力。一些发达国家在"碳排放"问题上的姿态，不理旧账、颐指气使，不给发展中国家人民平等的"碳排放"权利，这确实让人齿冷。

但很遗憾，为了地球，为了我们自己，控制"温室效应"是我们现在必须走的自我救赎之路。就算地球变暖有其他因素扰动，有发达国家的阴谋推手，但作为负责任的地球公民，我们只能通过控制温室气体来减缓地球的变暖趋势。

3. 就算这一切都是真的，关我什么事？难道每个人都需要像灾难电影中那样，因此逃难吗？

半结论：碳中和变革将会影响绝大多数人的生活、工作，成为未来最大的一波时代红利。

为什么会得出一个"半结论"？因为有人依然难以理解气候变迁对个人财富的影响逻辑，或者说，就算认同气候变迁会对每个人造成影响，但怎样把握这种财富变迁，以及对这一问题后半句"难道每个人都需要像灾难电影中那样，因此逃难吗"还未形成可操作的结论。从这种层面来讲，第三个结论还不能算作一个完整的结论。

2021年3月15日，一大波来自蒙古的沙尘横扫中国北方大部分地区，新疆、甘肃、内蒙古、山西、北京、天津、河北、黑龙江、吉林、辽宁等地先后受到影响。

当天早晨一醒来，居住在北方地区的民众在社交网络上顿时刷屏了黄尘漫天的图片，以及各种现编的段子，有朋友惊呼"一觉醒来还以为化身'天问一号'登陆火星了"，还有很多人在大风沙尘中看到甚至拍到了类似火星落日的"蓝太阳"景象。这种"蓝太阳"主要是因为空气中尘埃太多，沙尘粒径大于可见光波长，对波长长的红光等散射明显，于是太阳方向的光线就保留了蓝光。

在这次沙尘天气中，内蒙古、河北北部多地PM10（可吸入颗粒物）浓度超过10000（微克/立方米），北京多个地区也逼近10000，均为有确切观测以来罕见甚至仅见。要知道，平时PM10的数值过350就算重度污染了。

这次来自蒙古的沙尘暴如此猛烈，其实就是地球温度升高的一个例证。

2020年，发表在《科学》（Science）杂志上的一篇研究指出，早在2008年，不论是内蒙古还是蒙古国，温度上升速率都远高于世界同期0.6℃和中国北方0.93℃的平均水平。

20世纪90年代与60年代相比，中国内蒙古的6个观测站平均升温1.35℃，蒙古国6站上升1.13℃；2000—2004年与60年代相比，中国内蒙古6个观测站上升1.89℃，蒙古国则上升1.37℃。

就在蒙古温度升高的同时，还有一个重要的气候特点同步出现了，那就是进入20世纪90年代中期以后，降水量明显减少。21世纪的前5年（2000—2004年），内蒙古的降雨量比20世纪60年代时期的降雨量平均减少28.7毫米，下降幅度占多年平均降雨量的10.8%；蒙古国的降雨量则减少了33.8毫米，占多年平均降雨量的18.1%，也就是说，蒙古差不多减少了五分之一的降雨。[2]

进入90年代中期以后，蒙古高原气候变化的特点是：降水明显减少，温度明显升高，气候趋于干旱化。气温升高导致降雨减少，进一步导致土壤越来越干旱，如果遇到大风天气，那些沙尘还不借机腾空而起？需要警惕的是，土壤干燥后，会进一步减少水分蒸发，减少降雨，最终会产生更多的热浪，这就是一个难以打破的恶性循环。

根据一个国际气候科学家小组的说法，由于热浪的"恶性循环"，蒙古的半干旱高原可能很快就会变得像美国西南部的部分地区一样贫瘠。[3]也就是说，如果地球持续变暖，来自蒙古的沙尘暴会更加频繁地成为北方人民的日常。

是的，如果这个变暖趋势发展下去，你或你的子孙确实要面临更为惨重且频繁的自然灾害。

三、"碳中和"将掀起比互联网更为猛烈的革命

有朋友可能会说："恶劣天气我还能忍，反正也不是我一个人顶着沙尘暴，天塌下来还有高个子顶着，我还是继续过我的日子。"人类面对地球变暖的趋势无动于衷，不去自我救赎，这种放任的态度泯灭了一个人的社会责任感，除了图一时安逸没有任何好处，反而会影响下一代或下几代人甚至整个人类群体的生存与发展。

但现在不同，2020年9月22日，中国政府在第七十五届联合国大会上提出："中国将提高国家自主贡献力度，采取更加有力的政策和措施，二氧化碳排放力争于2030年前达到峰值，努力争取2060年前实现'碳中和'。"

你知道这句话的背后是多么沉重的责任吗？蕴藏着多么大的机会吗？

2020年11月，落基山研究所与中国投资协会联合发布的《以实现"碳中和"为目标的投资机遇》中提到，"碳中和"目标将催生七大投资领域，撬动70万亿元绿色基础设施投资。

清华大学气候变化与可持续发展研究院联合国内18家研究机构开展的"中国长期低碳发展战略与转型路径研究"提出了四种情景构想，其中实现2℃目标导向转型路径，2020—2050年能源系统需新增投资约100万亿元；实现1.5℃目标导向转型路径，需新增投资约138万亿元。

"70万亿""100万亿""138万亿"，这些天文数字级别的投入，如果让你觉得遥远，那么再贴近一点地讲，无数城市将因这次"碳中和"宏图获得新生，而有些资源型城市将面临巨大考验：火电、石化、煤炭、钢铁、水泥等传统碳排放大户将面临前所未有的变革和考验。

太阳能、风电、氢能、储能产业将迎来爆炸式机会；整个金融行业将会围绕"碳中和"理念全面重构成本利润，动辄万亿的金钱将在"碳中和"的指挥棒下飞舞。

这将是人类自工业文明以来最为波澜壮阔的一次经济革命、生活方式革命，这将不可阻挡地对每个人的"饭碗"造成影响。

新的"碳中和"时代已经像巨大的、轰鸣的火车头一样，冲到了你的眼前，而你却因为思维惯性想对其视而不见，这怎么可能？无视"碳中和"时代的人，必将被时代的巨轮无情碾压。

按完成"碳中和"的目标时间2060年来算，在未来三十多年的"碳中和"产业革命中：

也许你或者你的子女入错了行业，选错了工作，在十几年以后，你会突然发现曾以为终身可靠的企业已经沦为破产企业，为社会所淘汰了；

也许你没有领会"碳中和"的意义，在股市投资中选错了投资对象，依然拿着一些低估值的传统产业当宝贝，将彻头彻尾地承受巨大的投资损失；

也许你逆"碳中和"潮流而动，做了高碳排放的业务，直接被彻底封杀出局，整个产业链都容不下你的高碳排放方案；

也许你对"碳中和"不理不睬，突然有一天发现，一笔大额的"绿碳"税已经砸在了你头上——这不是开玩笑，欧盟已经计划征收"碳边境调节税"，准备对不符合环境标准的进口商品征关税；

也许你的家乡，在过去几十年都以采矿、煤炭、石油等资源为主要产业，你会渐渐发现，煤越来越难卖，那么你未来是不是应努力投身于新的产业之中，或者换一个城市发展？

也许在未来，你的商品没有"绿色碳中和"标志，你可能连一双袜子都卖不出去，同时就因为你对"碳中和"的不理不睬，还会被看作糟蹋地球环境的不负责任之人。

你觉得这一切是天方夜谭吗？不，这一切近在眼前。

还记得没有智能手机、没有步入互联网时代的你吗？那时候的你，兜里放着钱包，手机只能接打电话，发个短信，玩一些简单的小游戏。而现在的你已经有多久没有用过纸币了？有多久没有发过短信了？而手机上的游戏甚至已经成为人类文明中的第九艺术，成为汇集海量金钱的主流产业之一。就在这些事情发生改变的同时，短信运营的业务趋于消亡，而生产自动取款机的企业已经惨不堪言。

你是否觉得那个不能移动互联的时代已经非常遥远了？其实移动互联走进我们的生活不过十年而已，却已经如此天翻地覆。而"碳中和"是一个远比互联网、移动互联更为猛烈的革命，你还能对它无动于衷吗？

新的"碳中和"时代已经到来，巨大的碳红利已经降临，因碳而起舞的行业将面临天翻地覆的变化。这本书——《碳红利》，或许是未来三十多年里对你来说最重要的一本书。

巨大的全新的产业机会和财富机会已经摆在你的面前，现在让我们一起推开"碳中和"时代的大门，看看为什么旧时代行将消亡而新时代已经来临，看看新的财富机会到底在哪里。

·第二章·
六次！大气至少完成过六次生物大灭绝

要讲清楚"碳中和"时代之于我们的意义，先要从大气与生物的关系以及与人的关系讲起。了解了这些来龙去脉，你才能明白"碳中和"是一门多么宏大的生意，堪称地球史上最为伟大的买卖，只要你需要呼吸，所有生物就不得不参与其中。在人类大灭绝和碳红利之间，理性的人类必然知道何去何从。

一、大气和地球才是铁哥们，人类不是

人类每天生活在大气之中，得到大气的庇佑，并与大气互相作用，可以说我们时时刻刻与大气进行着氧化活动。对一个正常成年人来说，每5~6秒我们就要完成一次呼吸，大约500毫升的空气被我们吸入呼出，在呼吸之间，生命得以延续。

就在我们每次吸入的这500毫升空气中，成分颇为复杂，其中氮气占78.1%，氧气占20.9%，氩气占0.93%，还有少量的二氧化碳、稀有气体（氦气、氖气、氪气、氙气、氡气）和水蒸气。[4] 无色无味、悄然无形，想不到你呼吸一下的空气，其成分竟然这么复杂吧？

如果没有了大气中的氧气，我们将寸步难行，用不了几分钟就会倒地昏迷、不省人事，甚至一命呜呼，但绝大多数人对此并不自知。人们对日常享受的幸福往往习以为常，并肆无忌惮地挥霍这份幸福，直到有一天突然惊醒：这份幸福好像并不牢靠。

让我们先来熟悉一下什么是大气。尽管我们时时刻刻触摸它、呼吸它，离

开它几分钟就会窒息而死，但似乎只有在空气污染到令人难以接受时，才会想起它、关注它。

除了极个别研究大气、保护大气的明智之士会投入大量的时间、精力去思考人与大气的关系，对绝大多数民众来说，大气对人类的重要性与人类对它的关注度绝对是不成比例的。并且对那些明智之士的大声疾呼，我们在内心深处往往还会暗暗质疑，这不就是传说中的杞人忧天吗？空气质量差，不是来一阵风就好了？这几天热浪来袭，还不是来一阵雨就凉了？我们千百年如此生活过来，似乎千百年还将这样持续下去，空气时好时坏、温度有高有低、天气有晴有阴，这不就是人生常态吗？

人类在自己的现代化生活中习以为常，时不时就会产生骄傲感，认为如此寰宇已经任人类纵横，人类已然征服了自然界。所谓大气问题只是科学家们摆弄的命题，只是寒冷时需要增加的秋裤，或者炎热时需要脱掉的外衣而已，对拥有空调的现代人类来说，"大气问题"还有什么值得关注的意义吗？

科幻小说《三体》中有句话说得好："弱小和无知不是生存的障碍，傲慢才是。"大气绝不是人类呼来唤去的奴仆，也不是圈养在郊外屠宰场的牲口，人类早已经忘却了在百万年前，在无尽旷野和电闪雷鸣之下，瑟瑟发抖、躲在岩穴下的祖先了。但千万不要忘记，在包裹地球的大气层下，人类依然只是蝼蚁。

大气是地球这颗蔚蓝色行星上的永恒伴侣，大气的历史要比人类历史漫长得太多太多。

就算从最古老的"南方古猿"算起，人类的历史才250万年，而大气早在46亿年前就出现了。当然，人类没必要和大气论资排辈，这也不是本书的写作目的。但光看这串数字——4600000000 vs 2500000，这种巨大的数量级差异，你是不是感觉到了什么？以文字的出现作为文明的重要标志，如果从人类进入文明状态算起，这种数量级差异将进一步放大。

在有文字之前，口语是人类在漫长的历史长河中传递信息的重要方式。如果没有文字，你可以想象一下本书作者蹲在你面前，叽叽喳喳地意图传达"大气"这个概念的窘境。可以说，没有文字，就没有人类文明的一切。人类依靠系统的语言这一重要工具，从而和禽兽分离，文字使人类进入有历史记录的文明社会。文字把时空的影像变化转换成视觉可见的符号，使后人能通过间接的文字想象出画面，了解历史和学习技术经验。

按照目前的考古学，我们大体认定，最古老的文字包括古印度的印章文字、两河文明的楔形文字、埃及文明的纸草文字，还有我们中国的甲骨文。这几种古老文字出现的时间都距今 5000~6000 年，按照中国考古新近发现的"贾湖刻符"，如果把这个视作文字的初始状态，距今是 9000 年左右。对比大气存在的时间与"贾湖刻符"出现的时间，我们将得到差距更大的数量级对比：4600000000 vs 9000。大气的存在时间要比人类文明早 6 个数量级。早于人类文明 45 亿 99991000 年的大气历史，足够使大气和地球形成牢不可破的作用关系了。

相比于地球和大气之间的牢固感情，我们才是微不足道的小小破坏者。

在这 46 亿年的时间里，大气和地球也没闲着。它们互相作用，互相雕饰，互相侵蚀，你有狂风，我有磐石，你有雷霆暴雨，我有万顷江河，最终互相成就。

中国有句古话为"天父地母"，意思是"上天为父，大地为母"。"天"，指浩渺的宇宙和冥冥中的上苍，这从科学的角度来看显然无法构成人类文明的父系基因，只是蕴含了神秘主义的色彩。但如果我们把这个"天"理解为大气，那么还真是有几分贴切。

大气和地球互相塑造，46 亿年开花结果，孕育了人类文明。而随着人类的成长，随着文明的壮大，"弑父之旅"开始了——人类用剧烈的工业活动给大气增添新的成分，改变大气的比例。人类本以为大气和地球可以包容这一切，像很多年以前那样默默承受，接受人类对自然界的涂抹和修改，但人类错了。

大气从来都不是和颜悦色、任由生物们戏弄的无机体。大气的"脾气"很大而且极度敏感，在地球 46 亿年的历史中，因大气"变脸"导致地球生物圈毁灭这种事，有迹可循的至少已经发生了六次。更有科学家大胆地推测过，说这六次生物大屠杀恐怕还是低估了大气的威力，因为大气变化问题很有可能已经导致了二十多次全球性的生物大灭绝。

大气，才是生物圈最无情的"屠夫"。

二、大氧化事件，一举毁灭"厌氧生物圈"

在46亿年的历史中，大气的演化经历了原始大气、次生大气和现在大气。

现在科学家们通过观察原始地球中各类化合物的比例，大概估算了原始大气的成分。在地球没有形成之前，宇宙处于混沌状态，遍布着由固体尘埃与气体组成的星云。在地球形成过程中，较重的物质通过碰撞合并为原始地球的核心，少量气态物质如氢、氦等环绕着地球。地球一边绕着太阳运动，一边吸附着轨道上的微尘和气体，大约在46亿年前，当地球表面逐渐冷凝为固态时，周围就包围着一层大气，这就是原始大气，其主要成分是氢和氦，几乎找不到氮、氧和二氧化碳。

但原始大气的寿命很短，据科学家推测，原始大气存在的时间仅有数千万年。由于地球能量的转换、太阳风的强烈作用以及地球刚形成时的引力较小等，原始大气很快就消失了。地球形成以后，由于温度的下降，地球表面发生冷凝现象，而地球内部的高温又促使火山频繁活动；火山爆发时所形成的挥发气体，就逐渐代替了原始大气，成为第二代大气——次生大气。次生大气的主要成分是二氧化碳、甲烷、氮、硫化氢和氨等一些分子量比较重的气体，这些气体和地球的固体物质之间互相吸引，互相依存。次生大气存在的时代非常漫长，笼罩地表的时期大体在距今45亿年前到20亿年前之间。

可以看到，原始大气主要由氢和氦组成，次生大气时期已经由二氧化碳、甲烷、氮、硫化氢和氨等构成。此时的大气中并没有如今地球上这样充沛的氧气比例，按照学者们的研究，在原始大气时代以及次生大气初期，地球上是没有游离的氧气的。

大气层氧气的出现源于两种作用，一个是非生物参与的水的光解（水在光的作用下分解出氧气，这是消耗能量的反应），一个是生物参与的光合作用。

也就是说，没有生命就没有氧气，氧气之所以能够出现在大气的成分表中，靠的就是生命代谢。这进一步引起了生物界的天翻地覆，并且现在很多科学家在探索外星是否存在生命时，都会拿外星大气层中是否含氧作为一个测试指标。

其实，在次生大气时代中期就有生命诞生，并且已经和大气互相作用、互相影响了。距今38亿年前，最早的生命在海洋中孕育，那时候地球表面只有2%~3%是陆地，其余全部都是充满铁质的海洋，这些铁质让海洋呈现出绿色而非现在的蓝色。就在那无边无际的绿色海洋中，生命繁育生长。此时的次生大气充斥着大量的二氧化碳（含量可能超过现在100倍以上）和甲烷。二氧化碳和甲烷能吸收地面反射的长波辐射，并重新发射辐射的气体使地球表面变得更暖。这些气体和温室玻璃有着异曲同工之妙，原理似于温室截留太阳辐射并加热温室内空气，都是只允许太阳光进，而阻止其反射，进而实现保温、升温作用。因此现在我们将以二氧化碳、甲烷为首的气体称为"温室气体"。

温室气体主要包括大气层中原来就有的水蒸气、甲烷、二氧化碳、氮的各种氧化物，在这些温室气体的共同作用下，尽管那时候太阳光照比现在暗淡20%~30%，但也导致了地球上海洋的水温达到了80℃左右。[5]整个地球都处于高温之中，如果一个人穿越到那时的地球，在没有任何防护装置的情况下就暴露在室外呼吸，结果可想而知。

此时的大气中只有非常微量的氧气，因此早期生物都是一些厌氧生物（不需要氧气生长的生物），对此时统治地球的厌氧古细菌来说，氧气对它们是有害的，它们的遗传物质DNA处在氧气中会被氧化破坏。最早的产氧生物出现在距今约34亿年前，现在依然存活，即生活在海洋中的蓝藻。蓝藻虽然名为"藻"，但它并不是藻类，也不是植物，它和细菌一样属于原核生物，因此它还有一个更恰当的名字，叫"蓝细菌"。蓝藻能够进行光合作用，它们的小小躯体能将二氧化碳和水合成养分，同时把氧气作为废气释放。蓝藻产生的氧气最初并没有导致大气中的游离氧增多，因为当时海洋中富含二价的亚铁离子，蓝藻释放的氧立即被亚铁离子还原，生成三价的铁离子。铁盐溶解度远低于亚铁盐，于是沉淀于海底，现在地层中的铁矿床就是在那个时期形成的。

但时间一长就"出事"了，这些小细菌们不断地排出氧气，改变了整个生物圈的化学平衡，最终改变了整个地球的面貌。蓝藻产生的氧消耗掉早期地球上的还原性物质共用了近10亿年，到距今24.5亿年前，海洋里所有的亚铁离子都已经被氧化，游离的氧终于释放出来，并在海洋和大气中积累。从24.5亿年前到18.5亿年前，大气中的氧气浓度从0.02%上升到了4%。看起来氧气浓度只增加了3.98%，数字并不大，但就是这增加的氧气改变了历史进程，引发了地球上的首次生物大灭绝事件——大量的厌氧生物被氧气杀死。

在这6亿年的时间里，厌氧细菌统治地球的时代终结了，这就是地质史上著名的大氧化事件。[6]这也是地球第一次因为大气成分改变引发的地球生命大毁灭。

没想到，对我们现在这个时代的生物来说，最密不可分的氧气竟然是古细菌时代的毒药。由于年代过于久远，我们不清楚当时的生命损失有多大，无法确定古细菌的文明到底发展到了什么地步，但可以确定的是，当时海洋里随处可见的古细菌绝大多数在大氧化事件中灭绝了，今天我们只能在深海热液喷口（海底热液沿裂隙集中流动和喷发之处）、高浓度的盐碱湖湖底等极端缺氧的环境中，才能见到古细菌的踪迹。

当然，也正因为大氧化事件，后来的生命才有了诞生的机会，其中自然包括我们人类。

氧气的大量出现，对地球地形和地貌的变化也起到了促进作用，使整个地球都在氧化之中。例如，氧气的腐蚀作用促成了对岩石的侵蚀，也塑造了河流、海岸线。

大氧化事件的发生让生态环境产生巨变，蓝藻吸收了二氧化碳，释放的氧气又把甲烷氧化，于是地球上的二氧化碳和甲烷明显不够用了。而二氧化碳和甲烷是大气中的主要温室气体，而且甲烷的温室效应是二氧化碳的23倍，随着这两种气体成分急剧下降，地球急剧降温。在降温过程中，地球的南北两极纬度最高，先开始结冰；之后覆盖在南北两极的冰盖开始发挥镜面效应，把照射到两极的大部分太阳光又反射了回去；于是整个地球接受的太阳光开始变少，这又进一步加剧了地球的降温趋势。

由此，地球形成了一个新的循环：藻类排出氧气——氧气增多——厌氧生物大量死亡——二氧化碳、甲烷减少——南北极结冰——反射太阳光增强——温室气体减少叠加冰盖面积增大——光照量减少——地球继续降温。这样循环下去，地球被冻成了一个雪球，这就是休伦冰期（因为这次冰期最早的证据发现于美国休伦湖畔，因此在地质学上把这次冰期称为休伦冰期）。[7]

这是地质史上第一次、持续最久也是最严重的冰期，持续了将近3亿年，整个地球冰天雪地，地球的温度一度下降到 $-50℃$，并维持了数万年，随后气温大体维持在 $-10℃$ 的水平，比古细菌统治时期的气温暴跌了将近100℃。当时地球上的冰盖有几十米深，在这种环境之中，地球上的各类生命基本都丧失了活力。

按照这种大气循环模式，地球本该到了生命大灭绝的局面，在冰雪世界里日日沉沦。但就在这个冰天雪地的时代里，火山这个"救世主"出现了。依据科学家的推测，那时候的地球还算年轻，不像现在已经进入成熟期，全球火山整体看来已经没那么活跃。年轻期的地球内部地质活动还很频繁，在冰雪覆盖之下，还有大量的火山一直在活动。在几十米厚的冰层下，火山依然喷发，涌出炽热的岩浆，逐渐温暖了局部的小小海域，这让很少的微生物得以幸存下来，这就是生命的种子。

此外，在漫长的火山喷发过程中，火山喷出的二氧化碳和甲烷的含量逐渐在大气中积累，终于让大气中的温室气体含量渐渐增多，从而改变了休伦冰期的寒冷循环模式。所以说，时间是种伟大的力量，长达3亿年的时光让温室气体团结一致、默默努力，终于从量变到质变，到大约21亿年前，地球的温度终于慢慢提升。

这里要补充一句，因为间隔的时间过于久远，关于"大氧化事件""休伦冰期"的具体内容，学者们还在继续研究之中。还有研究认为，"休伦冰期"可能是大氧化事件造成的，也可能是长达2.5亿年的火山活动的死寂造成的，更有可能是两种因素共同造成的。这些原因都会最终导致二氧化碳、甲烷水平变得更低，从而导致温室效应减弱。所以学界对此次事件的准确成因还没有一致的说法，未来也不乏学者提出新的发现，把现在的结论全部推翻……但确定无疑的是——氧气增多导致了厌氧生命的大灭绝。

早期厌氧生命的毁灭正为好氧生物的发展腾出了空间。在没有氧气的年代，早期生物的演化受到了能量方面的限制，只能维持最简单的形式——能量不够，苟活就是成功。现在有了氧气的加持，不得了啦，各种生物都可以轻易分解有机质获取能量，生命体得以向更复杂、更高级的方向进化。大多数古细菌都在这场"氧气灾难"中灭亡了，但有一小部分活了下来，它们不但活了下来，还具备了新的DNA修复功能，能修复被氧自由基损伤的遗传物质，这简直就是细菌竞争中的"开外挂"。

自我修复功能上线后，距今21亿年前，这一伙古细菌又演化出了核膜，将细胞核和细胞质分开，这在细菌进化历程中又是一次飞跃，成为最原始的真核生物。真核生物的性繁殖、无性繁殖、基因突变、基因重组、染色体变异等各项功能全部上线，发展繁衍的复杂度大大提升。这真核生物正是如今地球生物圈的祖先。

距今20亿年前，已经获得进化高阶位置的原始真核生物继续追求进步，发起了一场旷世"并购"，竟然吞噬了一种好氧细菌，并将后者同化为自身的一部分，这就是线粒体——我们细胞中最重要的细胞器，我们的呼吸中心和能量中心。从此，真核生物过上了有氧生活。[8]随后，真核生物在十几亿年的演化中分为三个分支——动物、植物和真菌，才有了如今绚丽多彩的世界。

三、五次生物大灭绝，大气为主要"真凶"

大氧化事件和休伦冰期，这两次气候大波动在将近9亿年的时间里直接毁灭了厌氧细菌时代。但比起对厌氧细菌的"大氧化屠杀"事件，后面发生的5次"生物大灭绝"才更加凶猛。在这5次"大灭绝"中，尽管因为缺乏证据，"真凶"身份一直存在争议，但大气层或多或少都被视作"主凶"或者"帮凶"之一。

第一次生物大灭绝："主凶"疑似大气降温

第一次生物大灭绝发生在"古生代奥陶纪末期"，距今4.5亿至4.4亿年前。

大自然的辣手无情在这次大灭绝中初现端倪。这次大灭绝是显生宙（从距今大约5.7亿年前延续至今，生物逐渐向较高级的发展阶段进化，动物已具有外壳和清晰的骨骼结构，故称显生宙）的第一次大灭绝事件，造成约27%的科、57%的属和85%的物种灭绝，直接导致海洋无脊椎动物的腕足类、苔藓虫、牙形虫、三叶虫、笔石类、双壳类和棘皮类等生物的大量绝迹。

对这次大灭绝的成因，目前研究结果倾向于地球在奥陶纪末期出现了严重降温，南极冰盖形成导致海平面下降，浅海区大面积减少，而浅海是生命赖以生存的核心区域，所以引发了大量海洋无脊椎动物，尤其是底栖种类消亡。但是，至于地球为什么好端端地以"冷面孔"面对众生，科学界对这次大气突然降温的原因还没有厘清，毕竟太久远了。

地球这个大舞台，总是热热闹闹的，少了谁都能继续唱戏，无非换个主角而已。就是在第一次生物大灭绝后，原始鱼类藏在深海之中存活了下来。没有了无脊椎动物的干扰，原始鱼类在这次大灭绝之后开始繁盛，渐渐取代无脊椎动物，开始主导海洋。

第二次生物大灭绝："主凶"系二氧化碳减少

第二次生物大灭绝发生在泥盆纪晚期，距今3.75亿至3.6亿年前。[9]

此次大灭绝的战绩也非常突出，造成约19%的科、50%的属和至少70%的物种灭绝。海洋无脊椎动物再遭重创，当时海洋的霸主无颌鱼、盾皮鱼等鱼类消亡，"鱼类时代"终结；三叶虫、腕足类、头足类和造礁生物中也有很大一部分种类灭绝。

对第二次生物大灭绝的原因，目前科学界的猜测是地球当时长期的不稳定气候导致温度冷热变换迅速。有学者推测，之所以气候不稳定，应该是因为泥盆纪中期（距今 4.05 亿至 3.5 亿年前）植物非常繁荣，它们的光合作用消耗了太多的二氧化碳，因为二氧化碳是主要的温室气体，这种温室气体减少导致气温骤降。

就是在这次大灭绝后，动物们也觉察到海洋不只是摇篮，更有可能会成为坟场。一些勇于开拓的四足动物鼓足勇气，乘势登陆，于是原始两栖动物出现，脊椎动物开始抢占陆地，植物和节肢动物也开始活跃进化。

第三次生物大灭绝："主凶"系峨眉山超级火山爆发和西伯利亚超级火山爆发；"从犯"系火山爆发导致的气候变化、温室效应、酸雨频发和海洋缺氧

第三次生物大灭绝发生在二叠纪末期，处于古生代和中生代的交界，距今 2.58 亿至 2.52 亿年前。

引发这次大灭绝的原因是发生在峨眉山和西伯利亚的两次超级火山爆发事件，直接改变了大气环境，对全球生物造成了毁灭性打击。[10]这次大灭绝的战绩号称是地球历史上最为惨烈的大灭绝，造成约 57% 的科、83% 的属和 90%~96% 的物种灭绝，其中海洋动物灭绝了 96%，陆地动物灭绝了 70%，是有史以来已知规模最大的一次灭绝。

在这次劫难中，海洋和陆地的无脊椎动物都遭到了灭顶之灾，很多无脊椎动物如三叶虫、造礁生物、海蕾和纺锤虫惨遭灭门；其他生物种类锐减，包括海百合、腕足动物和陆生蕨类；只有少数生物受影响较小，如双壳贝类。这场规模极大的大灭绝基本消灭了地球上近九成的生物，差点将地球打回寒武纪之前的单细胞生物时代。

这次大灭绝直接导致了陆地生态系统的"改朝换代"，爬行动物开始走上历史舞台。

第四次生物大灭绝:"主凶"系中大西洋超级火山爆发;"从犯"系火山爆发导致的气候变化

第四次生物大灭绝发生在中生代三叠纪末期,距今 2.01 亿年前。

这次大灭绝造成约 23% 的科、48% 的属和 70%~75% 的物种灭绝。这次事件是恐龙时代的黎明,早期的主龙类、多数合弓动物和大型两栖动物纷纷灭绝,使恐龙不战自胜,几乎在没有竞争对手的情况下就统治了陆地世界。而鳄鱼靠着一身坚皮、一口利牙,也熬出了头,一举成为淡水生态系统霸主,直至今日。

原始哺乳动物也幸运地活了下来,但它们还将在恐龙的威慑下生存 1.4 亿年才能赢得称霸地球的机会。

据科学家推测,这次大灭绝也是源于超级火山的喷发。在三叠纪末期,中大西洋超级火山爆发,喷出的岩浆覆盖了约 700 万平方千米的土地,相当于覆盖了现在整个欧洲的面积。也就是这次超级火山事件引发了惨烈的气候灾变,导致了生物大灭绝。

第五次生物大灭绝:"主凶"系小行星或彗星撞击地球

第五次生物大灭绝发生在中生代白垩纪末期,处于中生代和新生代的分界,距今 6600 万年前。

这次大灭绝造成约 17% 的科、50% 的属和 75% 的物种灭绝,也就是在这次大灭绝后,给了哺乳动物称霸地球舞台的机会。虽然这次大灭绝为广大哺乳动物所喜闻乐见,但相比前四次大灭绝事件,这是五次大灭绝中灭绝程度最轻的一次。

在海洋里,除海龟以外的所有海洋爬行动物、菊石都消失了;在陆地上,非鸟类恐龙全部灭绝了。地球历史由此进入哺乳动物时代。虽然鸟类是唯一还活着的恐龙,但它们未能像祖先一样成为地球的霸主。

据科学家猜测,这次大灭绝事件是因为一颗直径几十千米的小行星或彗星撞击到今墨西哥尤卡坦半岛处,这是地球有史以来第二大陨星撞击事件,留下的撞击坑半径有 150 千米。这次撞击产生的尘埃遮天蔽日，地球有的地方连续几年甚至十几年都见不到阳光，足以导致植物枯萎，整个食物链崩溃，大型动物纷纷饿死。

有的朋友可能会问，在"大氧化屠杀"到"五次生物大灭绝"之间的十几亿年里，就没有发生过生物灭绝吗？

确实，按五次生物大灭绝的时间频次看，在此之前的十几亿年里似乎不该一路平安，所以有学者根据一些迹象推测，在地球 46 亿年的历史中，生物大灭绝估计出现过 20 多次，但并不是所有的生物大灭绝都得到了地质学、化石方面的支撑。现有的"大氧化屠杀""五次生物大灭绝"事件是非常确凿的事实，尽管其中的成因可能还有争论，大气层在其中的作用还待讨论，但生物灭绝事件本身已确定无疑。

我们之所以回顾了"大氧化事件""五次生物大灭绝"和大气的故事，就是想说明以下重点：

1. 大气非常敏感，氧气、二氧化碳含量几个点的变化往往就能带来大气层的质变，让生物圈发生天翻地覆的变化；
2. 大气的杀伤力巨大，每次大气剧变就是生物圈的一场浩劫，可以说地表下面那一层层化石都是大气层"屠杀"的罪证；
3. 由此可知，敏感易怒的大气并不在乎多灭绝一次人类文明，在大气的眼里我们并不比蓝藻、三叶虫、恐龙更特殊。

那么，人类跟大气有没有交过手呢？

咱们继续往下说。

·第三章·
地球永生，人类需要拯救的是自己

人类在气候变迁之下可谓是步履蹒跚、备受虐待，险些就成为自然的奴隶。只不过人类在气候的霸凌之下，被逼到走投无路后，拼死一搏，结果歪打正着，这才有了人类的今天。

也许有人会说，人类在气候面前哪有如此不堪？

按照进化论，根据已发现的古猿和古人类化石材料，最早的人类可能在距今300万年或400万年之前出现。这位最早的人类——他为什么会出现？如果舒适地生活在地球上，有吃有喝，伸手就有果子，还会有人类吗？究其原因，还是气候变迁导致地球上的丛林逐渐消失，而生活在丛林中的古猿们突然发现旧有的世界已经面目全非：往日里触手可及的大树现在已经枯萎；曾经随手可得的果子逐渐踪影全无；以往可以凭借超长的胳膊和灵活的弹跳，在树丛中自由腾挪，现在树林大片消失，目力所及，连树都看不到了。古猿部落完全无法延续以往的生活，怎么办？

那时候的古猿不懂什么是气候，不明白大树为何消失，只明白要想活下去，就要先填饱肚子。树没了，那就下树去搏！他们先是四肢着地——但按照猿类的身体，如果四肢着地、头部朝下，视线触及不了多远，且草原上处处存在危险，没准还没找到果腹的食物，自己就先做了别人的盘中餐。怎么办？只能逼自己尝试着站起来，一步、两步……多少年、多少代的进化，终于从四足着地进化到了两足站立，从而开始了人类波澜壮阔的文明史。

如果没有三四百万前的气候突变、树木枯死，人类，不，应该说古猿们或许现在还在东非丛林里溜达呢。就是在气候的毁灭压力之下，不甘灭亡的猿们奋力一搏，从猿到人，在绝境中求得一生。那最初踉跄的猿类步伐就是对气候的无情变迁最为有力的抗争。

但人类 vs 气候，人类赢了吗？

这道题人类解了三四百万年，却发现越来越难解。

一、公元 536 年，太阳为何不亮了？

公元 536 年南北朝时期，中国南方正处在梁武帝的统治之下，百姓的日子还算过得去；此时的北方正分裂为东魏、西魏，两边厮杀纷争不断。时隔千年之后，我在史书《资治通鉴》中检索这一年的历史时，剔除那些军国、政治大事外，发现两条很耐人寻味的历史片段。

一是"胜等弃舟自山路逃归，从者冻馁，道死者大半"。此句是说贺拔胜等人心怀故国，从南方的梁朝回到了魏国，中间一路艰难，又遇到东魏人马的截击，路上丢弃了木船，沿着小路逃了回去，跟随的人又冷又饿，有一大半死在了路上。

二是"是岁，魏关中大饥，人相食，死者什七八"。这一年，关中地区是荒年，粮食绝收，人们都非常饥饿，以至于互相为食，死亡人口达到了百分之七八十。这条记录非常简单，但实际上力透千钧。关中区域在当时属于黄河流域的富庶之地，是什么原因让百姓饥饿成了这片土地上的魔鬼，以至于饿到"人相食"的地步，并且死亡率高到令人发指？

把史书中的这两条记录连在一起看，我们可以确认，当年在北方的土地上发生了一场惨绝人寰的大饥荒。让我们把视野拉远一点，看一下这一年的欧洲——就在这一年，欧洲的夏天也似乎消失了。

哈佛大学历史考古学家迈克尔·麦考密克（Michael McCormick）和缅因大学气候变化研究所冰川学家保罗·梅耶斯基（Paul Myerski）领导的一项研究指出，公元 536 年是人类历史上最黑暗的年份。在这一年里，爱尔兰发生了严重的饥荒，人们陷入恐慌，平时精心照料的农作物突然大量减产，减产幅度之大，在当时人类的经验中都颇为罕见，甚至连面包都发生了短缺。在东罗马帝国的记载中，这一年里太阳与往常大不相同，整日失去了亮度，像月亮一样发出惨白的光亮，甚至有一段时间太阳的日照时间仅有大约4小时，而且光线微弱。面对此情此景，那时候的每个人都在担忧，太阳将永远恢复不了从前的光明。在长达18个月的时间里，似乎整个北半球都暗无天日。据考证，这一年北半球夏季的气温下降了1.5~2.5℃，堪称人类历史上最冷的夏季。

在同一时间，温暖、阳光离北半球的人类而去，留在人间的只有饥饿、灾患、暗无天日，这到底发生了什么？我怀疑那一年倒霉的不只是旧大陆（哥伦布发现新大陆之前）的人群，美洲大陆也受到了巨大的影响，只可惜此时距离哥伦布的"地理大发现"还要等上956年。印第安人在公元536年这一年到底发生了什么，到底有没有受到影响，恐怕已经难以考据了，有能力、有兴趣的读者不妨发起一项考察，看看公元536年的美洲是什么样的命运。

有趣的是，古生物学家艾克贝利教授在爱尔兰地区一个泥炭沼泽里发现了一块橡木样本，其历史可追溯到公元6世纪（因为泥炭沼泽属于滞水少氧的情况，植物死后的分解程度差，所以一些植物样本在其中会得到很好的保存）。通过显微镜观察到的影像显示，从公元532年到公元536年，这个样本的年轮都很明显，可在此之后样本上只有春天长出来的极窄的导管，随后的7年左右样本的年轮都没有夏天生长的迹象。这份样本中的窄年轮证实了6世纪时发生了一场生态灾难，而这些树木年轮都在默默地讲述着同一个故事：从公元536年起，全球气候突然变得极其寒冷，以至于树木几乎停止了生长。那么，全球的气候在这一年到底为什么发生了剧变呢？

有研究人员在阿尔卑斯山脉钻取了72米长的冰芯，通过对这些冰芯中的空气泡开展研究，可以精确地分析过去2000年大气中自然因素以及人为活动产生的物质对气候环境的影响。通过测量这一时期地球大气中的温室气体水平，发现公元536年大气中的二氧化硫水平出现了急剧上升的情况，其年代与树木停止生长的时间恰巧吻合。根据经验，大气中出现大量二氧化硫表明了大气的异变，而树木样本、冰芯取样、二氧化硫几个证据的完美契合，指向灾难来源于同一个原因——火山爆发。

有人可能会问:"火山爆发后不应该温度升高吗?怎么会夏天温度下降,植物都不生长了呢?"其实,我们这代人是见识过火山爆发影响气候的威力的。

1991年,菲律宾的皮纳图博火山喷发,喷发出的物质导致北半球大部分地区的气温降低了0.5℃。2010年,冰岛的艾雅法拉火山连续两次喷发,喷出的火山灰和大量气体覆盖了整个欧洲,导致国际航空运输中断。菲律宾火山喷发直接影响了诸多地区的气温;冰岛火山喷发火山灰覆盖范围则影响了整个欧洲,可见其威力。当一个巨大的爆裂火山喷发时,火山灰、气体、熔岩碎屑等物质全被喷射到1.5万~3万米高的大气中,在那里,它们会与北半球和南半球上空时速300千米的大气急流互相影响,大气急流会迅速把这些物质吹遍整个地球。从爱尔兰的橡木到阿尔卑斯山的冰芯,加上《资治通鉴》和西方历史的记载,都指向了一个真相——在公元536年的种种灾患和异象之前,冰岛一座巨大的火山爆发了,成千上万吨的二氧化硫、水汽、碎屑物质被喷射到高空,这些火山灰伴随大气流动快速遍布整个北半球的上空。

所以就在这一年,欧洲、亚洲和中东地区都被笼罩在了一片雾气之中,没人知道这片雾气从何而来,没有人知道就在此时,在欧洲的角落里发生了一场惊世骇俗的火山大喷发,但它却对北半球大部分地区的气候造成了许多不良影响。遮天蔽日的火山灰严重影响了阳光照射,导致各个地区开始出现干旱、寒冷、积雪等情况,直接导致粮食产量急速下降,造成大范围的饥荒,于是就有了"人相食,死者什七八"的人间炼狱。据科学家们推测,冰岛的这场火山爆发并非仅仅局限在公元536年这一年,随后几年中,大火山还在肆无忌惮地向天空倾泻着它的碎屑和怒火。它带来的雾气,持续让多个夏季的温度都变得很低,而寒冷的气候,让许多病菌传播更快,随之释放出了另一个妖魔,那就是瘟疫。

就在气温变冷之时,瘟疫从公元541年开始在地中海南部沿海地区出现。这场瘟疫的另一个名字就是席卷整个欧洲的被称为"黑死病"的鼠疫大瘟疫,科学界称之为腺鼠疫,这是由鼠疫杆菌引发的流行性传染病。基于现代基因组的分析和研究，我们已经可以了解这种细菌的历史。鼠疫是鼠类疾病的根源，一开始在中亚地区的社区穴居鼠中流行，后来很可能通过丝绸之路的贸易交流传到罗马帝国。瘟疫首先通过跳蚤在不同啮齿动物间传播蔓延，然后因为被传染的老鼠就住在人类周围，最终把这种致命的疾病传染给了人类。

史料记载，从6世纪开始出现的瘟疫前兆到欧洲暴发"黑死病"，共夺走了罗马帝国近一半的人口。当时的偏冷气候加快瘟疫传播速度，而恶劣天气破坏了农作物，造成频繁饥荒，再加上连年的战争，人们处在饥饿和疾病的水深火热之中。对强大的罗马帝国来说，摆在眼前和难以克服的问题不仅是处理尸体，人口的巨减、赋税的滑坡、灾患的密集都让帝国领导疲于应付。

仅仅是一场火山爆发，就让温暖不再、灾患不断、人相食，让一个帝国遭遇如此重创。气候变化对人类的影响之大，由此可见一斑。

二、渭河以北，为什么只有这一株娑罗树？

我在2002年时，曾经因为工作去甘肃省崇信县黄花乡黄花塬村采访，陪同的朋友特别向我推荐了当地的镇村之宝"娑罗树"。

在黄花乡黄花塬村的村口，有一株高大的娑罗树，被称为"渭河以北仅此一棵"。这棵树高16米，胸径3米，覆盖面积达100平方米。奇异之处在于这棵树的叶柄脱落部位酷似猴头形状，有民间传说称，这是保护唐僧去西天取经的孙悟空真身所显。当地群众把这棵树看成是"一方之奇迹和祥瑞之兆"，从不攀折和斧砍。2016年3月，"神奇的娑罗树"被列入平凉市第三批非物质文化遗产代表项目。

这一原本适宜生存于热带雨林的树种并不适应北方气候，为什么会生长在这里呢？一件更为传奇的事情解开了这棵娑罗树的身世之谜。

据相关报道称，1985年秋季，崇信县一场特大暴雨过后，就在距娑罗树东北方向200米处被洪水冲开了一个洞口，经文博部门清理后，共出土石造像碑、塔7块，洞内无壁画痕迹。从现场情况来看，洞口为早期所封，因洞内潮湿，石造像风化较严重。传说娑罗树与无忧树、菩提树同为"佛国三宝树"，应为寺院信徒特意栽种,根据对附近出土的石佛造像碑和石佛造像考证,这棵娑罗树生长处原是北魏时的一座佛教寺院,这棵娑罗树树龄与此寺院等同,已经有1400多年的历史。

这里面揭示了一个信号,在1400年前,甘肃省崇信县的气候是适宜娑罗树茁壮生长的热带气候,不然这棵娑罗树在当年就无法生根长大。但发生了什么导致气候变化、寺庙毁去,唯留下这棵树孤单地面对西风黄土?

其实早在秦汉之时,陕西、甘肃一带并非现在的黄土遍地、缺水贫瘠,而是温润如现在的江南之地。中国近代地理学和气象学的奠基者竺可桢在《中国近五千年来气候变迁的初步研究》中指出:"在战国时期,气候比现在温暖得多。""到了秦朝和前汉(公元前221—23年),气候继续温和。"

当时黄河流域的气候条件与现今长江流域和珠江流域多有相似之处,在古人的很多记载中,也不经意地记载了陕西、甘肃一带当时的生态环境。比如《史记》中说,若拥有"渭川千亩竹",其经济地位可以与"千户侯"相当。由此可见,在陕西一带拥有竹园并不是罕见的事情。司马迁之说并非孤证,比如汉代班固《西都赋》中写道:"源泉灌注,陂池交属。竹林果园,芳草甘木,郊野之富,号为近蜀。"《后汉书·西羌传》中记述,汉安帝时羌人起义,"无复器甲,或持竹竿木枝以代戈矛"。可知陇山一带,打架斗殴、组团开战之时,以竹子为兵器还是很常见的,这也充分说明了竹林在当时的普遍。现如今,虽然在甘肃南部还有竹林存在,但我们无法想象竹子是西北区域典型代表植物的情景。

秦汉时期,并不只是竹子占据西北区域,就连稻米在西汉时也曾是黄河流域的主要农产之一。《汉书·东方朔传》中所谓"关中天下陆海之地""又有秔稻、黎栗、桑林、竹箭之饶",将稻米生产列为经济收益第一宗。西汉时总结关中地区农耕经验的《氾胜之书》写道:"三月种秔稻,四月种秫稻。"关中地方还专门设置"稻田使者"官职,也说明当时关中稻米种植之普遍。

这样优良的生态环境,自然也给了动物们良好的栖息环境。犀牛、野象、鹿的分布,灵长目动物如金丝猴的分布等,都占据了今人难以想象的广阔地域，甚至连老虎都是相当高频的侵入者。史书有"光和三年正月，虎见平乐观，又见宪陵上，啮卫士"的记载，平乐观就在洛阳城的郊外，往来人并不少，要知道老虎可是动物界食物链上的顶级掠食者，老虎能频繁出没侵入人类的生活，可见整个生态环境的状况。

但这样一个可以以稻米为主要作物、以竹园为家私财产、让娑罗树自由生长、老虎频繁出没的优异的生态环境区域，怎么会成为缺水的贫瘠之地呢？

从仰韶文化时期一直到周秦汉唐，黄土高原一直是中华民族繁衍的核心区域，是中华文明的发祥地之一。这同时说明了另一件事，黄土高原区域也是受到人类活动干扰最为严重的地区。

据学者们研究发现，在人类活动还没有那么高频的时候，西周时期，黄土高原东南部的平原、山地、丘陵、塬地上的森林和草原非常繁茂，森林植被覆盖率高达53%，一片郁郁葱葱，这也是黄土高原最初的生态环境，人类和动物们都生活在这片温润的大地之上。

但是，随着人类战斗力的增强，对环境的影响和破坏力也越来越大。一开始人们以竹木为器具，刀耕火种于山泽。这一阶段，人类过得还没那么舒适，经常幕天席地，和自然斗争。春秋战国时期，铁器被发明并逐渐占据了工具主流，人口规模也逐渐扩大，各种需求也就越来越多了。为了满足开垦农田、修建房屋、烧炭取暖等需要，人类的动静越来越大，房屋越造越多，人类将树林砍去改为农田，动物们只能逃离家园。

掌握了铁器的人类对原始生态环境的破坏力大幅增强，导致黄土高原的林草植被覆盖率持续减少，黄土高原南部的关中平原、汾河中下游平原的植被被大量开垦成耕地，河谷平原地区的森林、草原植被逐步为耕地所替代。

从秦汉开始，黄土高原农业不断向北部和西部推进，原有的林地和草地相继变为农田。到南北朝时期，黄土高原的森林覆盖率约为40%。至唐宋时期，黄土高原的森林覆盖率下降至33%左右。至明清时期，这片土地上生活的人口数量更进一步增加，林草植被进一步被开垦，黄土高原森林覆盖率下降至约15%。清末至20世纪初期，大批人口为躲避战争进入黄土高原腹地山区毁林开荒，新中国成立初期的森林覆盖率仅为6.1%。

两千年来，森林植被覆盖率从53%下降到6.1%，其结果就是生态环境恶化。没有了树林的涵养，水分开始减少，降雨也越来越少，就算下了雨，缺少植被的地表也很难留存这些水分。

黄河以高含沙量著称，其中90%的泥沙来自黄土高原。从西周到隋唐，黄土高原植被覆盖率维持在30%以上时，黄河的泥沙量基本维持在每年2亿吨左右。明清时期，黄土高原地区人口突破2000万人，生态环境压力急剧增加，在植被覆盖率下降到15%以下时，土壤侵蚀显著增加，黄河泥沙量增加至每年6亿~10亿吨。至1800年黄土高原水土流失达到历史最高水平，入黄河泥沙量达每年约16亿吨。植被的减少导致黄河的泥沙量增加了800%。

黄河的巨变让人类生活付出了惨重的代价。据统计，自唐朝后期，黄河决溢频次明显增加；从春秋至隋唐，黄河基本安澜，泛滥次数为1.8~13.6次/百年；宋朝以后，黄河泛滥次数上升至52.8~56.4次/百年；从明朝至新中国成立初期，黄河泛滥次数快速增加至118.2~137.3次/百年。

通过黄土高原的千年演化，我们可以清晰地看到人类活动对当地生态环境造成的巨大影响，从而对气候造成了不可挽回的冲击，而气候进一步使生态恶化，人类活动、生态环境、气候三者之间形成了恶性循环。

值得庆幸的是，这个恶性循环已经被斩断。进入新世纪后，我国政府实施了全球规模最大的退耕还林还草生态治理工程。截至2017年，已累计投入4500亿元人民币，约4.47亿亩土地实施了退耕还林还草；长江、黄河中上游的13个省、自治区、直辖市，退耕还林还草工程每年产生的生态服务功能总价值超过1万亿元人民币。就黄土高原而言，黄河90%的泥沙来自黄土高原土壤侵蚀，黄河泥沙是黄土高原生态环境的晴雨表。自1999年退耕还林还草政策实施以来，黄土高原的植被覆盖率显著增加，从1999年的31.6%提高到2017年的65%，有效遏制了黄土高原水土流失。目前黄河利津水文站观测，入黄河泥沙量已减至每年2亿吨以下，接近无人类活动干扰的原始农业时期。[11]

关于那棵1400岁的娑罗树，最新的消息是由于保护不当，这棵奇树于

2006年不幸枯亡。但令人颇感意外的是，在其身后不远的墙角处，一棵娑罗幼苗悄然破土，继续继承它的祖辈，见证着黄土高原上的变迁。

相比于黄土高原重披绿色的喜剧结果，在历史长河中，人类与生态、气候的缠斗，更多的是以人类的悲剧告终。

三、吴哥窟消亡之谜

吴哥窟位于柬埔寨，被称作柬埔寨国宝，是世界上最大的庙宇类建筑，同时也是世界上最早的高棉式建筑。吴哥窟是苏利耶跋摩二世在位时（公元1113—1150年）为供奉印度教的主神之一毗湿奴（"维护"之神）而建，意思为"毗湿奴的神殿"，经过30多年才完工。吴哥窟是吴哥古迹最精华的部分，也是世界文化遗产之一。这样一个伟大的建筑杰作和文化奇迹，曾经令几代人叹为观止。元代航海家汪大渊在1330—1339年间曾游历吴哥，他称其为"桑香佛舍"，还在《岛夷志略》中记载吴哥窟"裹金石桥四十余丈"，十分华丽，有"富贵真腊"之语。

就在1430年左右，高棉人抛弃了富丽堂皇的吴哥窟，从此再也没有回来。虽然有一些高棉猎户进入森林打猎，无意中发现了这座宏伟的庙宇，也有一些当地的佛教徒在附近搭盖棚屋居住，以便到庙宇中朝拜，但吴哥遗迹多不为世人所知。中间不乏有人来到此地并记录，这样一座富贵之城、人间佛国、神殿世界，却被人类抛弃了数百年，这是为什么？

1589年，最早到吴哥游历的欧洲人安东尼奥·达·马格达连那向一位葡萄牙历史学家报告其游历吴哥的见闻："城为方形，有四门由护城河环绕……建筑之独特无与伦比，其超绝非凡，笔墨难以形容。"但这份报告被世人看作天外奇谈，一笑置之。1857年，驻马德望的法国传教士夏尔·艾米尔·布意孚神父著《1848—1856印度支那旅行记，安南与柬埔寨》，报告吴哥状况，不知为何，也未引起人们注意。

直到1861年，法国生物学家亨利·穆奥为寻找热带动物，无意中在原始森林中发现这一宏伟惊人的古庙遗迹，并著书《暹罗柬埔寨老挝诸王国旅行记》

大肆渲染吴哥窟，他说："此地庙宇之宏伟，远胜古希腊、罗马遗留给我们的一切，走出森森吴哥庙宇，重返人间，刹那间犹如从灿烂的文明堕入蛮荒。"这才使世人对吴哥刮目相看。

看着重返人类文明之中的吴哥窟，相信所有人都忍不住想问：到底是什么原因让当时的高棉人抛弃这样一座美丽的神殿，其间到底发生了什么？从吴哥城的规模我们可以估计出，这座古城最繁荣的时候，周围一带至少有近百万居民。可是问题在于，不仅有宏伟的王宫和庄严的庙宇，还有图书馆和蓄水池，这样一个拥有强大军队和政权的繁荣昌盛的都城，怎么会被荒草湮没了呢？它的居民为什么顷刻之间便消失了呢？

人类的生存环境实在是一个精密的系统，很多环节缺一不可，一个中断就会导致全盘崩溃。吴哥这个地方的水利灌溉系统很发达，历任的王朝统治者都在这里修筑与维护大量的水库、水坝。水库与水坝组成的水利设施是吴哥王朝繁荣的基础，因为那里盛产稻米，必须有大量的水才能支持，而维护这些水利设施需要吴哥王朝强大的国力保障。

从11世纪起，吴哥王朝与傣族人创立的素可泰王朝爆发战争，此后百年双方争战不断，傣族人终于在1432年成功入侵吴哥城，并对吴哥城大肆破坏。当时的吴哥国王被迫弃都，并迁都到现在的金边。但入侵者并没有像吴哥王朝的高棉人那样精心地维护灌溉系统。其实也可以理解，首先入侵者未必有长期定居下来的想法，其次维护大规模的水利系统需要专门技术人员，这对入侵者来说也存在操作难题。所以，最简单的事情出现了，他们以占领者、侵略者的心态完成了一波掠夺，只管破坏就行了。

当时正是14世纪小冰川期，虽无当地的确切记载，但根据全球气候情况可推测，该地区有可能遭受了小冰川期带来的酷暑干旱等极炎天气，而吴哥城平时生产与生活依托的洞里萨湖水系因无人维护，开始遭受洪水侵袭。傣族人应对不了这样复杂的气候、洪水问题，入侵者也全然不懂、不管，于是老百姓的生计问题越来越严重，最终也就从吴哥窟撤走了。[12]

尽管后来吴哥王朝试图收复吴哥窟，但几次尝试均以失败告终，吴哥王朝不得不放弃了这片土地整体迁徙的想法，最终将吴哥窟这样的神殿，留给了原始森林。

由此可见，人类可以在局部地区创建精细、繁复的灌溉系统，以满足自己生活和生产的需要，但只要有疾病、战争等外因干扰，农业、灌溉系统一旦荒废，气候有所变化，人类往往就陷入败局，无法挽回。

无处不在的气候，有的是耐心与时间，随便出手就是与人类之间进行百年博弈，人类的精耕细作在气候的绵长与无穷无尽面前，不过小菜一碟。

四、复活节岛上的恐怖事件

1686年，英国航海家爱德华·戴维斯在南太平洋东部发现了一座小岛，这座岛位于南太平洋东部，属于波利尼西亚群岛，离南美大陆智利约3600千米，离太平洋上其他岛屿也很远，比如距有人定居的皮特开恩群岛有2075千米，堪称世界上最与世隔绝的岛屿。爱德华·戴维斯第一次登上这座小岛时，发现这里一片荒凉，但有许多巨大的石像竖在那里。戴维斯感到十分惊奇，于是他把这个岛称为"悲惨与奇怪的土地"。

荷兰航海家罗赫芬于1722年4月5日复活节发现并登上该岛，该岛因此而得名——复活节岛。罗赫芬也惊讶地看到了前辈探险家看到的景象，几百座背朝大海的石刻人像，"如房舍般高大"。这些石像大小不等，高度在6~23米，重量在30~90吨。它们大多在海边，有的竖立在草丛中，有的倒在地面上，有的竖在祭坛上。这些大石像均面朝天空，仿佛在祈求什么。没有人知道雕刻者是谁，更没有人知道这些20米高、90吨重的石像是怎么被雕刻完成的。

面积仅160平方千米左右的复活节岛，土地贫瘠，树木及水资源稀少，整个岛上找不到一棵树，且灌木和杂草最高不过3米。没有竹木，没有资源，究竟是什么人雕刻的巨大石像？雕刻的目的何在？这是从远方运来的，还是就在这个小岛上完成的？关于复活节岛上的谜题令早期的到访者困惑不已，轰动全球，并且不少人坚信，这是外星生物让石像从天而降。但美国演化生物学家贾雷德·戴蒙德研究发现，复活节岛的雕像并非外星人的杰作，而是一场人类与环境互相博弈的惨剧见证。[13]

　　大约在 10 世纪，来自波利尼西亚的移民搭乘着木筏，满载着甘蔗、香蕉、番薯和鸡，还有可食用的老鼠，于此定居。在五六百年的时间里，岛上人口增长到 1 万人。他们有了各自的氏族和阶级，像切蛋糕一样把这个岛划分为 12 块。科学家通过孢粉测试证明，复活节岛上曾有过高 20 米、直径 1 米的智利酒松。在人类定居岛上的早期，复活节岛一直是被高大树木和繁茂灌木覆盖着的温带森林。在几百年间，复活节岛上的酋长们喜欢上了雕刻巨大石像以纪念自己丰功伟绩的做法。这种做法让复活节岛的森林遭受了灭顶之灾。

　　完成这样巨大的石像，需要砍伐无数巨木作为搬运工具，还得不断伐林造田以养活劳动力。岛上的石像规格一代高过一代，砍伐树木的速度也胜过了树木的生长速度，再加上移民时带来的老鼠以树木的种子和幼苗为食，成片的树林开始被毁灭。智利酒松大约绝迹于 1440 年——从火口湖的沉积层中，已完全找不到树木花粉的踪迹。随后不只是高大的酒松，其他树木也难逃一劫。经过科学家对炉灶和垃圾堆中的样本进行放射性碳年代测定，大约在 1640 年，木柴已经被草本植物取代，也就是说，这座岛上在 1640 年已经找不到树木了。

　　森林消失之后，几十种原生树木灭绝，动物们也随之灭绝。没有了森林呵护，只要降雨就会带来土壤流失，这也给耕种带来了新的难度。没有了森林，没有了动物，没有了土壤，没有了作物……整个复活节岛就此开始陷入饥荒，各个氏族之间为争夺灌木丛以及灌木丛中仅剩的那点生态价值，频频进行战争。

　　没有了高大的树木，自然也不可能制造出能够远航的木船了，战争后的幸存者也就无法远航渔猎。被困在这个悲惨小岛上的人们只能互相猎杀，并吃掉失败者的尸体。在复活节岛后期废弃物堆遗址中，人类骨骸随处可见，有些骨头甚至被敲碎以便吸取骨髓。直到后来西方探险家们发现复活节岛时，这个岛上的居民数量早已经没有巅峰时的景象，只剩下两千来人。在岛民口头讲述的历史中充斥着人吃人的故事，而对敌人最具攻击性的辱骂莫过于：

"你妈的肉塞了我的牙缝。"这种末日景象，是不是让人不寒而栗？但这仅存的两千多名幸存者，在接触到外来人口后，很快感染了来自旧大陆的病毒，因长期隔绝于外部世界而没有抗体，相继亡故了。

曾有学生问戴蒙德："当那些岛民砍下最后一棵树的时候，他们在想些什么呢？难道人真的能蠢到这个地步，可以眼睁睁地看着自己的行为把自己推到灭绝的边缘吗？"而戴蒙德的答案是肯定的，因为砍掉最后一棵树的岛民并没有见过最初的森林。

关于复活节岛的故事还有一层隐喻在其中。当人类困守在一个孤岛上，无舟可渡时，为了当下的温饱，只能砍下关系未来的苍天巨木，但就在大树倒下的同时，灭绝的还有人类自己的未来。

人类与气候的关系非常复杂，恰如我们中华文明自古以来的"天人感应、天人合一"的理念。有意思的是，尽管被气候反复回击，但人类并没有体察到气候所带来的生存压力，随着工业化文明的进程，发达国家进一步摆脱了诸如温饱这些困扰人类万年的基本问题。到了工业文明时代，人类与气候的博弈明显加速，人类开足马力，向气候猛冲了过去，从而更加肆无忌惮地向大气宣泄人类的污染。但是，敏感的大气会放过人类吗？在农业时代，大气的反击让人类生活区域寸草不生，而在工业时代面对人类的污染，大气会无动于衷、默默忍受吗？

人与气候之间的博弈远不止本书中介绍的这几个例子。根据学者的研究，如果不是11世纪气温变暖，草原区域可能就不会那么干旱；如果没有那么多旱灾，牧民们就可以安居乐业，伟大的成吉思汗就未必会组织他的骑兵发起一次又一次的征伐，而整个欧亚大陆的历史或许就要被改写。远在南美洲的玛雅帝国在一千年前，本已经建立起水库、蓄水池，诸多城市依靠庞大的供水系统相继繁荣，往往一个城市蓄水池所积累的水就足够保障该城居民在旱季里的温饱问题，但一场旷日持久的干旱自9世纪开始来袭，连续几年的干旱，动摇了玛雅帝国的供水体系，干旱、饥荒导致了动荡、叛乱，玛雅帝国开始分崩离析……

在这一章里，我们回顾了公元536年火山大爆发影响全球、黄河流域生态的千年变化、吴哥窟以及复活节岛的历史，就是想说明以下重点：

1. 在人类的历史长河中，气候经常处在决定性的角色之中，往往那些气候变化才是决定历史性事件的主要原因。但因为气候的行为看似无形，超越了人类视觉、触觉、常态意识的认知，所以往往不为人重视。

2. 气候的影响极其巨大，其影响之久远、对人类打击之大，绝非人力行为轻易可以挽回的。

3. 人类在气候困境下，往往处境悲惨，极难摆脱。如黄河流域的生态再造，实为千年来罕见的改造盛事，就算现在将其认定为改造成功，这千年来所遭遇过的水患、伤害也是不可挽回的。大气与人类之间的博弈，一旦打破了某个平衡，突破了临界点，形成负向循环，在短时间内是不可逆的，几代人都要为此付出惨痛的代价。

·第四章·
临界点也许就在后天

了解了大气对地球生态圈的六次大灭绝，了解了人类与气候正在每时每刻地进行缠斗，有的朋友可能还是觉得，气候变暖的问题离自己太远。毕竟这是一场需要全人类共同承受的灾难，一个人的力量太过弱小，根本无法挽救如今的局面；况且从之前的案例来看，无论是生物圈大灭绝还是气候对人类的影响，都是渐进式的，虽然会有引起灾变的临界点，但谁能确定我们现在的临界点究竟在哪里？如果距离临界点还很远，我们现在就行动起来有意义吗？而且随着技术的进步，人类使用能源的方式自然就会进化，随着技术的进化而耐心推进，到时候碳排放自然就减少了，根本没必要先给自己的行动铐上枷锁。

所谓临界点，是指物体由一种状态转变成另一种状态的条件。临界点是一个物理学名词，因为能量的不同而会有相的改变（例如冰→水→水蒸气），相的改变代表界的不同，故当一事物到达相变前一刻时称之为临界，而临界时的值则称为临界点。引申来看，临界点即一些非常重要的小变化出现的关键节点，这些变化一旦出现，其过程不可逆转，而且会导致一系列的扩大效应，造成更重大的变化，其后果无法挽回。而气候临界点这个概念是由政府间气候变化专门委员会（IPCC）在 2000 年左右引入的。当时人们认为只有在全球升温幅度达到 5℃时才会出现临界点。然而，最近 IPCC 评估表明，当升温幅度在 1~2℃时，可能就会达到气候临界点。

在这里，我忍不住再次提醒那些依旧觉得碳排放无关紧要的朋友们，因温室效应导致的气候临界点其实离我们已经非常近了，一旦跨过这个气候临界点，我们就再也回不去了……

一、是谁把温暖的"得州"（得克萨斯州）变成了冰狱？

美国《纽约时报》网站上曾发表了一篇名为《极寒天气导致一些"得州"居民死于卧室、汽车和后院里》的新闻报道，这篇新闻记录的是在2021年初，发生在美国得克萨斯州的极寒天气，当地气温一度降到-19℃，为1989年以来最低。要知道，"得州"是美国南方最大的州，也是全美第二大州，大范围断电导致数百万人在寒冷中陷入黑暗，随之而来的还有停水、停暖、停工以及食物供应紧张等紧急状况。就在这次极寒天气中，超过4700只慵懒晒太阳的海龟被冻僵。

"得州"大部分地区属于温带气候，冬季温暖，夏季炎热，常态情况下，"得州"和我国的南方省份气候类似。比如"得州"最大的城市休斯敦，全年平均气温为20.7℃，夏天最高气温一般为32~36℃，气温在33℃以上的时间达94天；冬天气候温暖，很少下雪，虽然晚上气温可降至零度以下，但白天气温都会回升，而且最低气温在零度及以下的天气只有7~10天。

但就是这样一个阳光温暖的地区，迎来了这场极寒天气。因天气过于寒冷，导致用电取暖需求激增，城市的电力系统过载。过载也就罢了，更严重的是，在寒冷的气温下，当地几乎所有供电形式——火电、风能、核电、太阳能都出现了失灵：暴雪袭击下，一些天然气和燃煤发电厂被迫停摆，风力涡轮机被冻住，太阳能电池板也被大雪覆盖，得克萨斯州失去40%的发电能力。身为能源生产大州的"得州"平时可不缺电，根据联邦统计，得克萨斯州的发电量比美国其他任何州都要多，其发电量几乎是第二名佛罗里达州的两倍。

但就在这次极寒天气的冲击下，"得州"电力彻底崩溃。"得州"出现大面积停电后，近300万家庭和企业受到影响。一系列因为缺电导致的次生灾害接踵而至，比如自来水厂设备无法运行，低水压可能使细菌渗入饮水系统，数百万人没有自来水或接到通知需要煮沸才能使用自来水，而且"得州"的最大城市休斯敦等地一些医院已无水可用，有约1200万人面临用水中断的问题。

据报道，冬季恶劣天气和电力生产商轮流停电后，看到电力瞬间成为紧俏需求，"得州"电网的批发电价飙升了超 10000%，实时批发市场价格已攀升至每兆瓦 1.1 万美元，而平时不到 100 美元。为此，美国总统拜登宣布"得州"进入紧急状态。

不过是一场寒潮，却令多人被冻死、上千只海龟被冻僵，连电都用不上、水都喝不上，全州进入紧急状态，这岂不是一副末日景象？而"得州"突发寒潮的主要原因是北极旋涡南移。这个北极旋涡无法维持稳定的主要原因是全球变暖。

二、正在融化的北极

其实这次极寒天气不只侵扰了美国"得州"，整个北半球都受到了一定程度的影响。在 2018 年的冬季，北极气温比正常值高出 20℃，格陵兰岛北端的莫里斯·杰塞普角气象站连续 61 小时温度超过冰点，最高达 6.5℃，因为空气流动问题，让北京拥有了有史以来气温最高的冬季；但就在北极升温的同时，欧洲却被北极刮来的冷空气袭击，陷入从未有过的极端天气。

按照常理，每年 2 月北极每天都会处在漫长的黑夜之中，光耀四方的太阳通常都要到 3 月 20 日才会升起，所以北极通常这时候气温是最低的。但 2018 年很有意思，全球气候变暖，这个因素让超越往年温度的气流进入了北极地区，过高的气温效果立竿见影，高温融化了北冰洋的部分海冰，仅仅这一年就导致北极海冰面积比正常减少了 100 万平方千米，相当于整个埃及的国土面积。到了 2021 年，海冰面积减少这一情况有所好转，与最近几年相比，2021 年夏天北冰洋的海冰覆盖的面积更大，但需要注意的是，现在北冰洋海冰的厚度也更薄。就算 2021 年北冰洋的海冰面积有所增长，但在过去长达 43 年的卫星记录中，15 个最低的最小范围都发生在过去 15 年内（2007 年至 2021 年）。

海冰面积持续减少，带来的后果是相当严重的。早在 1973 年，一项研究就表明，有没有冰面对全球气温影响巨大，无冰的北冰洋可能会使欧洲地区更加寒冷。这是因为海冰是一种热的绝缘体，可以阻止海水到大气层的热量流动，海冰融化后暴露出温暖的海水，将海水的热量转移到上面的空气中，形成极地高空喷流。

这些喷流携带着温暖或寒冷的空气，在地球上空蜿蜒流动，就像天上的河流一样。"天空之河"速度达 320 千米/小时，长度可达数千千米到上万千米，覆盖了欧洲大部分地区。喷流带着南方的热空气北上，又裹挟着北极的冷空气南下，巨大的压差形成强风，吹向北美、欧洲和亚洲北部中纬度地区，让欧洲变得更为寒冷。

值得注意的是，这些极地高空喷流影响的范围非常大，没有了北冰洋海冰的约束后，这些喷流往往会波动得更加激烈，这些强大的冷空气不只纵横欧洲，还可以穿透到欧洲更南的地区，冷空气南下的同时，留出来的空位自然也有空气填补，热空气则可以趁机深入到北极腹心。这一来一去，搞得北半球的温度都大受影响。从这几年的海冰面积数据看，总体来说，尽管有的冬季小有反复，但北极冰盖的总面积减少已经不可阻挡。估计很多朋友也想到了，是的，这一现象不只存在于北极，南极也是同理，和北极不同的是北大西洋暖流直达北极，而南极则没有暖流到达，所以南极冰盖面临的局势可能要比北极略好一些。

2021 年更是有研究称，南北极的变暖速度实际都已达到了地球平均水平的三倍以上。根据卫星监测的结果，目前北极海冰的覆盖面积已比 1979 年降低了约 31%，冰层的体积也减少了三分之二。

更为恐怖的是，随着冰面的消失，一场新的、强烈的气候反馈效应正在形成。越来越多的海冰消失，这样会导致北冰洋中深色的水域越来越多，从而太阳辐射能量会直接被海水吸收，而不是像以前那样，被北冰洋上那些厚厚的冰雪反射回太空，这样的结果就是北极变暖不断加剧，形成了一种被称为"北极放大"的过程。这种过程加上北极地区的其他现象，包括冻土融化释放二氧化碳和甲烷，冰川融化土地裸露吸收更多热量，北极圈森林火灾不断，等等，导致过去 40 年里北极变暖的速度是地球平均水平的两倍。也就是说，气候变化已经开始加速，而且这个加速趋势成型后将很难扭转。

就在极寒天气肆虐的同时，美国总统气候特使约翰·克里（John Kerry）参加慕尼黑安全会议，就气候变化问题发表讲话。克里表示，气候变化是影响全球的安全问题，得克萨斯州因北极冰层融化，极地旋涡南迁所经历的极端寒冷天气，去年出现了多达30个热带气旋，以及欧洲超过全球平均水平的变暖速度，因此气候变化应该是世界各国一起面对的问题。克里在讲话中还表示，世界各国必须共同努力把地球变暖限制在1.5℃以内。

克里表示，美国必须保持谦卑，因为美国"不可原谅地缺席了四年"，现在美国重新加入《巴黎协定》，与世界各国一起努力，"到2050年实现（全球变暖）净零增长，是我们最后的最大希望"。

认为我们离气候变化临界点还远的朋友，看看这场发生在美国的极寒天气，看看融化中的北极，还觉得这个临界点远吗？

三、澳大利亚的那场大火，相当于烧掉了1.8个海南岛

不知道你有没有注意，这几年关于森林火灾的报道突然多了起来。没错，这也是全球变暖、气候临界点正在逼近的一个显著例证。因为在高温、干燥的环境下，森林会变得更加易燃、更加危险。

2019年，亚马孙森林火灾频发，其中，巴西、秘鲁与玻利维亚交界处的亚马孙地区为火灾重灾区，集中位于巴西的朗多尼亚州、马托格罗索州和亚马孙州以及玻利维亚境内。2019年以来，亚马孙森林火灾数量超过7.2万起，较2018年同期增长了83%。

亚马孙雨林是众所周知的"地球之肺"，对全球环境的影响巨大，该雨林位于南美洲亚马孙盆地，总面积550万平方千米，占世界雨林总面积的一半。这片雨林横跨8个南美国家，其中60%位于巴西境内，它覆盖了南美洲40%的面积，是3000多万人和无数哺乳动物、鸟类、两栖动物和爬行动物的家园，其中大多数动植物是丛林中特有的。

需要说明的是，亚马孙雨林在往年也有火灾，而且会有所谓的"火灾季节"，一些居住在雨林附近的居民长期以来都是用火来清理土地，到了播种季节，

直接放把火将土地烧一遍，对他们来说这是成本最低的清理方式。但是，往年的火灾还在可控范围之内，到了2019年，人为燃起的大火变得狂野和不受控制起来。这就是因为地球温度升高后，森林变得更加易燃，火情更加难以控制。

科学界预测，亚马孙正在接近一个临界点，在那之后，它将不可逆转地退化为一个干燥的大草原。当世界需要数十亿棵树木来吸收碳并稳定气候时，地球正在失去其最大的雨林。亚马孙之所以被称为"地球之肺"，正是因为它在氧气生产中发挥着至关重要的作用，而氧气是通过天气系统输送到世界各地的。然而，现在大火正在向大气中排放数量惊人的碳。欧盟哥白尼气候变化服务中心发出警告，该场大火已导致全球一氧化碳和二氧化碳的排放量明显飙升，不仅对人类的健康构成了威胁，还加剧了全球气候变暖，一系列连带后果不堪设想。

2019年的亚马孙森林火灾已经够让人惊心动魄的了，这场森林大火导致将近100万公顷的森林被烧毁。但在随后爆发的澳大利亚山火面前，亚马孙的"火灾季节"简直成了"小巫见大巫"。

从2019年7月8日开始，澳大利亚新南威尔士州爆发了山火，由于当地天气炎热，加上澳大利亚政府的救援不力，很快整个澳大利亚燃起了大火。山火像恶魔一样吞噬着澳大利亚的森林和草地，一直持续了整整7个月。在这场大火中，大约630万公顷的土地被烧毁，这相当于烧掉了10个上海或8个墨尔本或5个悉尼或3.7个北京或1.8个海南省或0.5个英格兰！

除了过火面积史无前例外，火灾造成的损失极其巨大：10亿野生动物死于大火，近30%的澳洲考拉死于这场火灾，近500种生物濒临灭绝。在七个月的燃烧期中，澳大利亚有几十人死于大火。

澳大利亚的这次火灾如此猛烈，还有一个因素是桉树的数量达到了澳大利亚森林中整体树木数量的70%。桉树叶是澳大利亚特产动物考拉最爱吃的食物，而桉树极易引发火灾，因为只要天气一热，桉树就会分泌出比平时多几倍的易燃物质——香油精，再加上长时间干燥无雨，很容易就形成了天干物燥的危险情景。在进化中，桉树可以说是不怕火烧的，现在澳大利亚被火烧过的桉树已经开始抽枝发芽，抢占了先机，这样在它蓬勃生长的过程中，势必会影响其他树种的成长。于是，桉树的数量不断增加，更容易加重森林大火的蔓延趋势。

除了桉树的易燃特点之外，这次澳大利亚的山火是多发性的，燃烧了大半个澳大利亚，着火点很多，火势太大。当大火燃烧到干燥的地下泥炭地时，泥炭土分解的有机物质成分会产生可燃气体，给大火助力，所以更难被扑灭了。

四、已接近或已触发三大临界点指标

冰层融化、北半球寒潮、南半球火灾，这些接踵而至的异常现象背后，其实都有气候临界点逼近的身影。

经过多年的研究，气候科学家们已经识别出了一系列影响地球系统平衡的临界点，有的学者提出了"15个气候临界点指标"，有的学者则提出了"9大指标"。2018年IPCC（联合国政府间气候变化专门委员会）发布的《全球升温1.5℃特别报告》里也提到一系列气候临界点指标，综合来看这些临界点指标的表现主要包括：

1. 北极海冰开始融化，海冰面积减少；

2. 格陵兰冰盖开始融化；

3. 西伯利亚冻土层开始融化；

4. 南极洲西部冰盖加速消融、失冰；

5. 南极洲东部冰盖加速消融、失冰；

6. 全球森林火灾和虫害频发；

7. 北美西南部开始干旱；

8. 亚马孙热带雨林经常性干旱；

9. 全球珊瑚礁大规模死亡；

10. 大西洋"热盐循环"洋流开始减速。

在关于气候学、自然界的诸多杂志上，近年来已经频频有科学界发布研究结果，认为先前指出的气候临界点中，诸多临界点已经呈现出活跃状态，更有几个临界点被认为"接近被触发，或者已经被触发"。比如IPCC在2019年9月发布的《海洋与冰冻圈特别报告》中指出，南极西部海冰与格陵兰冰盖正在大规模消退。全球冰川大规模融化对应的升温范围应在1~4℃之间，而且当夏季升温在2℃时，就可能触发格陵兰冰盖的大规模消融。

过去十年的研究表明，南极洲西部阿蒙森海的冰川消融可能已经突破了临界点——各个模型的演进都显示，在这片区域，海洋、陆地和基岩相遇的"交界线"正在持续后撤，且这种后撤的趋势不可逆转。有模型研究表明，当这部分冰川消失时，它可能会带来多米诺效应，使南极冰盖的其余部分遭到破坏，并可能致使全球海平面在未来数百年到几千年的时间上升约3米。

在北半球，格陵兰冰盖正在加速融化。相关模型研究表明，格陵兰冰盖融化的临界点在升温1.5℃时就可能被触发——考虑到现在的世界已经升温1℃，按照当前的排放趋势，升温1.5℃的世界可能在2030年就会到来。如果格陵兰冰盖全部融化，它会在数千年的时间内使海平面增加7米。

这其实是一个非常可怕的发展前景。设想一下，如果南极西部冰川和格陵兰冰盖融化的临界点被触发，海平面将大幅提高，这意味着很多岛国将不复存在，很多沿海城市也都将受到毁灭性打击。良好的海洋运输、港口建设是一个国家经济活跃的必备条件之一，所以人类经济活跃的区域往往都集中在沿海地域，像纽约、上海、旧金山、东京等全球知名的大城市，要么就在海边，要么距离海边非常近。如果海平面大幅上升，这些城市要么大规模迁移，要么就需要筑起高高的巨型堤坝，把海水挡在外面，但这种堤坝的工程量难以估量。当海水从四面逼迫而来，这种堤坝将只能铸造为环形的，把大型城市一个个圈在里面，这虽然可以阻挡海水于一时，但同时也意味着，这些城市的活力已经基本丧失，交通变得非常不便利，所有的出行成本都会急剧提高。

还有更为触目惊心的一个临界点指标已经被触发了——亚马孙雨林正在日趋干旱。

亚马孙雨林作为全球最大的热带雨林，是全球十分之一已知物种的栖息地，也是世界最大的储碳、固碳森林。在森林砍伐和气候变化的双重作用下，自1970年以来亚马孙雨林已有大约17%被毁。目前的推测是，在亚马孙雨林的毁林率在20%～40%时，雨林的临界点将会到来，亚马孙森林将可能进入非雨林气候，并且失去固碳的作用。作为缓解气候变化的得力帮手，亚马孙雨林长期储存的碳大概相当于全人类十年的排放总量，一旦这样高数量的碳含量被释放到大气中，将使全球二氧化碳浓度激增10%。

这里需要反复强调的是，气候变化是一个反馈系统，一旦突破临界点，碳排放将会加速。

两极的冰面消融就是典型的正反馈机制：大面积覆盖两极的白色冰雪能够反射太阳光，而如果冰雪融化，裸露出的棕色地表和深色海洋将会吸收更多的太阳辐射，从而加剧暖化，让更多冰雪消融，形成正反馈循环。

冻土层、亚马孙雨林本来都是碳汇之处，大量的碳封存、汇集其中，但气候变化产生了巨大的效应，这些碳汇之处正在加速变成碳的排放之处。也就是说，雨林、冻土层不但不封存碳了，还将加速排放碳。按照人类目前的经济结构，未来几十年气候还将不可避免地为温室气体所影响。加速融化的南北极，叠加了雨林、冻土层的碳排放，如果不阻止这一切的加速升温，人类的未来将承受巨变之痛。哪怕能减缓控制升温0.5℃，也将会对人类文明产生重大影响。

《中国气象报》曾在一篇报道中指出，"0.5℃，可能带来更多风险"。自工业革命以来，人类活动所造成的温升已经达到1℃左右，并且升温已经对人类的生产、生活和自然界产生影响。如果以目前的速度继续发展，2030—2052年升温将达到1.5℃。通过评估，对于极端天气、海平面上升以及珊瑚礁等来说，升温1.5℃所造成的影响和风险与升温2℃相比要小些。

IPCC在相关报告中已经指出了升温1.5℃的后果：与2℃相比，升温1.5℃可以降低格陵兰冰盖消失、海平面上升数米等不可逆转的风险；降低海洋温度升高、海洋酸化加剧等风险；降低对海洋生物、生态、渔业等影响，更大限度地保护陆地、淡水、沿岸生态系统为人类服务的功能。城市将大幅度减少高温热浪、空气污染等灾害风险；对农村，则可以减少玉米、水稻、小麦等农作物产量降低的风险。尤其对经济基础薄弱、极端事件影响大的沿海和小岛屿国家以及许多发展中国家来说，控制升温更为重要。

我们回顾了近年来美国得克萨斯州的极寒天气、亚马孙雨林的火灾、澳大利亚的火灾、临界点的诸多指标，就是想说明以下重点：

1. 近年来，因为气温升高，森林变得更加干旱易燃，导致灾害更加频繁发生；

2. 因灾害而导致的断水、断电、交通瘫痪、饥饿等次生灾害，比想象中离我们每个人更近；

3. 气候变化是一个反馈系统，临界点一旦被突破，碳排放将会加速进行，我们离临界点已经非常之近。

明白临界点逼近，就能明白该怎么做了吗？

未必。

有些人拿环保做起了文章。不去关注保护地球，而是先把这个事情当作"锁死"发展中国家的利器。

五、拿环保作秀的瑞典少女

2018年9月，一名15岁的瑞典少女突然火爆全球。她在社交平台上的粉丝有数百万，登上《时代》杂志封面，被评为2019年度"影响世界的100位名人"，受邀参加联合国大会做主题发言，在2019年她还获得诺贝尔和平奖的提名。同时，她也引起了俄罗斯总统普京的批评。这个少女做了什么，让她一下子成为世界的"宠儿"？又是为什么，让她能在全球范围内引发如此争论？

这个少女就是格蕾塔·通贝里。实际上，这所谓的环保少女就是一场环保秀，就是一张被人操纵利用的牌而已，牌后都是一些既得利益者的阴谋算计。这也进一步彰显了环保问题之复杂、背后利益纠葛之多，很多借此喊得厉害的，其实是在"挖坑"。

1."环保少女"的突然"出圈"

2018年8月，瑞典遭遇了百年不遇的森林大火。当时由于炎热干燥的天气，瑞典境内已经发生了数次森林大火，多地居民被迫撤离危险区域。瑞典是北欧最北的国家，部分国土位于北极圈内，森林覆盖率达64%，但就因为这场大火，让瑞典本来引以为傲的森林变成了火药桶。

前所未见的干旱与创下百年纪录的高温，让瑞典消防人员无力对抗国土内肆虐的野火，最后瑞典政府不得不呼吁国际社会的援助。挪威、意大利、法国等都派出消防人员及设备，跨境支援瑞典扑灭森林大火。

也是因为这场大火，格蕾塔·通贝里开始为人所知。当时15岁的格蕾塔连续三周到瑞典议会大厦门口抗议，强烈要求瑞典政府严格按照《巴黎协定》减少碳排放。格蕾塔认为，完全是因为人类自私的活动增加了碳排放，让大气中的温室气体增多，导致全球升温，天气炎热，这才引发了瑞典百年难遇的森林大火，为了人类的未来，瑞典政府必须严格按照《巴黎协定》减少碳排放。

且不说瑞典这场大火有多少该归因于温室效应，多少该归因于该国消防部门的无能，有多少是属于专业领域范围的，格蕾塔直接把火灾全部归咎于碳排放，这个逻辑链条是否完全成立就是值得思考的。针对瑞典火灾的反思，本该是一场认真、严肃的环保领域专业思考，但很快格蕾塔的行为通过社交媒体裂变，开始发展为一场缺少思考、更多激情的社会运动。

格蕾塔的抗议行为通过现代网络社交媒体传播开来，迅速为人所知，并得到了很多人的支持。格蕾塔在社交媒体上的粉丝数量开始激增，社会影响力与日俱增。

有了社会影响力的格蕾塔开始不满足于自己一个人去瑞典议会大厦门口

抗议，她发起了为保护环境的"星期五为了未来"（Friday for Future）运动。这一运动很受年轻人喜欢，因为她的方式就是号召全世界青少年在每周五的时候都不去上学……于是，139个国家和地区的学生响应了她的号召，共计140万青少年参与了这场游行示威，大批学生走上街头，他们中有的人确实真心支持环保事业，但有的学生只是借着保护环境的口号翘课来玩。

之后格蕾塔一举成名，被邀请到全世界各地做演讲。全球很多场合都能听到格蕾塔在大声呼吁："人们正在遭受痛苦，人们正在死去，生态系统正在崩塌，我们正处于物种大灭绝的开始阶段。但你们所说的，除了钱，就是有关经济会永远增长的神话。"

2．到底是减排，还是作秀？

但就在格蕾塔被赞誉为"环保少女"的同时，她的一些不环保或者名为环保实为作秀的行为，也开始为人关注，并受到指责。

比如，格蕾塔和她的父亲要去纽约参加会议时，她决心此行要做到零碳出行，所以她决定从欧洲到美国不坐飞机，而是要搭乘帆船从英国去美国。这个逻辑很奇怪，飞机出行有碳排放，帆船制作过程就没有碳排放吗？飞机十几小时就可以抵达目的地，而帆船需要的时间更长，在帆船上的一切吃喝行动，不也需要碳排放吗？如此，累积起来的碳排放量就一定比搭乘飞机的少吗？这个出行逻辑本来就是荒诞的、禁不起琢磨的，但她还是这样做了。

据她自己说，这艘帆船比坐飞机要更加环保，因为她乘坐的这个帆船主要靠太阳能和水力供能，船内配套设施简单，无污染。然后为了抵抗外界的质疑声，环保少女声称，她和同行人员不做饭，不洗漱，只吃冻干食品，用水桶上厕所，努力做到最低碳排放。

在专业人士看来，小姑娘的这种行为与其说是环保，不如说是任性之举。且不说不做饭、不洗漱、只吃冻干食品等行为是否极端，是否缺乏推广的可行性，仅从帆船出行来讲，其碳排放成本其实更高。格蕾塔和她的父亲乘坐的帆船"马利西亚2号"（Malizia II）价值几千万元，必须由专业的团队驾驶，而且一路还有直升机对她进行跟拍。在她抵达美国后,这艘船还要想办法运回欧洲,而团队的人也要坐飞机返回。

本来她和父亲只需要两张机票就可以到达纽约,通过帆船一趟折腾,工作人员随行操作并返回,其碳排放总量肯定远远超过了两个人搭乘飞机的排放量。此外,还有媒体曝出了格蕾塔言行不一的照片,在火车上用餐的她,使用的是一次性纸杯、一次性塑料沙拉盒、一次性塑料包装袋……甚至吐司的边缘都被她撕下来丢弃了。

格蕾塔的父母此时也抓紧时间捞金,把孩子当作了摇钱树。格蕾塔的母亲在接受媒体采访的时候还说"女儿可以用肉眼看到空气里的二氧化碳……"外界对此的评论是:这基本开始从环保走到科幻范畴了。同时,她的母亲出版了一本名为《心灵即景》的回忆录,赚了一大笔版税。

3. 没有人向她解释,现代世界是复杂且不同的

就算我们不纠缠在这些生活细节上,很多名人被拉近放大后,其实在生活细节上都禁不起审视。不只是这一个小女孩如此,我们会发现格蕾塔名满全球后,她其实并没有什么切实可行的环保主张。比如让格蕾塔最受人赞誉的在联合国气候活动上的愤怒发言,她指责世界领导人对气候问题不作为。

据美国有线电视新闻网(CNN)报道,在2019年9月23日召开的联合国气候行动峰会上,格蕾塔受邀发表演讲。面对台下坐着的上百位各国领袖和政府首脑,她说:"你们用空谈偷走了我的梦想和童年,现在还要在年轻人这里寻找希望,你们怎么敢!很多人在饱受磨难,在奄奄一息,生态系统正在崩塌,而你们整天只知道谈论金钱和经济永恒增长的童话,你们怎么敢!"当时,出席联合国气候行动峰会的法国总统马克龙表示,他被格蕾塔的演讲感动:"任何一位领袖都不能装聋作哑,听不见年轻一代的公正要求。"加拿大总理特鲁多在2019年9月27日还在蒙特利尔专门接见格蕾塔,并承诺植树20亿棵。

但是,很多批评人士指出,格蕾塔从未针对气候问题的解决途径表达过

清晰的观点，也没有对气候变化问题提出明确的解决办法，她除了愤怒、游行之外，只有激进的言辞和作秀，包括号召吃素、取缔燃油车等。更何况游行也只是在表达愤怒，并没有拿出任何可行的措施，青少年周五不去上课，温室效应就能得到解决了？这本身就没有逻辑。还有批评者则说她是"异想天开的精神病人""是不是作业太少了"，甚至将她和纳粹时代的画报女孩相提并论，批评她提倡的是"环保恐怖主义"。在更多时候，在更多场合里，格蕾塔被当作了一场政治秀，被一些发达国家的政治人物当作了一张牌。

俄罗斯总统普京2019年10月曾在第三届俄罗斯"能源周"论坛上针对"格蕾塔·通贝里现象"表示："没有人向她解释，现代世界是复杂且不同的，生活在非洲和很多亚洲国家的民众想要生活在与瑞典同等财富水平之中，那应该怎么做呢？去向发展中国家解释一下，他们为什么应该继续生活在贫困中，而无法像瑞典一样。"尽管如此，普京依旧表示，他相信格蕾塔是一个善良且非常真诚的女孩，"但如果有人为了个人利益而利用儿童和青少年，就应受到谴责。成年人必须竭尽所能，不要让青少年和儿童陷入极端的境地"。

围绕格蕾塔·通贝里，其实我们可以看到，大气之下全是利益："长期利益"和"短期利益"复杂交错，"发达国家利益"与"发展中国家利益"冲突激荡，甚至"愿意吃素的人"就可以反对"不吃素的人"。

国家利益、行业发展、风俗习惯、个人态度，全世界的林林总总似乎都一把被纠缠到了大气问题之中。

到此，我们已经知道：

厌氧细菌、古生物们已经和大气打过交道了，全都大败而亡；人类文明和气候息息相关，互相反馈；人类进入工业文明后，已经把大气逼向了负向反馈的临界点。

但像这位瑞典环保少女一样，上街游行就能消减碳排放吗？所谓的不搭乘飞机坐帆船，这到底是作秀，还是真正有效的环保之举，抑或是被人利用？如果有人利用这位环保少女，这背后利用她的人又是为了什么？对普京的"去向发展中国家解释一下,他们为什么应该继续生活在贫困中,而无法像瑞典一样"这一反问,又该怎么回答?

不平等的地区,却要面临同样的气候难题,到底怎么解?

六、丁仲礼的灵魂拷问:"中国人是不是人?"

2009年底,丹麦首都哥本哈根举行世界气候大会。当时,IPCC、G8(八国集团)等组织提出了7套二氧化碳减排方案,其中最被广泛接受的一套是"到2050年,二氧化碳全球减排一半,发达国家率先减排80%"。这套方案拿出来后,引起了各界很大的争议,堪称是一场没有硝烟的战争:会场内,发达国家与发展中国家代表的争论陷入僵局;会场外,抗议和反抗议的人群也一直在对峙。

就是在哥本哈根世界气候大会上,丁仲礼院士明确反对发达国家提出的减排方案。他发表了演讲:"如果这些方案成为国际协议的话,它们将成为人类历史上罕见的不平等条约。因为这将把目前已经形成的巨大贫富差异固定化,在道德上是邪恶的。"丁仲礼的一席话在整个会场引起了巨大的反响,余波直接冲击了全球环保人士。回北京后,丁仲礼将自己的研究成果发表在国际专业学术期刊上,表达了坚决反对协议的立场。他说:"当时国内学术界各种声音都有,但我坚持自己的看法,不管别人的想法和议论。"

丁仲礼说这些话是经过研究的。2009年7月,G8在意大利提出减排方案,丁仲礼和秘书花了不少时间收集数据,最后他发现,减排方案表面上看是限制发达国家更多,实则隐藏着巨大的陷阱。在这些方案中,人类通过化石燃料和水泥生产产生的排放总量已确定,当发达国家率先提出明确的减排目标后,这意味着留给发展中国家的排放量就所剩不多了:发达国家11亿人口拿走44%,剩下的56%给发展中国家的54亿人口。

丁仲礼对全球减排发展过程有着深刻的认知和分析,我们在此也需要回顾一下。目前各界对全球变暖的认识是从20世纪80年代中后期开始的,因为升温会导致海平面上升等负面影响,欧洲临海的几个大国就开始大力倡导碳减排，并推动了 1997 年《京都议定书》的签署。《京都议定书》的目标是"将大气中的温室气体含量稳定在一个适当的水平，进而防止剧烈的气候改变对人类造成伤害"。1997 年 12 月，《京都议定书》的条约在日本京都通过，截至 1999 年 3 月 15 日共有 84 国签署。条约规定，它在"不少于 55 个参与国签署该条约并且温室气体排放量达到附件中规定国家在 1990 年总排放量的 55% 后的第 90 天"开始生效，这两个条件中，"55 个国家"在 2002 年 5 月 23 日当冰岛通过后首先达到，2004 年 11 月 18 日俄罗斯通过该条约后达到了"55%"的条件，条约在 90 天后于 2005 年 2 月 16 日开始强制生效。到 2009 年 2 月，一共有 183 个国家通过了该条约（超过全球排放量的 61%）。

值得注意的是，美国人口仅占全球人口的 3%~4%，而排放的二氧化碳却占全球排放量的 25% 以上，为全球温室气体排放量最大的国家。美国曾于 1998 年签署了《京都议定书》。但 2001 年 3 月，布什政府以"减少温室气体排放将会影响美国经济发展"和"发展中国家也应该承担减排和限排温室气体的义务"为借口，宣布拒绝批准《京都议定书》。

大部分发展中国家之所以愿意签署这份协定，是因为它坚守了一条重要原则，即"共同而有区别的责任"。这条原则至少在当时可以理解为，发达国家负责减排，发展中国家在发展阶段可不承担减排义务，并且发达国家将在技术、资金等方面支持发展中国家降低碳排放强度。也可以说，《京都议定书》是切实地建立在全球各个地区经济发展不平衡现状之上的、可行的方案。但问题是，在《京都议定书》签署后的十几年，发达国家尽管做了不少努力，但碳减排效果并不明显，因此他们开始主张发展中国家尤其是中印这样的"排放大国"也应被纳入减排国行列，这个主张实际上是要弱化甚至放弃"共同而有区别的责任"原则。

2009 年，丹麦哥本哈根大会上那 7 套所谓的二氧化碳减排方案就是发达国家的一次集体"挖坑"，是对自己国家责任的推卸。根据丁仲礼的计算，如果按照这 7 个方案中的规定，中国的排放空间只够大约 10 年所用，2020 年以后，需要每年花一万亿元人民币去买二氧化碳排放权。可以说，如果哥本哈根方案获得通过，发展中国家将被套上沉重的枷锁，永世不得翻身。

2010年，丁仲礼院士接受央视《面对面》节目采访，这段采访曾引起巨大轰动，充分展示了碳排放背后的阴谋和利益纠葛。当时丁仲礼院士的一句质问"中国人是不是人？"在过去12年后，依旧振聋发聩。

据此，我整理了这段采访中，丁仲礼院士与记者关于碳排放问题的相关对话，并对当时的对话背景和情况做了一定的说明，希望能对大家有所启发。

当时，IPCC第四次评估报告表明，在全球普遍进入工业化的近100年来，地球地表平均气温升高了0.74℃。全球气候如果升温1℃，澳大利亚大堡礁的珊瑚将会全部死亡；升温2℃，将意味着格陵兰岛的冰盖彻底融化，海平面上升7米。基于IPCC报告对于气候升温的预测，哥本哈根会议提出，相对于1750年工业化前的水平，全球平均气温升高2℃是人类社会可以容忍的最高限度，所以一定要在21世纪末把地球增温控制在2℃这一安全值范围以内。

丁仲礼：许多人都把它（IPCC第四次评估报告）理解为是一个科学的结论，这个2℃是怎么来呢？2℃是计算机模拟出来的。计算机相当于算命先生的水晶球，他不会去考察地质历史时期的升温降温时候的变化，他就靠计算机算，算完以后得出一个结论。假如升温2℃，就会产生多少物种的灭亡，这是英国的一个研究做出来的，于是这个结论就很快流行了。流行以后，慢慢变成一个价值判断——我们不能让它再增温了。

记者：如果计算机模拟的这一切是可信的话，那不是一个依据吗？

丁仲礼：你怎么知道它可信？

之所以丁仲礼强调这只是一个价值判断，是因为在IPCC报告原文中，并没有百分之百地确认气候变暖就是人类活动产生二氧化碳所带来的结果，也没有精确的数据表明二氧化碳对气候变暖到底有多大的影响，但是对于未来排放空间的计算却要建立在二氧化碳升温效应的基础上。根据这个2℃阈值的共识，到2050年，大气中二氧化碳浓度的最高峰值只能控制在450PPM

（1PPM 为百万分之一）以内，也就是说到 2050 年全球二氧化碳的最大排放空间大约是 8000 亿吨。

记者：我们几乎是信仰实验室里所有的数据？

丁仲礼：它不是实验室，它是计算机，你怎么知道它是可信是不可信？

记者：丁院士，我们当然知道科学界有反对和怀疑的声音，但是给我们的印象是，因为 IPCC 这样一个研究组织，它也是各国的科学家在一起拿出一份报告，而且也是因为有这个报告作基础，全世界的国家会到那里去开一个气候的大会，所以这一报告给我们的印象，它是得到主流科学界的认同的。

丁仲礼：科学家有主流吗？

记者：我们理解的主流是？

丁仲礼：科学家是根据人多人少来定的吗？科学是真理的判断。

记者：这次哥本哈根给人的感觉一直是尖锐和激烈的争吵，到底在吵什么？

丁仲礼：其实争吵的问题很简单，就是今后不同的国家还能排放多少二氧化碳。

记者：这个排放多少，实质又是什么？

丁仲礼：简单一句话，这个排放问题和能源问题连在一起，和发展问题连在一起，所以争吵半天就是"我还能排放多少，我还能使用多少能源"，简单来讲就是这个。

记者：您的意思就是这个排放就意味着未来的发展权？

丁仲礼：这个是肯定的了。

记者：这个排放权对于普通的国民又意味着什么？

丁仲礼：意味着生活的改善，意味着国家的发展，意味着你的福利能不能进一步地增加，也意味着你有没有工作。

为什么说 G8 会议的方案对我们不利，对此丁仲礼在节目中表示，在过去的 105 年间（1900—2005 年），发达国家的人均排放量是发展中国家的 7.54 倍，如果按照 IPCC 此方案的减排指标，二氧化碳的排放权在未来就会变成一种非常稀缺的商品，发达国家实际上为自己求得了相当大的未来排放空间，而发展中国家"不够排就得买"。为力争排放权，丁仲礼还提出，中国的人均排放量坚决不超过发达国家同期（1990—2050 年）水平的 80% 的方案："不管你怎么减排，我都要比你少，并且我一定要做到。并且你发达国家已经把所有的基础设施建完了，中国很多还没有建，在这样的发展阶段背景下，中国提出这样的方案，让全世界看到，中国在应对气候变化上，我们要比你们雄心勃勃得多。"而接下来记者的追问，让丁仲礼发出了著名的反问，也就是后来被广大网友称为"灵魂拷问"的话，一语道出了各界在碳排放问题上争吵的实质所在。

记者：中国是人口大国，这么一乘，那个基数太大。

丁仲礼：那我就要问你了，你就说中国人是不是人？这就是一个根本的问题了，为什么同样的一个中国人就应该少排，你这个是以国家为单位算的，还是以人为单位算的？

记者：按照国际惯例，不都是按国别进行计算的吗？

丁仲礼：这么说我就不跟你算了，我没必要跟你算了。我们中国去跟摩洛哥比行不行？还讲不讲理了！

摩洛哥人口只有 3700 万左右，是中国人口的 1/15。丁仲礼的连续反问直接戳破了一些发达国家的阴谋，无论是按人口算，还是按国别算，绕来绕去，发达国家无非就是想控制发展中国家的碳排放空间，从而彻底限制发展中国家的发展。说白了，在一些发达国家环保人士的背后，只有发达国家的利益。在大航海时代、工业化时代，一些西方国家对亚洲、非洲、拉丁美洲各国进行了残酷的剥削与殖民，搜刮了海量财富，奠定了自己工业化跃进的基础之后，稳坐到世界领先的宝座上，不但毫无愧疚之情，反而变本加厉，对昔日的被剥削者再度出手，还要给发展中国家扣之以不环保的帽子。

在采访中，丁仲礼对未来还是给了乐观的预期。

记者：假如像您所说的，现在这个方案，发达国家又不接受的话，如果他就这么拖下来，这几年下去，（环境问题）会不会情况变得更糟了？

丁仲礼：我很乐观。我是地质学家，我研究几亿年以来的环境气候演化，这不是人类拯救地球的问题，是人类拯救自己的问题，跟拯救地球是没有关系的。地球用不着你拯救，地球的温度比现在再高十几度的时候有的是，地球二氧化碳的浓度比现在高10倍的时候有的是，地球不就是这么演化过来的？地球依旧好好的。

记者：毁灭的只是物种？

丁仲礼：毁灭的只是物种，毁灭的是人类自己。所以是人类如何拯救人类，不是人类如何拯救地球。

记者：人类到底能不能拯救自己，最核心的东西，最终取决于什么？

丁仲礼：取决于文化、文明。人类应对各种挑战的时候，人们有一种更有包容性的、更有弹性的文明的产生，或者是我们现有文明的很好的发展。

人类之所以能够走到今天，除了使用工具、智力提升，还有很重要的一点就是社会性。在力气没有狮子、老虎大的时候，人类为什么能够战胜其他动物？靠的就是团结合作、集体捕猎，明白只有合作才能获得更大的利益。进入文明阶段后，各种社会分工更是强化了人类的社会化属性，合作、分工，才能取得更大规模的边际效应。在面对人类自身存亡的时候，合作的社会性会突然消失吗？尽管有时各个国家都为自身的利益发声，但人类之所以能走到今天，合作和发展仍是主流。当人类想明白这个命题，明白"是人类如何拯救自己，而不是拯救地球"，相信这个环保问题自有答案，毕竟斗下去全输，而合作才是共赢。

看了瑞典少女的故事,还有丁仲礼之问,我们已经知道:

1. 减少碳排放,对阻止地球变暖是有利的;
2. 如果按照一些发达国家的意见,发展中国家购买所谓的"碳排放权",那么全球有50多亿人口将注定停留在饥寒交迫、温饱难得的生活中;
3. 在环保的大前提下,有人作秀,有人趁机"打闷棍"、打压别国,总之,所谓的"环保群众"里面有坏人。

在碳排放牵扯如此巨大的利益纠葛以及百年的国际恩怨纠葛时,难道就无法推进了吗?并不是。有没有务实的、公平的、讲道理的法子呢?

七、悲壮的塞罕坝

没有瑞典"环保公主"的罢课煽情与帆船作秀,没有"碳排放权"的阴谋诡计,没有那么多理念和"高帽子",中国人其实一直在用自己的实际行动,默默爱护着这片土地,爱护着这个星球。

1. 从木兰围场到一片荒丘

一只巨大的黑熊在草原上喘息奔逃,大队的人马正在后面围猎它。这黑熊本是这片山地的主宰,但此刻它只能被人追逐屠杀,追杀它的正是大清帝国的皇帝康熙,以及精锐的御前侍卫。

那黑熊奔逃不及,最终被康熙一火枪打倒在地,就此不动,鲜血汩汩地流出,眼见是死到临头了。这时,一位十来岁的少年,从侍卫群中闪出,在康熙大帝关爱的目光中走向那熊,这少年便是弘历——之后的乾隆帝。

对这个孙子一向关爱有加的康熙,希望弘历给这只熊补上几箭,让少年体验一下杀戮猛兽的感觉,好将猎熊的功绩记在弘历名下。但就在弘历走近黑熊时,这黑熊突然窜起,直向这少年扑来。弘历虽然镇定自若,奋起抵抗,但在黑熊面前,可以想象少年那点力量简直微不足道……但好在众多侍卫和康熙急忙上前，打死了黑熊。这只巨大的黑熊险些改变两代帝王的命运。看着从黑熊面前逃过一劫的弘历，康熙帝更加认定这个孙子是个有福之人。

传说上面这则故事就发生在木兰围场。据历史记载，清代（中前期）皇帝每年都要率王公大臣、八旗精兵来这里举行射猎，史称"木兰秋狝"。每次木兰秋狝规模宏大，人数一般都在一万人以上。从康熙到嘉庆的140多年里，举行"木兰秋狝"活动次数达105次。就从乾隆遇熊以及大清皇帝们上百次的木兰行猎中，我们可以想象木兰围场拥有多么优异的自然环境。

木兰围场位于河北省最北部的围场县境内，是内蒙古高原和浑善达克沙地的最前沿，毗邻北京、天津、内蒙古，是滦河、辽河的发源地之一，平均海拔1500米，是一个年平均气温-1.4℃、最低气温-43℃的高寒地区。自古以来，这里就地域广袤，树木参天，辽金时期被称为"千里松林"。但到了清朝后期，由于国力衰退，清政府在同治二年（1863年）开围放垦，山林植被被破坏，后又遭日本侵略者破坏性砍伐，连年不断的山火和日益增多的农牧活动使得原始森林荡然无存。当年的山川秀美、林茂幽深的太古圣境和"猎士五更行""千骑列云涯"的壮观场面不复存在，木兰围场地区已经退化为荒原荒丘，呈现出"飞鸟无栖树，黄沙遮天日"的荒凉景象。到中华人民共和国成立前夕，"林苍苍，树茫茫，风吹草低见牛羊"的皇家猎苑已经蜕变成了"天苍苍，野茫茫，风吹沙起好荒凉"的沙地荒原，此时的木兰围场已经被"塞罕坝"这个称呼所取代。

2．两次造林失败后怎么办？

此时的塞罕坝冬季漫长寒冷，气候条件恶劣。在当地生活过的人曾形容："冬季是最难熬的，气温能够到零下40多摄氏度，滴水成冰。每天早上还会刮白毛风，几乎天天都在下雪，大雪没腰，所有道路都被大雪覆盖，当地人几乎与外界断了联系。大雪若被风一刮，屋内就会结下一层冰。晚上睡觉需要戴上皮帽子，早上起来，眉毛、帽子和被子上都会落下一层霜。铺在身下的毡子全都冻在了炕上，想要卷起来，还需要用铁锹慢慢地铲。"

冬季大雪封山之后，塞罕坝几乎找不到一条能够通往县城的路，主要的交通工具马车也失去了作用。当地的人基本处于一种封闭和隔绝的状态之中。但就是这样一个生态已经恶化到如此地步的区域，中国人对它发起了挑战！

在北京东北方向，与北京直线距离只有180千米的浑善达克沙地，海拔1400米左右，而北京海拔仅40米左右。有人形容，如果这个离北京最近的沙源堵不住，那就是站在屋顶上向场院里扬沙。如果想要挡住从浑善达克、巴丹吉林等地向北京吹来的风沙，就要在其中间地区找到"一扇大门"，将大门牢牢关严，阻隔风沙。而在浑善达克沙地与华北平原之间确实存在"一扇大门"，这扇门就是塞罕坝。

新中国成立后，林业部经过充分调研论证和科学的规划设计，1962年2月，决定建立林业部直属的塞罕坝机械林场。但20世纪60年代的塞罕坝，集高寒、高海拔、大风、沙化、少雨五种极端环境于一体，自然环境十分恶劣。刚刚建场的塞罕坝，没有粮食，缺少房屋，交通闭塞，冬季大雪封山，人们便处于半封闭、半隔绝的状态；没有学校，没有医院，没有娱乐设施，从四面八方赶来的建设者们除了简单的行李衣物，其他的几乎一无所有。

1962年，369名平均年龄不足24岁的创业者从四面八方奔赴塞罕坝，在白雪皑皑的荒原上拉开了创业的序幕。在第一任党委班子带领下，啃窝头、喝雪水、住窝棚、睡马架，以苦为荣，以苦为乐，走出了艰难创业的征程。1962年，林场开始造林，时年春季造林近千亩，但成活率不到5%；1963年春季再次造林1240亩，可是秋季调查成活率不到8%……

塞罕坝第一代创业者经过两年踏冰卧雪，换来的却是收获寥寥。这不禁让人质疑：这个地方到底还能不能种活树？

两次造林失败后，当时的党委书记王尚海为了稳定军心，毅然把年过古稀的老父亲和妻儿老小从承德市接到坝上，住在狭小的房子里，生活异常艰难，在这样的条件下，他还动员妻子姚秀娥补贴那些从城里来的女青年，做职工家属的思想工作。场长刘文仕也举家搬迁到坝上，为查找机械造林失败的原因，他带领机务人员顶风冒雪，忍饥受冻，踏查地块，反复试验改进机械。

技术副场长张启恩，为了查找机械造林技术原因，他带领技术人员废寝忘食，夜以继日，一块地一块地地调查，一棵苗一棵苗地分析，一个细节一个细节地推断，终于找出了造林失败的原因。

1964年，林场再起发起"马蹄坑誓师会战"。这一场战斗被写进了塞罕坝的造林史，大干三天，机械造林516亩，10月初，马蹄坑"大会战"所植落叶松平均成活率达到99%以上！开创了国内机械种植针叶林的先河。

在一代代塞罕坝人的努力下，通过半个多世纪的艰苦奋斗、无私奉献，在140万亩的总经营面积上，成功营造了112万亩人工林，创造了一个变荒原为林海、让沙漠成绿洲的绿色奇迹。森林覆盖率由建场初期的11.4%提高到现在的80%，塞罕坝人在茫茫的塞北荒原上成功营造起了全国面积最大的集中连片的人工林林海，谱写了不朽的绿色篇章。

到2017年，塞罕坝林场已成为世界上面积最大的人工林。如今，塞罕坝的林木总蓄积量已经达到1012万立方米，所释放的氧气可供199.2万人呼吸一年之用。同时，它所创造的森林资源总价值约202亿元，成为京津地区重要的防沙屏障和生态旅游之地。[14]

八、"碳中和"时代蕴含着一场人类自我拯救的保卫战

多年以来，中国的大气保护、环境保护大业都为西方国家所不理解，甚至被歪曲。尽管英国、美国等西方发达国家是环保组织的多发地，有着很多优秀的环保纪录片、文章、照片、宣传画等，但他们真的做得好吗？

不提作秀的瑞典"环保少女"，就拿这些发达国家的现实做法来看，据北京生态文明工程研究院副院长贾卫列在一篇报道中指出：有128项环保法规被美国政府放松（2017年1月至2019年9月）；"海湾战争"中仅伊拉克受污染地区就有300多处，有52种鸟类灭绝，受害人数达2250万人，石油燃烧释放的烟雾严重影响了气候；"科索沃战争"中使用的巨量炸弹，严重破坏了前南斯拉夫地区的地质结构和生态环境；日本重启商业捕鲸，把核废水直接排入太平洋；一些发达国家通过垃圾跨境转移，把处理成本极高、不能

最终处理的固体废弃物转移到发展中国家……

虽然西方一些国家的环保理念确实更深入人心，在环保举措上更先行动，但它们却是拿环保有色眼镜看待发展中国家、看待中国。

比如，2017年，英国《卫报》曾刊登了一篇标题为"中国兴盛的中产阶级正在导致亚洲的有害电子垃圾堆积如山"的文章，称中国是导致亚洲有害电子垃圾快速增长的主要因素。在2019年，从上海开始，中国的各个城市开始落地了更为严格的垃圾分类制度，从之前的"鼓励垃圾分类"变为"强制垃圾分类"，并会效仿国外的经验对违规的企业或个人进行处罚。结果，英国《卫报》又在一篇最新的报道中开始指控中国严格的垃圾分类制度是什么"环保独裁"。再比如，中国是世界工程和建筑数量大国，前些年建筑能耗已超过工业能耗。对此，有西方舆论认为，只要世界说服中国用节能的方式建新楼，就可能减轻全球变暖。

事实上，这种带有偏见的认知忽视了中国环保建设积极的一面。通过瑞典少女的例子、通过中国塞罕坝的例子，我们其实很容易发现作秀喊话容易，实操改变艰难，而中国人往往选择了坚实、稳定、真正有效的艰难和沉重。但这份艰难和沉重不是谁都能理解的。西方媒体先天就有猎奇性，"环保少女"所表达的内容具有戏剧性、冲突性，更乐于为媒体所报道；虽然半个世纪的绵长努力、流血流汗更为艰难，但在媒体传播视角，冲突感反而因为时间拉长而被弱化，因为在大众的感知里，对短期的、好理解的事物感兴趣，对超出日常经验所涵盖的努力视若无睹、难以共情。

我们确实要看到，在国际主流媒体上，西方发达国家在环保文化和环保舆论权上的地位遥遥领先，从议题设定到相关程序，再到结论设定，发展中国家并没有什么参与权，只有被批评权。仅就这些环保议题、环保报道，我们就可以感受到东西方在此问题上的差异，更何况太多利益隐藏在视角之下，大气环保问题就演化为公平的问题、发展的问题、是否有色眼镜的问题，并纠缠了历史问题、责任问题，而每一个人想在这个星球上求得平等的呼吸，其实真的很难。

西方发达国家的种种环保理念，在全球各地产生影响力后，又会让问题进一步复杂化。我们不能否认最初的环保理念是以人类发展为初心的，但走着走着，那些初心还剩下多少？经过差不多半个世纪的洗礼，这些环保理念有多少是初心？有多少是带有视角、经过设计的？从一百多年前的经济、政治殖民，到现在会不会发展为环保殖民？借环保之名，彻底锁死发展中国家进入工业化的契机？

对发展中国家来说，因为相关理念、学科的落后，又没有什么话语权，这些国家会不会落入某些别有用心之人的陷阱而不自知？大气环保事关人类命运，要不要因为有些人挖坑、设圈套，就不做了？大气环保事关子孙后代，事关人类繁衍，我们是该更好地展望未来，承担责任，还是该为发达国家过去百年的工业化欠债而与他们纠缠不休？怎么走才是一条公平、务实，并负责的路？

在这一章，我们回顾了瑞典环保少女、丁仲礼院士的愤怒、塞罕坝的故事，就是想说明以下重点：

1. 西方发达国家在环保文化和环保舆论权上遥遥领先，发展中国家动辄就会落入受指责的境地，而被指责往往并不是因为发展中国家真的做错了；

2. 从全球变暖议题的提出，至今已经有四五十年，诸多优秀的、有担当的人类在其中做出了巨大贡献，但有些别有用心的人发现环保是为己谋利的一张"好牌"，是用来压制发展中国家发展的一顶好用的"大帽子"；

3. 既想为人类、为自己的未来负责，又不想掉到其他人挖好的"环保陷阱"里，不易。

第二部分
五大新行业分享碳红利，七大产业面临挑战

◇ 第五章　为什么是这些行业？
◇ 第六章　巨变已至
◇ 第七章　"碳中和"时代的红利行业
◇ 第八章　金融市场：高碳企业的压力锤，清洁能源的助推器

在过去的几十年里，全球人类为了自己的利益、为了未来，进行了长期的博弈，几次走到谈判破裂的困境。曾经有很多人一度怀疑，人类到底是不是理性的，或者就是一个短视的、贪婪的、互相毁灭的生物？是不是在贪婪面前，全球变暖已经无解？

最终，人类寻找到出路了吗？

了解完前面的内容，相信你已经确定，在大灭绝和碳红利之间，人类必然会踏上碳红利之路。

从厌氧古细菌、蓝藻到古猿，再到梁朝的饥荒、复活节岛的石像，气候和生物的"双人舞"就从来没有停止过。我们可以看到，各种生物因适应气候环境而生，又在活动中产生种种效应，最终反馈给气候，一旦突破临界点，气候环境巨变，生物灭绝。

要想终结工业化文明对气候、生态的伤害，我们唯有走上"碳中和"之路。需要注意的是，这条路本就难走，也已经被很多别有用心的人埋上了地雷，挖好了陷阱。你的"碳中和"之路会不会成全了某些预谋者的红利，而你成了牺牲品？道路的方向已经明确了，但怎么走、按什么节奏走，前行者有没有挖下陷阱等待你，这是很耐人寻味的。

在详解"碳中和"时代的危险与机遇之前，我们先来深入了解一下这两个词语，到底什么是"碳达峰"？什么是"碳中和"？

相信很多朋友都已经知道："碳达峰"就是我们国家承诺在2030年前，二氧化碳的排放量不再增长，达到峰值之后再慢慢减下去；"碳中和"就是我们国家承诺在2060年前，针对排放的二氧化碳，要采取植树、节能减排等各种方式全部抵消掉。

看起来很好理解，是吧？

前面我们已经充分展示了人类与气候的关系，了解到工业文明对地球生态的影响，"碳达峰""碳中和"也是唯一正确的出路。但有些概念，需要我们反复品味，才能琢磨出其中的苦辣酸甜。对"碳达峰""碳中和"，特别是"碳中和"这个词，要细品。

"碳中和"——轻飘飘的三个字，还透着些许"和气"，毕竟里面有个"和"字。中国人喜欢"和"字，和气、和平、以和为贵，都是很多中国人的处事原则。可究竟什么是"碳中和"？其含义就是把排放出的二氧化碳抵消掉吗？在看似平静的字眼下，到底蕴含着什么深意？

"碳中和"这个词，从出现到现在已经有差不多快20年的历史了。《牛津英语词典》每年都会评选出一个最具代表性的年度词汇，2006年，评选出的年度词汇为"carbon neutral"，翻译过来就是"碳中和"。"碳中和"是指通过计算二氧化碳的排放总量，然后通过植树等方式把这些排放量吸收掉，以达到环保的目的。这个词之所以在2006年入选年度词汇，是因为它已经从最初由环保人士倡导的一项概念，逐渐获得越来越多的民众支持。通俗来讲，"碳中和"就是指企业、团体或个人测算在一定时间内直接或间接产生的温室气体排放总量，通过植树造林、节能减排等形式，以抵消自身产生的二氧化碳排放量，实现二氧化碳"零排放"。

这个词听起来很好、很环保，而且这个新词语背后依然还是环保的内容，我们应该支持。但仅仅如此简单吗？也就在这个词的背后，隐含了巨大的利益博弈。

为什么发达国家上百年的污染要让我们一起去还债？中国人追求的公平在哪里？"碳中和""碳达峰"背后是多少人生计的改变，是前途的锁死，还是机会与拯救？《京都议定书》美国为何签署了又退出？近200个缔约方在巴黎气候变化大会上达成《巴黎协定》，美国为何先是退出，又要加入？在2009年的哥本哈根世界气候大会上，为什么丁仲礼院士会如此愤怒？国与国之间围绕"碳中和"都是为了人类的前景而努力，为什么在操作上却往往发生激烈冲突？有多少能源巨头、行业巨子为了这个词愁断了肠，又有多少阴谋围绕着"碳中和"起起落落……

比如全球新能源车的领头羊企业特斯拉，成立于2003年，到2021年不过18年的历史，但已经拥有了8000亿美元的市值，其市值已经是传统汽车巨头日本丰田的4倍，是德国大众的8倍。但2019年，丰田营收为2806亿美元，特斯拉为246亿美元，也就是说，特斯拉以丰田1/10的营业额，就支撑起了超过丰田4倍的市值。

这是一场巨大的泡沫，还是阴谋，或是特斯拉拥有什么样灿烂的未来？中石油、中石化、美孚、壳牌、沙特阿美、洛克菲勒等一系列耳熟能详的能源巨头，又是怎样看待其中的博弈的？

其实，长达百年的经济变革事关未来人类命运，包含了民族情感和国家利益，这些都浓缩在"碳中和"三个字里面，这个"和"的后面到底是什么？恐怕是百年来人类面临的最为复杂、纠结并且代表了新旧理念与经济模式转变的大问题。而现在想用四五十年就能解决这一问题，人类能做到吗？中国能做到吗？你和我能做到吗？

"碳中和"的时代是一场人类自我拯救的保卫战，是对百年工业革命的彻底终结，是数十个行业、数十亿人口切身利益的肉搏战，是一场长达三代人接力捍卫的壮丽史诗。这场史诗到底该怎么书写，以什么样的节奏书写，什么样的行业才能获取最大的碳红利，我将在后面慢慢道来。

·第五章·
为什么是这些行业？

一、前两次能源革命的启发

我们现在所遇到的大气碳排放问题，基本上可归因在工业革命之后。

在展开论述"碳中和"对各大行业的影响之前，我们有必要先回顾一下工业革命所缔造的产业结构，这样才有助于我们更好地理解，这一轮"碳中和"革命会在哪些维度上对我们产生深远的影响。

各界对人类的能源革命有两种定义：

第一种定义认为，人类从古至今已经经历了三次能源革命。这种说法以钻木取火为第一次能源革命。在这次能源革命中，人类实现了从利用自然火到利用人工取火的转变，导致了以柴薪作为能源时代的到来。蒸汽机的发明导致了第二次能源革命，人类的主要能源实现了由柴薪向煤、石油、天然气等化石能源转化。核反应堆的建成是第三次能源革命，人类将以核能作为主要能源，我们现在正处在第三次能源革命之中。[15]

第二种定义认为，人类经历了两次能源革命。这种观点并不认同"钻木取火"属于一次革命，认为这属于能源最初形态，而能源革命应该从淘汰原有形态算起。这派观点认为，第一次能源革命成功的标志是煤炭取代木材成为主导能源。第二次能源革命是在19世纪70年代至20世纪初，以发电机、内燃机、电动机的发明与运用为标志的第二次工业革命爆发。我们目前依然在第二次能源革命的范围之内。

通过以往的工业革命历程，我们可以看到新的能源方式会对旧的经济体系造成彻底的颠覆性影响，而新的行业会蓬勃而起。以第二种观点的说法为例，我们来回顾一下第一次能源革命的历程。

第一次能源革命发端于英国。18世纪末至19世纪初，蒸汽机的发明及其广泛运用促进了英国的重工业不断发展，英国率先开始了工业化进程。英国重工业的大规模发展增加了能源的需求，以木材为主的生物质能已不能满足大工业生产的需求。与此同时，蒸汽机在煤炭开采中的运用也极大地提高了煤炭生产效率，促进煤炭工业的发展，为满足快速增长的能源需求提供了保障。

煤炭工业是英国工业化进程中最早发展起来的以蒸汽机为核心技术的机械化产业。蒸汽机——能源煤炭开采——机器制造——蒸汽机的大规模应用——下一个循环……在新的能源产业下，一个强大的正反馈流程已经形成，不可阻挡。到1850年时，煤炭在英国能源消费中的占比已经达到了92%，彻底将占据人类能源体系中主角地位的木材赶离了舞台中央。

与木材相比，煤炭能源密度高，便于运输，生产不受季节限制。在新的能源时代下，一系列变革轰轰烈烈地展开了。在以木材为主的时代，捡拾柴火、买卖木材，只是一个小规模的行业，与农业本身密不可分，而且获取木柴是一个低效率的、需要持续专门投入劳动力的事情，虽然家家户户都要去砍柴，几乎家家可得，但生产出来的木柴都差不多，很难形成木柴的产品差异，无法大规模地扩张生产，是一种低密度、不经济的产业模式。

煤炭取代木材之后，使能源行业从农业中分离出来，改变了农业作为能源提供者的角色。节约下来的土地用于生产粮食，增加了农业供养人口，并使更多的劳动力从农业转移到工商业活动之中，加快了纺织、钢铁等行业的发展，英国的产业结构、人口结构随之发生了一系列的革命性变化。工业革命和能源革命的伴生性，也就是说英国的工业革命触发了能源革命，能源革命成就了工业革命。而以蒸汽机为核心技术的第一次工业革命在一定程度上锁定了煤炭需求，使得煤炭作为主要能源在人类历史上持续百余年。

与第一次能源革命类似，第二次工业革命也带来天翻地覆的影响。

19世纪70年代至20世纪初，以发电机、内燃机、电动机的发明与运用为标志的第二次工业革命爆发。内燃机使用液态能源，能源效率更高。发电机的发明使得人类所需的能源形式——光、热和机械动能转换成电能，并可以通过电网远距离传送。第二次能源革命产生两个结果：一是内燃机、发动机不像蒸汽机那样直接燃烧煤炭，而是使用由原油炼制的成品油，由此促进了能源加工业的发展，即石油炼制行业和发电业的发展，能源生产由第一次产业（煤炭采掘与石油开采）延伸到第二次产业；二是生产和生活中更多地使用"加工过"的能源，形成了能源原料和能源产品之分，即一次能源和二次能源之分。

第二次能源革命不仅为产业部门提供了更加方便、高效的电力与液体燃料，而且促进了新兴产业的发展，丰富了工业原料供应。例如，石油炼制不仅为航运、汽车、航空行业提供高效率的燃料，而且还为纺织等加工行业提供了替代天然原料的化工原料，解决了天然原料不足的问题，极大地丰富了物质生产。

电的发明为各种电器生产制造和使用提供了便捷的动力，也为现代信息与通信行业发展奠定了重要的基础，是人类由第一次工业革命的机械化时代走进电气化时代的前提条件。第二次能源革命使得工业生产体系由加工天然原料扩展为加工化工原料，产业链进一步延长，能源结构又一次发生质的变化，即一次能源结构逐步由以煤炭为主转向以石油为主。

看一看这两次能源革命给人类带来了多么恢宏的成果，煤炭、石油、化工、电力、电网、机械制造业、电信、电器等行业就此应运而生。如果没有能源变革作为基础，这些行业能否产生，就算产生了又有多大规模，都是很值得思考的。可以说，能源革命给了现代工业灵魂。就在两次能源革命的同时，人类社会发生了翻天覆地的变化，能源革命影响了人类的分工结构，影响了人类的教育方式，进而引发了行业分工。经过能源革命，工业社会的一切都以工业大生产为基础进行：一方面各个公司、机构、组织建立起关联度极高、分工极为严密的产业体系，产生了大批的"自由劳动者"——产业工人（包括蓝领和白领），同时工业化要求从业者接受较高的教育，因此随之建立起完整而系统的国民教育体系，使得教育和职业训练社会化。另一方面，在人力资源的变革和补充下，大企业、大公司等社会实体开始高度组织化。

回顾整个工业革命时代，实际上是以能源行业为发轫，随后是产业和经济革命，然后是社会革命，最后是文化生活方面的变革。各个行业跌宕起伏，先后共同叠加合力，完成了工业化变革。主要特点大致表现为工业化、城市化、法制化与民主化、社会阶层流动性增强、教育普及、信息传递加速、非农业人口比例大幅度增长、经济持续增长等。

暂不涉及社会革命、制度变革以及文化生活方面的变革，仅从两次能源革命就可以看到，人类在这两百年工业化进程中，缔造了煤炭、石油炼化、电力、钢铁、机械设备制造、铁路交通、汽车等一系列的全产业链行业。也就是在第一次、第二次能源革命中，明清帝国完全没有跟上时代的步伐，导致后期在制度层面、人力资源层面、社会组织层面的全方位落后。

由此我们不难认知，如果把"碳中和"视作第三次能源革命的话，将会给人类带来多么巨大的变革，而煤炭、石油炼化、电力、钢铁、机械设备制造、铁路交通、汽车等这些行业将冲到前列，如果这几大行业完成变革，基本就属于人类经济结构的全面组合了。人类经济迈入新阶段，随之必然在制度、文化、组织等层面造成持久的影响。

每一次能源变革都会带来巨大的财富红利，把握住变革的公司与个人将在此时实力大增。

二、丁院士的"碳中和"框架路线图

就是因为"碳中和"是能源变革的超级主体，影响广泛而深远，针对"碳中和"革命的宏大问题，一些专业大家已经献计献策，开始规划了全景思路。

2021年4月，由科技部组织召开的以"碳中和的科技创新路径选择"为主题的第S60次香山科学会议，对"碳达峰""碳中和"科技创新进行了深入探讨。《中国科学报》在《香山科学会议聚焦"碳中和"科技创新路径选择》

的报道中指出，各路专家纷纷建言，从能源、工业、建筑、交通、碳汇、二氧化碳捕集利用和封存等方面进行了广泛而深入的交流。会议认为，"碳中和"不仅是一次产业变革，更是一次深刻的工业革命，对我国是挑战，更是难得的机遇，需要科技界为国家达成"碳中和"目标提供科技支撑。

在会议上，中国工程院院士杜祥琬指出，要重新认识我国的能源资源禀赋（一国或地区的各种能源资源的储量），在化石能源"富煤、缺油、少气"的同时，一定要把丰富的非化石能源资源作为我国能源资源禀赋的重要组成部分。按照"碳中和"目标测算，我国到2030年非化石能源在总能源需求中占比要达到25%，这将促使我国逐步建成以非化石能源为主的低碳能源体系，长期以火电为主的电力行业将逐步减排。"现在有观点认为，离碳达峰还有10年，我们碳排放还可以冲个高峰。然而，碳达峰不是冲高峰，而是走向'碳中和'的基础步骤，这两个目标本质就是低碳转型。我国将由化石能源为主转向非化石能源为主，这是又一轮深刻的能源革命。10年来，我国光伏、风电等新能源电力生产成本在不断下降，我国将拥有一个以非化石能源电力为主的新能源电力系统，这也要求电力系统的体制、机制、管理运行等方面随之作出一系列革命性变革。"

清华大学教授江亿介绍，未来，各地的居住、办公建筑建造和运行都要实现电气化。各类建筑的表面将尽可能安装光伏设备，实现光能发电，并在建筑中采用分布式蓄电，同时利用周边停车场通过智能充电桩与新能源汽车连接。建筑内部将建成直流配电，并实现建筑的柔性用电。而对于我国北方冬季集中采暖所造成的大量碳排放，也要通过技术探索来逐步进行电气化取代，实现冬季供热的零碳热源。

在许多与会科学家看来，"碳达峰""碳中和"的目标确立所涉及的社会层面极其广泛，早已超越了能源、交通等具体领域，未来给人类社会带来的变革意义甚至不亚于蒸汽机、电力、原子能和电子计算机的诞生。而目标的完成。需要整个社会自上而下共同努力。杜祥琬院士说："它将深刻推动经济社会进步和生态文明建设，实现经济、能源、环境、气候共赢和可持续发展。"

曾经在气候大会上为国人利益奔走呼号的丁仲礼院士也就"碳中和"问题进行了架构研究。在2021年5月30日中国科学院学部第七届学术年会上，丁仲礼院士作了题为《中国"碳中和"框架路线图研究》的专题报告，介绍了中国科学院学部近期围绕"碳中和"问题所布局的咨询项目进展情况。

丁仲礼介绍，当前，世界各国碳排放处于不同阶段，大体可分为四种类型：英国、法国和美国等发达国家的排放在20世纪70—80年代就已经实现达峰，目前正处于达峰后的下降阶段；我国还处于产业结构调整升级，以及经济增长进入新常态的阶段，排放量逐步进入"平台期"；印度等新兴国家排放量还在上升；还有大量的发展中国家和农业国，伴随经济社会快速发展的排放尚未"启动"。欧盟部分成员国率先承诺到2050年实现"碳中和"，我国也于2020年9月承诺"二氧化碳排放力争于2030年前达到峰值，努力争取2060年前实现'碳中和'"。

丁院士对各国碳排放的不同阶段分析，我们引申一步来看，其实也说明了国与国之间的新时代能源革命PK历程，可以想象，那些落后于国际主流进度的国家，必然会在新一轮能源革命带来的行业变革中落后。在传统能源体系和新能源体系中，如何把握好平衡点，既不会对传统体系造成太大冲击，也能让新的能源体系获得高速发展的机会，这是考验决策者把握能力的核心点。如果变革太快，旧有产业体系所有人的利益都会被损害；如果变革过慢，在国际舞台上，可能以后新能源产业的国际化就没你什么事了。

可以参考一下我国在国际汽车产业中的位置，工业革命时没有赶上，汽车国产的路径走得就无比艰难，想在国际市场上分一杯羹更是难上加难，而美国、日本、德国都在汽车产业的全球化历程中攫取了天文数字级别的利益。在新能源汽车产业中，中国企业已经抢占了同一起跑线的位置，但也要看到美国特斯拉已经遥遥领先，我们如果在后续发展中一旦被人远远甩开，恐怕就是一场巨大的悲剧，这个差距又需要几代人咬牙追赶却事倍功半。

针对"碳中和"问题中的科技需求，中国科学院学部设立重大咨询项目"中国'碳中和'框架路线图研究"，目标是设计初步路线图，可供研讨、修订、完善，同时在如何落实"路线图"上，提出操作层面的建议。项目按照"排放端""固碳端""政策端"三方面进行组织，围绕下面各项专题进行研究：

1. 未来能源消费总量预测；
2. 非碳能源占比阶段性提高途径；
3. 不可替代化石能源预测；
4. 非碳能源技术研发迭代需求；
5. 陆地生态系统固碳现状测算；
6. 陆地生态系统未来固碳潜力分析；
7. 碳捕集利用封存技术评估；
8. 青藏高原率先达标示范区建议；
9. 政策技术分析研究。

这些专题的布局，如高屋建瓴般从能源消费总量、未来发展阶段、化石能源、非碳能源等方面都做了分析，并不是只推崇某一个路径，而是全面布局。需要特别指出的是，项目对青藏高原还做了专题研究，因为该区域位于长江、黄河上游，对全球变暖更为敏感，也关联到整个中国的环境问题，堪称牵一发而动全国之地。

丁仲礼院士在报告中指出：

（"碳中和"看似很复杂）但概括起来就是一个"三端发力"的体系：

第一端是能源供应端，尽可能用非碳能源替代化石能源发电、制氢，构建"新型电力系统或能源供应系统"；

第二端是能源消费端，力争在居民生活、交通、工业、农业、建筑等绝大多数领域中，实现电力、氢能、地热、太阳能等非碳能源对化石能源消费的替代；

第三端是人为固碳端，通过生态建设、土壤固碳、碳捕集封存等组合工程去除不得不排放的二氧化碳。简而言之，就是选择合适的技术手段实现"减碳、固碳"，逐步达到"碳中和"。

在供应端掐住高碳排放的脖子，在消费端实现绿电的替代，在固碳端把不得不排放的二氧化碳处理掉。这样三端齐下，"碳中和"的实现路径就变得非常清晰。基于"碳中和"国家战略目标和中科院碳专项的已有成果，丁仲礼院士还提出了以下五个方面的初步看法：

1. "碳中和"过程既是挑战又是机遇，其过程将会是经济社会的大转型，将会是一场涉及广泛领域的大变革。"技术为王"将在此进程中得到充分体现，即谁在技术上走在前面，谁将在未来国际竞争中取得优势。国家需要积极研究与谋划、谋定而动、系统布局、组织力量、特殊支持，力争以技术上的先进性获得产业上的主导权，使之成为民族复兴的重要推动力。

2. 这轮"大转型"需要在能源结构、能源消费、人为固碳"三端发力"，所需资金将会是天文数字，绝不可能依靠政府财政补贴得以满足，必须坚持市场导向，鼓励竞争，稳步推进。政府的财政资金应主要投入在技术研发、产业示范上，力争使我国技术和产业的迭代进步快于他国。在此过程中，特别要防止能源价格明显上涨，影响居民生活和产品出口。

3. 该学部咨询项目只能先给出一个框架性建议，以供科技界讨论、修正、完善。期望汇聚众智后，学部的建议对我国如何推动此大转型，如何在未来国家创新体系中形成布局完善、责任明确的研发体系等重大问题，有实质性的指导意义。项目组认为，我国学术界应该秉持开放的态度，广泛参与，发挥出想象力和创造力；国家有关部门在确定路线图的问题上可考虑先经历一段"百家争鸣"时期，不要急于"收口"。

4. "大转型"中，行业的协调共进极其重要。"减碳、固碳""电力替代""氢能替代"均需要增加企业的额外成本，如果某一行业不同企业间不能协调共进，势必会使"不作为企业"节约了成本，从而出现"劣币驱逐良币"现象。由此，分行业设计"碳中和"路线图及有效的激励/约束制度需尽早提上日程。

5. 评价国家、区域、行业、企业甚至家庭的"碳中和"程度，需从收、支两端计量。从能源消费角度论，"支"（即排放）相对容易计量，"收"（即固碳）由于类型多样，过程复杂，很难精确计量，尤其是"人为努力"下的固碳增量不易确定。因此，国家应尽早建立系统的监测、计算、报告、检核的标准体系，以期针对我国的碳收支状况，保证话语权在我。

丁院士的这五个建议，更是从实际操作角度考虑了"供应端""消费端""固碳端"在操作中的困难，并预先考虑到了难点。比如丁院士呼吁建立一个系统的检测、计算、报告、检核体系，如果没有这样一个统一的体系，在操作中大家各行其标准，最终自然会岔路太多，无法统一。"碳中和"的大业已经在路上，一个统一的体系就显得尤为突出。这种体系性的搭建，又非个别企业可以为之，这种标准设计需要公允性、客观性，只有国家层面出手最为合适。

丁院士也强调了三端发力应该是市场化行为。按照国内外的一些经验来看，有些行业、有些区域在实现"碳中和"的路径上往往操之过急，给予了一些低碳行业高额补贴，在补贴之下，这些行业、企业看似得到了短期繁荣，但长期下来，一旦补贴政策不再持续，这些企业就纷纷利润下滑，引得用户也不满意。所以"碳中和"应按照合理的市场价格向前推进，用市场的价格信号进行调节，而不该是运动式的、补贴式的。

在"碳中和"的历程中，我们可以看到：在"供应端"，将迎来新的太阳能、储能、氢能等新技术；在"需求端"，会有新的电网接入、新能源汽车、新能源家电等产生；在"固碳端"，则需要一系列的新技术变革。这全都是以新技术为突破口，需要争取技术上的先进性，从而获得产业上的主导权，有时候一个路径下，几种技术是齐头并进的，谁的技术快一些、应用得多一些，往往就占据了最终的主导权。在碳红利的大时代里，新技术普及的速度是需要高度关注的，谁家新技术的市场化速度快，谁才能拿到最丰厚的红利。

三、投资巨头高瓴眼中的机会

既然牵扯天文数字般的利益、红利，各个机构早已经嗅到了"碳中和"中蕴藏的价值，除了学界的研讨、路径设计之外，很多大机构早已经围绕"碳中和"开始发力布局。高瓴就是其中的代表者。

高瓴集团是由张磊于2005年创立的，其专注于长期结构性价值投资和产业创新，覆盖生命健康、硬科技、消费与零售、"碳中和"、企业服务等领域，投资横跨早期风险投资、私募股权投资、上市公司投资以及并购投资等阶段。从创立伊始到各个发展阶段，高瓴的投资成绩都非常突出，曾经有连续7年时间年化收益率高到52%，这个投资成绩在整个行业内堪称出类拔萃。

在许多国外机构眼中，高瓴已经是中国头号资产管理公司，公开数据则显示，包括蓝月亮、公牛、完美日记、名创优品和小鹏汽车在内，高瓴在2020年共收获了42个IPO项目（包括27个VC/PE投资，以及15个基石投资），为高瓴取得相当可观的回报。

2021年，高瓴资本进行了一轮募资，规模约180亿美元（约合人民币1160亿元），而在2020年，高瓴资本的规模已经超过5000亿元人民币，如此一来，高瓴资本的规模将远超6000亿元。如此资本巨头对"碳中和"市场极度青睐。

2021年3月20日，高瓴创始人兼CEO张磊在参加中国发展高层论坛2021年经济峰会时表示，在助力实现"碳达峰""碳中和"目标的方向上，市场化的PE/VC机构大有可为。

高瓴产业与创新研究院和北京绿色金融与可持续发展研究院一起发布了《迈向2060"碳中和"——聚焦脱碳之路上的机遇和挑战》报告。高瓴发现，中国实现"碳中和"所面临的困难和挑战比发达国家更多。欧美发达国家从碳排放达峰到承诺的"碳中和"，所用时间多在40~60年，而中国则要用大约30年的时间走完这一历程，因此面临着更大的挑战。报告的主要观点包括：

我国能源需求尚未达峰。2019年中国人均一次能源消费量约为OECD（经济合作与发展组织）国家的一半，人均用电量是OECD国家的60%。

工业用能占比高。中国的用电结构尤为特殊，工业用电占比达到67%，而OECD国家的工业、商业、居民用电分布较为均衡，占比分别为32%、31%、31%。

电力供给结构以煤炭为主导，转型难度大。根据中电联统计，2019年中国发电量中火电的占比高达72%，电力领域碳排放占全国碳排放总量的30%以上，实现低碳转型乃至最终实现净零所面临的任务十分艰巨。

交通、工业、建筑等部门脱碳技术仍待突破；地区与行业发展不平衡，公平性问题凸显；等等。

但是，高瓴通过分析判断认为，尽管会存在很多挑战，但中国实现"碳中和"是可行的，并且能带来多重效益，在这个过程中存在巨大的红利机会。

实际上，这么多年来，在应对气候变化和减少碳排放方面，作为发展中国家的中国一直积极主动承担着自己的责任。2020年9月25日，据生态环境部新闻发言人刘友宾介绍：截至2019年底，中国碳强度较2005年降低约48.1%，非化石能源占一次能源消费比重达15.3%，提前完成我国对外承诺的到2020年目标。而同期我国GDP增长超4倍。由此可见，应对气候变化的政策行动不但不会阻碍经济发展，而且有利于提高经济增长的质量。

因此，高瓴判断，实现"碳中和"可以带来许多新的经济增长点，在低碳领域创造更多高质量就业和创业机会，带来经济竞争力提升、社会发展、环境保护等多重效益。中国实现"碳中和"可能需要数百万亿级的投资和持续数十年的努力，这也将塑造更高质量的经济和就业环境、更优美的生态环境以及更先进的科学技术。"碳中和"可以说是一项功在当下、利在千秋的世纪工程，在这个世纪工程中，值得我们全力以赴去挖掘其中的机会。

高瓴通过调研分析判断，锁定了重点行业，其中包括电力、交通、工业、新材料、建筑、农业、负碳排放以及信息通信与数字化等领域，正在不断涌现一些新的绿色技术和模式，孕育着重要投资机遇。当绿色转型成为明天最大的确定性，将有力地引导大量社会资本转向"碳中和"领域，绿色股权（PE/VC）投资正当其时。

根据目前投资圈的种种信息，高瓴在"碳中和"领域已经动作频繁，在新能源技术、材料、工艺等"绿色新基建"领域，高瓴按照"碳中和"技术路线图，深入布局了光伏、新能源汽车和芯片等产业链上下游。秉持长期主义的投资理念，通过支持绿色新兴产业的关键环节，希望成为推动产业生态整体繁荣的重要参与者。

结合两次能源革命的过往，加上学者的分析与投资巨头的判断，围绕着"碳中和"革命，一个产业变迁的格局其实已经清晰地展开在你我眼前了：煤炭、石油炼化、火力发电、钢铁、机械设备制造、铁路交通、汽车等传统行业将面临巨大变革；相应的氢能、地热、太阳能光伏、新能源汽车等新兴行业将迎来革命性的发展机遇；依托于这些行业之外的金融、投资也将闻风而动，产生海量的财富效应。

下面我将分两章分别呈现受冲击行业的应对策略，以及新兴行业的巨大产业机会。

·第六章·
巨变已至

一、是否就要告别朝夕相处的火电了？

火力发电算是人类的"老朋友"了，堪称人类实现工业革命的最大功臣。但火力发电引起的环境污染，也是近几十年来让人类越来越头疼的问题。

人类最早的火力发电记录离我们并不久远。据记载，在1875年巴黎北火车站的火电厂，人类实现了最早的火力发电。人类对能源的需求似乎永远也得不到满足，随之越来越多的火电厂产生了巨量的污染。火力发电所使用的煤占工业用煤的50%以上，目前我国发电供热用煤占全国煤炭生产总量的50%左右。

根据"火电厂大气污染物排放标准"，按照污染物的形态，把火电厂的污染物分为固体、液体和气体三大类。其中第一大污染物是尘粒，包括降尘和飘尘，主要是燃煤电厂排放的尘粒。这些尘粒看似微小，但中国火电厂年排放尘粒约600万吨，合计在一起堪称规模惊人。这些尘粒不仅本身污染环境，还会与二氧化硫、氧化氮等有害气体结合，加剧对环境的损害，其中尤以10微米以下飘尘对人体更为有害。一般燃煤电厂的飞灰尘粒中，小于10微米的占20%~40%。

在火力发电中排在第二位的污染物是二氧化硫。二氧化硫在污染领域堪称是大名鼎鼎了。在供火电厂燃烧的煤中通常都含有硫，而可燃性硫经在锅炉中高温燃烧，大部分会被氧化为二氧化硫，其中只有0.5%~5%再氧化为三氧化硫。在大气中二氧化硫氧化成三氧化硫的速度非常缓慢，但在相对湿度较大、有颗粒物存在时，可发生催化氧化反应。此外，在太阳光紫外线照射并有氧化氮存在时，可发生光化学反应而生成三氧化硫和硫酸酸雾，这些气体对人体和动植物均非常有害。根据研究，大气中二氧化硫是造成酸雨的主要原因。

排在第三位的污染物是废水，火电厂的废水主要有冲灰水、除尘水、工业污水、生活污水、酸碱废液、热排水等。除尘水、工业污水一般均排入灰水系统。

排在第四位的污染物是粉煤灰渣，这是煤燃烧后排出的固体废弃物。其主要成分是二氧化硅、三氧化二铝、氧化铁、氧化钙、氧化镁及部分微量元素。粉煤灰既是"废品"，也是"资源"。如不经过有效处置而排入江河湖海，则会造成水体污染；乱堆放则会造成对大气环境的污染。

更为严重的是煤炭燃烧时所排放的二氧化碳虽然本身不是污染物，但通过前文我们已经知道，它是导致温室效应的罪魁祸首。

因为使用煤这种化石能源，全国大约90%的二氧化硫排放由煤电产生、80%的二氧化碳排放量由煤电排放，所以在2030年"碳达峰"、2060年"碳中和"的中远期目标下，以煤电为主的火电在国内电源装机结构中的角色定位已经发生了天翻地覆的变化，有的声音甚至直接喊出了"消灭煤电""火电已死"。

那么，这个差不多伴随我们终身的能源发电形式就要完结了吗？其实未必，新的时代里还蕴含着新的机会。

首先，煤电装机快速增长时代正式宣告结束

在控制碳排放的时代里，我们还不能仓促地给火力发电宣告终局，但可以确定的是，煤电装机快速增长时代正式宣告结束。

根据平安证券研报，从建设周期来看，火电建设需要2~3年，核电建设5~7年，大型水电建设7~10年，这还不包括耗时更久的前期规划、建设筹备等环节；风电、光伏的建设周期较短，仅需1~2年，但受限于自身的特性，对于电量结构的改变远远小于对于装机结构的改变。火电作为占据六成装机容量、七成发电量的主力电源，风电、光伏对其在电量结构中的替代作用在短、中期内均难有显现。尤其是占据五成以上装机容量、六成以上发电量的煤电，

在气电、抽水蓄能增量有限的情况下，对于依赖其提供辅助调节的风电和光伏而言，其存在和扩容的必要性更是比消减其份额以提供市场空间更为重要。

平安证券认为，在"碳中和"成为全球主流趋势、火电行业前景不明的情况下，一方面火电投资放缓成为必然，随之而来的是新增装机的减少以及存量机组利用小时的提升。另一方面，风电、光伏新增装机大规模并网将带来电力市场辅助服务需求的提升，结合部分地区火电容量电价的试点探索，火电的角色定位将由基核电源加速向调峰电源转变。

设想一下，现在已经明确2030年"碳达峰"目标，按照建设周期，从2020年算起3年后新的火电厂建设完毕，这些新火电厂将有极大可能面临刚稳定运营就进入减排周期的尴尬处境。这些新建的火电项目寿命至少在25~30年，将会给未来几十年的碳减排带来巨大的压力。

从国内火电发电量的角度也有专家分析，从"十一五"（2006—2010年）起，煤电建设进入大规模"跑马圈地"的阶段，大部分年份新增煤电装机都在5000万千瓦以上，这种速度甚至延续到了"十二五"（2011—2015年）期间，直到"十三五"（2016—2020年）的后面几年，每年新增煤电装机才有所下降，从每年5000万千瓦下降到2000万~3000万千瓦。而过去十多年煤电装机快速增长的负面效应比较明显，近些年来各地煤电年运行小时数大都在4000小时左右，如果按照设计小时数5500小时的标准，造成了超过2亿煤电装机产能的严重过剩，造成了投资的极大浪费。[16]

"全球能源互联网发展合作组织"在对我国能源变革转型进行专题研究后指出，当前每新增1亿千瓦煤电机组，将产生三大方面重大负面影响：一是未来将增加超过3000亿元资产损失；二是2030年前将累计减少清洁能源装机约3亿千瓦，挤压2万亿元清洁能源投资；三是到2050年将累计增加碳排放150亿吨，相当于2018年我国全部碳排放的1.6倍。

面对火电行业的"碳中和"情况，国内的几大火电巨头已经感受到了巨大的压力，并开始行动与捕捉时代红利。

国内的电力巨头已经开始行动。华能国际电力股份有限公司成立于1994

年，在全国范围内开发、建设、运营大型发电厂，是国内最大的发电公司，堪称是火电领域的巨无霸、行业冠军。截至2020年12月31日，华能国际可控发电装机容量113357兆瓦、权益发电装机容量98948兆瓦，华能国际境内电厂分布在国内26个省、自治区和直辖市。

面对"碳中和"的大方向，华能国际也已经开始行动起来。在华能国际2020年年报中，该集团的整体规划已经明确："积极响应国家'30、60碳达峰、碳中和目标'，大力实施绿色发展战略，加快公司能源转型发展，坚持'集中式与分布式并重，增量发展和存量收购互补，自主建设为主，合作开发共进'原则，充分利用我国'三北'、沿海、西南和部分中部地区新能源集中式开发的有利条件，进一步加大新能源项目建设力度，打造基地型、清洁型、互补型、集约化、数字化、标准化大型清洁能源基地。同时加快煤电结构优化升级，择优发展气电及其他清洁能源发电，早日实现绿色转型。"

这表明，华能已经积极准备并已经选好了发展新能源的几大主战场，包括"三北"、沿海、西南等地区。而且这些新能源项目将是规模宏大的、在某种程度上奠定未来能源格局的大项目。

在这些新能源项目中，还会加大数字化力度。这一点也是"碳中和"时代的着力点。火电体系依然是按工业文明时代的标准设立的，虽然已经有一套严密的工业流程和标准，但和互联网时代的数字化相比，还是难以比拟的。如果要将传统电厂做数字化改造，一是必要性未必够，二是整个流程再造，成本巨大。从新能源入手数字化，等于是在白纸上描绘新蓝图，没有过去的历史因素束缚，在精准数字化的新能源未来，可以对电力的波峰、波谷做更为精准的预测和控制。

华能集团的一系列准备并非独有，火电行业的其他巨头也不甘落后。号称国内"五大电力巨头"之一的大唐电力也大举布局新能源。

大唐国际发电股份有限公司成立于1994年，是第一家在伦敦上市的中国企业，第一家在香港上市的中国电力企业，也是第一家同时在香港、伦敦、上海三地上市的中国企业。所属运营企业及在建项目遍及全国19个省区，经营产业以发电为主。截至2020年底，公司资产总额约为人民币2803.34亿元，装机容量约6827.81万千瓦。

大唐国际旗下14家电厂1911.6万千瓦装机并入京津唐电网，占全网装机的21.5%，直接向北京输送电量，发电能力达北京市高峰用电负荷的76%，为保障首都电力供应发挥着重要作用。2020年，在役燃煤火电机组累计完成超低排放改造106台，均已按照超低排放环保改造限值达标排放。

大唐国际的2020年年报显示，该集团在新能源领域"坚持风光并重、海陆并重，加快提升非水可再生能源发电量比重，大力发展新能源。2020年，16个风电项目、共计136.15万千瓦实现并网发电，10个光伏项目、共计94.4万千瓦实现并网发电，清洁能源和可再生能源占公司总装机容量的29.4%。截至2020年底，大唐国际风电机组装机容量4633兆瓦，光伏发电装机容量1584兆瓦，燃气装机容量4622兆瓦"。

在2020年底时，大唐新能源的总装机容量已经占到了公司总装机容量的近三分之一。在可预见的未来，大唐电力新增电力将集中在新能源领域。

华电国际、大唐电力等发电龙头企业其实早已经开始注重环保，加快绿电转型的步伐，但相比传统的火电底子，新增的新能源发电还只是"小荷才露尖尖角"。虽然新能源的前景无限，但过程远非一蹴而就，其中还需要巨大的资金投入，这种转型对任何一个火电龙头企业都是巨大的考验。

针对未来三年不同类型能源的发电量，一些专业机构还做过测算，确认了煤电占比的降低，以及以风能、光伏为代表的新能源模式的崛起，比如兴业证券：

> 依照"碳中和"的目标做了测算，观察不同类型的电源发电量将受到什么影响，通过模型测算，针对发电量，得到以下结论。
>
> 一是未来5年，火电发电量仍为主力：截至2025年，我国发电量为9.3万亿千瓦时。其中：火电发电量占比约58%，较2019年下降10个百分点。粗略扣除天然气发电（约3%）、生物质等（1%~2%），2025年煤电发电量

占比53%~55%。

二是风、光发电量开始高增长：至2025年，预计风力发电1万亿千瓦时，光伏发电8537亿千瓦时；未来5年，风电的发电量CAGR（复合年均增长率）为18%，光伏CAGR为25%。

三是2020—2025年的发电量CAGR，火电仍有1.1%，水电2%，核电5%。

关于装机规模变化，兴业证券有以下结论：风＋光装机容量超12亿千瓦，至2025年，预计风电、太阳能装机容量分别为5.7亿和7亿千瓦，合计装机量占比约42%，发电量占比21%（较2019年提高12个百分点）；风、光之外，核电仍有超1200万千瓦的容量空间。

其次，火电设备制造行业将遇到巨大考验

尽管火力发电企业将受到"碳中和"政策的考验，但最先受到直接冲击的，还不是火电企业，而是火力发电设备制造公司。新能源接替火力发电的重任，尚需时日，且对火力发电的影响暂时还谈不上冲击，但随着火力发电建设速度的放缓，各大企业对火电设备需求的放缓是立竿见影的。因为火力发电设备制造难度大、生产门槛高，实力弱小的公司在这个行业内往往难以生存，而国内的相关装备市场已经形成了几大巨头领军的局面，在新的能源发展方向下，这些设备制造商将面临考验。但这些设备制造巨头也已经意识到了政策风向的变化，开始努力做准备。

对火电巨头来讲，"碳中和"或许还预留了二三十年的调整空间，但对这些发电设备巨头来说，"碳中和"的考验可以说是已经来临。

东方电气股份公司是国内能源装备行业的龙头企业之一，为全球能源运营商及其他用户提供各类能源、环保、化工等产品及系统成套、贸易、金融、物流等服务。可批量研制100万千瓦等级水轮发电机组、135万千瓦等级超超临界火电机组、175万千瓦等级核电机组、重型燃气轮机设备、直驱和双馈全系列风力发电机组、高效太阳能电站设备，在火电产品100万千瓦等级空冷机组、大型循环流化床锅炉等多方面处于行业领先地位。

2021年6月2日，东方电气董事长俞培根在接受中国证券报记者专访时表示："'十四五'期间，公司将紧抓'碳达峰''碳中和'发展机遇，加快推动产业结构转型和产品技术升级，积极发展新能源、节能环保产业，确保在'十四五'（2021—2025年）末，风电、太阳能等新能源产业占营收比重不低于1/3，节能环保、电力电子等产业占营收比重不低于1/4，现代制造服务业及其他相关产业占营收比重不低于1/5。"这意味着传统的火电营收占比将大幅调整。

上海电气是中国工业的领导品牌，公司产业聚焦在能源装备、工业装备、集成服务三大领域，其中，火力发电设备产量已居世界第一，电梯单工厂产量世界第一，印刷包装机械、冷冻空调、数控磨床等产品国内市场占有率第一。

据上海电气股份公司2020年年报，"在火电领域，公司燃煤调减燃气调增，蓄力能源转型。燃煤发电技术方面，公司引领超临界与超超临界、二次再热、IGCC等节能减排发电技术，同时积极参与推进燃机技术国产化进程。公司火力发电设备工程遍布全球30多个国家和地区，装机容量超9200万千瓦。在风电领域，公司是海上风电绝对龙头，国内市场占有率达40%。到2020年中，公司在手风电设备订单570.9亿元，比2019年末增长90.4%；其中海上风电设备订单389.4亿元，增长126.9%。风电业务分拆上市+'风云2.0'智能运维，未来有望助推公司风电业务发展再提速。新能源大潮下，储能或成电力发展刚需，公司在锂电池、液流电池、燃料电池和退役电池系统等方面积极布局，并通过参股并购快速打通储能锂电全产业链。"

因上海电气已经在新能源制造领域有所布局，早早行动，尽管近几年燃煤发电设备受行业政策影响，但公司的整体经营情况仍保持稳定正增长。

然后，电网将面临转型压力

电网是能源体系的中枢环节，可谓"牵一网而动全身"。在"碳中和"的宏图中，电网行业也面临着巨大挑战。

众所周知，风能、太阳能等新能源易受气候影响，其出力具有随机性和波动性，这与火力发电的机组稳定输出电力不一样。这对电网是一个很大的考验，因为电网中的发电和负荷要时刻保持电力平衡，随着煤电装机在电力总装机比重的下降和可再生能源发电比例的提高，对电网的这种平衡能力长期安全稳定运行提出了更大的挑战。

目前行业内判断，因为风能、太阳能本身的先天特点，期盼新能源发电端稳定输出难度较大，不切实际。在国家发展改革委、国家能源局等五部门联合印发的《关于促进储能技术与产业发展的指导意见》中指出，只有通过大规模储能技术的研发和广泛应用，才是改善可再生能源发电间歇性和波动性最根本的保障；能够显著提高风、光等可再生能源的消纳水平，是推动主体能源由化石能源向可再生能源更替的关键技术。但储能技术一直是能源产业的一大痛点，现在绝大多数能源一旦生产出来，只能被即时消耗掉，储能是一个难以实现的高成本、高技术陷阱。

并且，电厂对电网属于集中式供电，当电网相关公司和电厂沟通好后，再把电力输送到千家万户，但风电、太阳能则有所不同，很多太阳能、风电是分布式散点。比如在一个村落里可以完成一个太阳能定点发电，但这个太阳能所产生的电完全没有外送的可能性，于是电网就需要考虑本村太阳能的发电、储能、输送等问题，这与传统电网的模式存在较大区别。为了应对这种挑战，电网需要加大先进信息通信技术、控制技术和人工智能技术的研发和大规模部署应用，有效支撑可再生能源大规模开发利用，提升电网长期稳定安全运行及智能化水平。

这就意味着在"碳中和"时代，需要整个电网能够应对千百万个上游供电单位，再稳定地向千家万户输电，同时要禁得起风能、太阳能的气候波动，这种挑战难度之大不言而喻。

不过电网行业巨头面对新的挑战也已经开始未雨绸缪。国家电网有限公司成立于2002年12月，注册资本8295亿元，以投资建设运营电网为核心业务，是关系国家能源安全和国民经济命脉的特大型国有重点骨干企业。公司经营区域覆盖我国26个省（自治区、直辖市），供电范围占国土面积的88%，供电人口超过 11 亿。2020 年，公司在《财富》世界 500 强中排名第 3 位。近 20 多年来，国家电网持续创造全球特大型电网最长安全纪录，建成多项特高压输电工程，成为世界上输电能力最强、新能源并网规模最大的电网，专利拥有量连续 10 年位列央企第一。

和发电企业不同，电网平时如隐形一样，实际上连接电力生产和消费，是重要的网络平台，是能源转型的中心环节，是电力系统碳减排的核心枢纽，既要保障新能源大规模开发和高效利用，又要满足经济社会发展的用电需求。电网企业面临"保安全、保供应、降成本"的巨大压力，同时自身节能减排任务繁重。

2021 年 3 月，国家电网已经发布了《国家电网公司"碳达峰、碳中和"行动方案》（以下简称《行动方案》），已经成立了"碳达峰、碳中和"领导小组，计划从 18 个方面全面推进"碳中和"，可谓是超级企业的一次飞跃，这在世界经济史上也是罕见的巨型企业进化案例。

《行动方案》中指出，国家电网准备了一系列重磅工程："在送端，完善西北、东北主网架结构，加快构建川渝特高压交流主网架，支撑跨区直流安全高效运行；在受端，扩展和完善华北、华东特高压交流主网架，加快建设华中特高压骨干网架，构建水火风光资源优化配置平台，提高清洁能源接纳能力。"另外，在"十四五"期间，国家电网将"推动配套电源加快建设，完善送受端网架，推动建立跨省区输电长效机制，已建通道逐步实现满送，提升输电能力 3527 万千瓦。优化送端配套电源结构，提高输送清洁能源比重。新增跨区输电通道以输送清洁能源为主，规划建成 7 回特高压直流，新增输电能力 5600 万千瓦。到 2025 年，公司经营区跨省区输电能力达到 3.0 亿千瓦，输送清洁能源占比达到 50%"。

针对新能源，国家电网将"开辟风电、太阳能发电等新能源配套电网工程建设'绿色通道'，确保电网电源同步投产。加快水电、核电并网和送出工程建设，支持四川等地区水电开发，超前研究西藏水电开发外送方案。到 2030 年，公司经营区风电、太阳能发电总装机容量将达到 10 亿千瓦以上，水电装机达到 2.8 亿千瓦，核电装机达到 8000 万千瓦"。

针对太阳能、风能较为分散的问题，国家电网计划"为分布式电源提供一站式全流程免费服务。加强配电网互联互通和智能控制，满足分布式清洁能源并网和多元负荷用电需要。做好并网型微电网接入服务，发挥微电网就地消纳分布式电源、集成优化供需资源作用。到 2025 年，公司经营区分布式光伏达到 1.8 亿千瓦。并将加强'大云物移智链'等技术在能源电力领域的融合创新和应用，促进各类能源互通互济，源网荷储协调互动，支撑新能源发电、多元化储能、新型负荷大规模友好接入。加快信息采集、感知、处理、应用等环节建设，推进各能源品种的数据共享和价值挖掘。到 2025 年，初步建成国际领先的能源互联网"。

看看上面这些项目：完成主网架结构、建设华中特高压骨干网架、提升清洁能源输送能力、西藏水电开发外送、针对分布式电源的一站式免费服务……每一个项目都规模宏大、意义深远，这些看似枯燥的行业名称、工程概念，背后全是资金数以百亿计的宏大项目，都是影响千万人福祉的宏业，这也是人类电力发展历史上一次波澜壮阔的革命。

最后，CCUS 等减排技术迎来重大机遇

在火电渐渐退出历史舞台的"宿命"中，其实也还存在技术革命的变数。是否会存在一种技术，能够把火力发电排出的二氧化碳消除掉？如果能达到这个目标，那么火电模式岂不是还能维持下去？

在"碳中和"目标提出后，就有专家提出了 CCUS（碳捕捉及封存利用技术），意图用这种技术把火电排放的二氧化碳捕捉封存起来。CCUS 即把生产过程中排放的二氧化碳进行提纯，继而投入到新的生产过程中，可以循环再利用，而不是简单地封存。这种方法可以将二氧化碳资源化，产生经济效益，更具有现实操作性。这种思路的出发点是考虑到我国煤炭资源丰富，目前火电在能源结构中的比重大，CCUS 能够让火电的寿命得以延长，并且不影响大气排放，也不至于让火电企业全部面临巨大的转型压力，从实践思路上具有一定的稳妥性。

但问题是，CCUS无论是从技术、成本上，还是商业模式上，目前都还面临很大的挑战。首先，CCUS目前的成本非常高，我国开发成功的二氧化碳降解塑料技术主要有4种，在这4种技术中，实现了产业化的有3种。由于这些项目规模小，受限于规模问题，都只能小批量生产，这就导致一个结果——产量低，价格贵。此外，项目所需主要原料之一环氧丙烷和环氧氯丙烷价格也很高，再加上不菲的新产品推广费用，导致二氧化碳降解塑料的最终成本高达18000元/吨以上。在石油基塑料价格随石油价格走低的情况下，二氧化碳降解塑料企业的成本压力越来越大。[17]这对企业来讲，高不可及的成本是最致命的，但规模上不去，成本下降的可能性微乎其微，这似乎就形成了一个悖论——因为规模小，所以成本高；而就因为成本高，所以规模更上不去。一个新技术想打破这个临界点，还是需要市场的重重考验的。

在CCUS捕集、输送、利用与封存环节中，捕集是能耗和成本最高的环节，以百万装机的超超临界电厂为例，捕集增加的耗能可能直接把一个电厂的效率从超超临界降低到亚临界，更别提后面的输送、利用和封存环节能耗以外的大量成本了。比如封存环节，需要场地资源，运输半径和高效可利用的土地也是考验成本问题的重要环节，而且运输成本、土地储存成本都非常刚性，运输十千米是什么样的每千米成本，不见得运输到了一万千米，这个每千米成本就能下降多少，很难随着规模的扩张而下降。

至少从目前看来，未来40年内CCUS的成本下降曲线还很难清晰地描绘出来。即使全国碳市场建立起来，可以通过市场的手段支持CCUS项目，可预期的碳价水平也难以支撑CCUS高居不下的投资成本。

另外，CCUS生态安全风险防范"压力山大"：把二氧化碳封存在地下，理论上是可行的，但是地质条件是比较复杂的，虽然之前已经通过各种研究得出陆上地质利用与封存技术的理论总容量为万亿吨以上的结论，但这只是一个理论的总容量，具体的选址和封存技术是否满足要求，还需要结合项目开展大量的论证，毕竟地质情况是非常复杂的，二氧化碳注入后监测、废弃井泄漏防控与防腐技术尚不成熟，注入过程带入的大量盐水如果和二氧化碳一起发生大规模泄漏对环境造成生态危机如何处理？

尽管存在这样或那样的困难，但技术突破总是一件值得期待的事情，随着技术的进步，如果CCUS在未来开拓出其他产业路线或者成本大幅下降，将不失为火电行业可以低成本走向"碳中和"时代的防身利器。

华能、大唐、华电等发电龙头企业都已经开始面临转型难题；东方电气、上海电气等超级火电装备制造企业已经开始迎来"碳中和"时代的第一轮冲击；国家电网已经在为清洁能源传输、智能电网、储能技术开始寻找突破口；CCUS也正在学界的引领下，寻找更低成本的方法。总之，在"碳中和"的旗帜下，整个火力发电行业，以及其上下产业链正在走进大变局时代。

二、煤炭是不是最后的"暴利"行业？

和火力发电一样，煤炭行业也是高碳行业。面对"碳达峰""碳中和"的新能源方向，煤炭行业瞬间陷入了"消失论"和"最后暴利论"两种方向。

煤炭在我国的经济能源中地位显赫。

国家统计局发布的《中华人民共和国2020年国民经济和社会发展统计公报》显示：2020年全年能源消费总量49.8亿吨标准煤，较上年增长2.2%。其中，尽管煤炭消费量增长0.6%，但煤炭消费量占能源消费总量的比重较上年下降0.9个百分点，为56.8%。

在2021年2月25日生态环境部举行的例行新闻发布会中，生态环境部大气环境司司长刘炳江也提到，2020年煤炭占一次能源消费比重持续降低，在2017—2020年，全国煤炭消费比重由60.4%降至57%左右。

在《新时代的中国能源发展》白皮书中显示，2019年，中国煤炭消费占能源消费总量比重为57.7%。

看到了吗？各方数据显示，尽管煤炭在一次能源消费中的占比已有所下降，但仍然占近六成比例。以煤炭为主的化石能源长期在我国能源结构中占据主导地位，这意味着煤炭行业要实现碳减排目标将面临着非常大的挑战。

煤炭在我国能源产业结构中的主导位置短期内无法改变，这无疑增加了实现"碳达峰""碳中和"目标的难度。

但为了后代子孙，为了青山绿水，为了人类自己，再难的路也要走。

陕西作为煤炭资源大省，已开始积极响应中央政策，认真贯彻国家关于煤矿智能化发展的指导意见精神，制定了《陕西省煤矿智能化建设指南》。截至2020年6月底，陕西省已建成智能化采掘工作面50个，15处煤矿入选了国家首批智能化示范建设煤矿，煤炭采掘智能化建设稳步推进。与陕西相邻的另一个煤炭大省山西也在积极行动，也已经明确了2021年将实施"碳达峰、碳中和山西行动"，其中2021年将推动煤矿绿色智能开采，以5G通信、先进控制技术为指引，推进智能煤矿建设，建设智能化采掘工作面1000个，抓好煤炭绿色开采，建设40座绿色开采煤矿。

面对各界对煤炭行业提出的低碳，甚至零碳压力，煤炭行业已经感觉到了巨大的压力。

2020年10月底，中国煤炭工业协会与世界煤炭协会发出联合倡议书，号召业界同人重塑煤炭工业的声誉和未来，支持煤炭工业发展。这份倡议书的部分内容如下：

我们正处于世界煤炭工业发展的关键时刻。在新兴市场特别是亚洲煤炭工业进步的同时，煤炭行业正深陷于一场争议中，否定煤炭作为未来低排放的一部分，忽视煤炭对诸多发达国家和发展中国家的经济支撑作用。

煤炭工业数百年的发展史已证明其可以实现现代化；能够通过创新和技术进步应对运营和环境挑战；可以通过与政府和投资者的合作支持经济发展。

2019年世界煤炭协会理事会批准了《2020年至2025年煤炭发展战略》，以引领这一变革。

世界煤炭协会全球各成员单位正通力合作，以证明煤炭工业清洁发展的关键在于公平的全球政策、对技术创新的支持，以及对煤炭工业的包容。

一些负责任的全球煤炭工业参与者正致力于重塑煤炭工业的声誉和未来，

我们很自豪能代表他们为全球煤炭工业发声。

请各位同人支持煤炭工业发展，为全球依靠煤炭提供能源和基础设施的人们提供帮助。

中国煤炭工业协会和世界煤炭协会将密切合作，推动煤炭发展战略和重塑煤炭工业未来。

1. 全球最大煤炭企业预计"可再生能源装机"激增

针对煤炭行业可能面对的严峻变化，国内最大也是全球最大的煤炭集团——国家能源集团，已经开始行动起来，给自己制定了可再生能源的发展计划。

国家能源集团是由中国国电集团公司和神华集团有限责任公司联合重组而成的中央骨干能源企业，拥有煤炭、电力、运输、化工等全产业链业务，产业分布在全国31个省（区市）以及美国、加拿大等10多个国家和地区，是全球规模最大的煤炭生产公司、火力发电公司、风力发电公司和煤制油煤化工公司。国家能源集团火电装机和风电装机均位居全国第一，总排放量约占全国初期碳市场的1/6，CCER（核证自愿减排量）年减排量约千万吨，碳资产体量巨大。除电力企业外，国家能源集团还有交通、化工、煤炭等行业类型控排企业。

2020年12月15日，国家能源集团组织召开"'碳中和'愿景下我国能源转型战略研讨会"，并给出结论："十四五"时期，国家能源集团公司将继续加大可再生能源开发力度，预计可再生能源新增装机达到7000万~8000万千瓦；大力推进"国家能源集团生态林"建设，计划新增造林10万亩以上，矿区生态与碳汇减排协同发展。

国家能源集团公司党组副书记、总经理刘国跃指出，我国在第75届联合国大会上发表重要讲话，表示中国力争在2030年前实现二氧化碳排放达峰，努力争取在2060年前实现"碳中和"，这是中国协同应对全球气候变化，推动构建人类命运共同体的庄严承诺，体现了大国担当。国家能源集团作为中央骨干能源企业，必须准确判断国内外环境变化，从战略高度认识新时代国有能源企业的重要地位，坚决贯彻落实"四个革命、一个合作"能源安全新战略，做好保障国家能源供应安全的"稳定器"和"压舱石"，扛起能源安全供给、保障经济社会发展、能源保价稳供、能源工业可持续发展和能源行业科技创新的责任。

所以，国家能源集团的"碳中和"任务不但繁重，而且涉及面广，行业跨度大。在此情况下，国家能源集团开始直接切入碳交易市场，其对碳市场的探索早在2008年就开始进行。国家能源集团旗下全资子公司龙源碳资产公司成立于2008年，具有12年碳资产业务经验，目前已经是国内成立最早、业内水平领先的专业化碳资产管理公司之一。

按照碳交易的思路，碳交易将给控排企业带来额外的碳排放成本，但通过碳排放管理也能减少履约成本。碳市场环境下，企业必须设法降低碳排放成本和交易履约风险，碳资产管理就是要研究通过何种碳资产管理方法或者技术手段，使企业交易履约风险可控、成本最小化，并提升碳资产价值。2008到2013年期间，在国内碳市场尚未启动试点时期，龙源碳资产公司积极参与国际碳市场，从事清洁发展机制（Clean Development Mechanism，CDM）项目开发与交易。实现CDM到账收入23亿元，各项业绩在电力行业稳居第一。

在国内碳市场开始试点之后，国家能源集团依托参与国际碳市场的成功经验，建立了国家能源集团—分子公司—基层企业"三级管控体系"，确立统一管理、统一核算、统一开发、统一交易的"四统一"的碳排放管理原则，在集团内推行专业化服务。

2. 煤炭行业最后的"暴利时代"？

面对"碳中和"的机遇，也有机构对煤炭行业作出了不同的前景预测。

前不久，申万宏源研究所钢铁煤炭领域负责人孟祥文及其团队发布最新研报《煤炭行业最后的"暴利时代"，煤企蓄势"涅槃重生"——"碳中和"下的煤炭行业发展趋势及机会展望》。

申万宏源研究所表示,在"碳中和"背景下,中小煤矿产能加速退出,我国煤炭产能进入收缩期,造成煤炭供给弹性进一步下降。随着东南亚、南亚地区煤炭需求预计持续增长,将加速国际煤炭供需格局偏紧的局面,最终不仅无法有效弥补中国煤炭供给缺口的问题,也将造成国际范围内煤炭供给偏紧、煤价易涨难跌的局面。从供需角度看,3~5年内我国煤炭消费无大幅下降的可能,供给偏紧的供需格局至少持续至2025年,其间煤价易涨难跌,煤炭中枢价格持续保持在700元/吨以上,甚至800元/吨水平。

此外,国内产量难实现增量。进入2019年,我国煤炭产量逐步企稳,东部冀鲁豫皖四省受到煤矿逐渐枯竭影响,开采成本高,处于亏损状态的矿井关停退出,产量逐年下降;"三西"煤炭产量相对平稳,增量有限,全国月均产量维持在3.3亿吨左右的水平,淡旺季产量略有变化。

从国际供给市场来看,2014年以来国际矿商煤炭产量持续下降,至2020年已经下降44%。国际矿商煤炭产能不断收缩,尤其是力拓已经于2019年彻底退出煤炭行业。近三年南非地区的中小煤矿加速退出,最终导致国际主要矿商煤炭产量大幅下滑。国际矿商煤炭部门资本开支维持低位,无扩产计划。而印度尼西亚方面,紧缩的矿业政策导致外资减少投资甚至退出在印度尼西亚的煤矿投资,从而造成印度尼西亚的煤炭产能扩张受到一定限制。而国际需求尤其是东南亚、南亚地区因经济进入快速发展期,人口增长,推动城市化发展,煤炭需求快速增长,对于能源需求远超自身产量,将主要依靠进口维持可持续工业发展的能源需求。

煤企的发展模式也会出现地区分化。申万宏源表示,在"碳中和"背景下,西部煤企发展"坑口火电+新能源发电"特高压输电模式,中东部煤企发展矿井"抽蓄储能"模式。由于新建矿井可采年限最低均超过50年,而随着能源消费结构的转变,未来不确定性加强,近年来煤炭企业无新建产能意愿,仅新疆存在新增产能。中小煤矿产能加速退出,我国煤炭产能进入收缩期,造成煤炭供给弹性进一步下降。

目前我国尚存大量的中小煤矿,中东部以及西南地区存在大量产能规模

60万吨以下的矿井，产能合计5.23亿吨，该部分煤矿存在资源枯竭问题，预计至少2030年以前退出。随着中东部、西南地区煤炭产能的陆续退出，最终我国煤炭产能将逐步集中于内蒙古、陕西和新疆地区。

申万宏源表示，预计至2060年，我国煤炭产能仅剩下约1/3量的1000万吨以上规模的大型矿井，剩余产能规模在3.74亿吨左右。

3. 煤炭行业的远虑和近忧

关于煤炭行业的未来前景，作为国内头牌券商的中信证券研究部也提出了自己的看法："能源双控"政策预计"十四五"将进一步抑制煤炭消费增速，煤炭消费在2025年前后实现达峰。在产能低位扩张的背景下，"十四五"期间行业尚可维持供需平衡，但远期看在"碳中和"推进过程中，煤炭需求大幅下滑不可避免，长期而言，行业中成本曲线最低端的龙头公司或率先转型成功的公司有望胜出。

中信证券研究部认为，从目前能源结构看，煤炭消费占比达到57%，在"能源双控"的政策作用下，预计2025年煤炭消费将达到42亿吨左右的峰值，之后逐步下降，2025—2030年的年均复合增速为–1.51%。随着新能源发电和储能技术的全面成熟以及下游工业的脱碳，预计2060年"碳中和"实现的情形下，煤炭消费量将降至3亿~5亿吨的水平，保留的煤炭消费主要是化工行业用煤以及能源应急响应的需求。

尽管长期煤炭需求面临压力，煤价中枢也有下行压力。但未来五年行业需求仍有小幅增长空间，而供给侧在新增产能核准节奏、环保和安监的约束下，或可保持低速增长，"十四五"期间行业可以维持供需平衡的状态，部分年份也可能出现供需错配的情况导致煤价上涨。

在"碳达峰"迈向"碳中和"的过程中，除了矿井资源衰竭带来的自然退出外，需求下降或将引发煤价下行—亏损产能增加—高成本产能退出—供需平衡等一轮轮周期循环，行业企业的分化或不断加剧，最终低成本的龙头公司长期胜出，获得寡头地位，实现超额利润。

目前煤炭企业已开始应对转型，或通过设立能源转型投资基金布局投资新能源，或在煤化工领域继续向精细化工产业链延伸，或通过焦化产业链切入氢能源等领域，但从目前实践来看，煤企转型还处于尝试阶段，尚未形成明确的转型路径。

中信证券判断，近几年能源结构转型和长期需求减速的预期是压制煤炭板块估值的主要因素。"碳中和"又会强化这一预期，煤炭板块长期估值，整体难以有效提升。但是低开采成本的龙头公司在长期周期波动中可以强化优势地位，同时长期资本开支下降，现金流累积充裕，长期依然有价值逻辑，中国神华、陕西煤业是位于行业成本曲线最低端的动力煤企业，山西焦煤预计长期可巩固低成本的炼焦煤龙头地位。另外，在转型的公司中，山西美锦能源股份有限公司（以下简称"美锦能源"）转型氢能板块的力度较大，有望形成先发优势，值得长期关注。

从"碳中和"的长期布局来看，煤炭行业长期必然会受到巨大的影响，但在落后产能退出、新能源还未能承担起相应市场份额的时候，煤炭这个传统能源能否焕发最后的暴利机会？这其实是考验行业公司把握方方面面节奏感的大难题。

这题怎么解才好？谁才能解好这个题？掌握了这些，无异于摸到了财富的钥匙。但相信有识之士和市场的力量，一定会确保一个稳定的新老能源模式交接期。

三、汽车再也没有汽了

传统汽车制造业也是"碳中和"影响的重点行业。2020年发布的《中国机动车减排标准》白皮书显示，新能源纯电动汽车日均停驶二氧化碳减排量是0.83千克；燃油汽车日均停驶二氧化碳减排量1.2升及以下为2.58千克，1.3~1.5升为3.27千克，1.6~1.9升为3.54千克，2.0升及以上为4.55千克。

数据表明，交通领域占全国终端碳排放的15%，过去九年的年均增速更是达到5%以上。而中汽数据有限公司发布的《中国汽车低碳行动计划研究报告（2020）》则显示，2019年，量产乘用车生命周期二碳排放总量达到6.2亿吨，加快推进汽车节能减排势在必行。

汽车行业作为传统燃料使用重地，对我国实现减碳的整体目标产生了一定阻碍作用。因此在一系列政策催化下，汽车行业的产业结构发生了深度调整，新能源汽车行业在中国进入了长期、快速的发展轨道。

1．国际产业链正在倒逼

整车产业是一个国际化程度非常高的产业，有其特殊性。国内汽车巨头都有其外资合作伙伴，所以在"碳中和"规则上，也很受西方国家影响。比如现阶段西方发达国家气候变化将从市场机制转向法律规制，正引领全球气候变化应对的新一轮规则建设。

目前，英国、瑞典、丹麦、新西兰、匈牙利、西班牙、智利、日本、韩国和斐济等国家都已设定2050年"碳中和"目标。

为了防止"碳泄漏"（指企业为了规避严格的碳减排措施和碳减排成本而将生产转移到碳排放管制较低或不存在的地区所导致的结果，最终本应在一个国家或地区被控制的温室气体在另一个国家或地区排放出去），多个国家正积极推动针对产品碳强度的法律法规，通过高环境标准获得竞争优势，以欧盟为例：推动实施碳边境调节机制，并将于2021年6月启动立法程序，针对出口到欧盟的产品征收碳边境调节税；2020年12月10日欧盟发布了《欧洲电池与废电池法规》的提议草案，针对动力电池增加一系列碳足迹强制性要求；预计2023年前，欧盟将建立汽车生命周期碳排放数据报送标准。

纯电动汽车碳强度方面，预计到2030年，欧盟中级纯电动轿车的生命周期平均碳排放将降低50%达到65克二氧化碳当量/千米（表示车辆行驶1千米的二氧化碳排放量）；而在现有政策情景下，2030年我国中级纯电动轿车的生命周期平均碳排放为130克二氧化碳当量/千米（中汽数据测算），是欧盟的两倍，存在差距的原因主要是基础材料生产过程初级能源和发电环节的化石能源比例高。

这就意味着，就算中国不严卡"碳中和"政策，按照欧盟的最新"玩法"，通过一些法规政策的约束，也有可能利用"碳中和"进行一系列强制性要求，极大削减未能达标车企的竞争力。

2．"新能源汽车产业链"已成重点

面对这样严峻的态势，国内的汽车生产企业也开始有所规划。

上海汽车集团股份有限公司是国内规模领先的汽车上市公司，所属主要整车企业包括上汽乘用车分公司、上汽大通、智己汽车、上汽大众、上汽通用、上汽通用五菱、南京依维柯、上汽依维柯红岩、上海申沃等。

2020年，上汽集团全年销售整车560万辆，连续15年销量保持国内第一。其中，上汽自主品牌销售260万辆，在总销量中占比达到46.4%，创出新高；新能源汽车国内销量为32万辆，海外市场销量为39万辆，实现全面领跑。2020年8月，上汽集团以上一年度1220.714亿美元的合并销售收入名列《财富》杂志世界500强第52位，已经连续7年进入百强名单，在此次上榜的全球汽车企业中名列第7。

在2021年两会期间，全国人大代表、上汽集团董事长陈虹表示，我国提出的"碳达峰""碳中和"时间表，是统筹国内、国际两个发展大局，贯彻新发展理念、构建新发展格局的战略决策。当前碳排放主要由化石能源贡献，氢能源普遍被认为是脱碳和未来清洁能源的重要解决方案，有必要进一步加快氢燃料电池汽车产业政策配套。

上海汽车方面判断，从技术驱动看，电动智能网联的新赛道或将成为主流赛道。随着电动化技术的日趋成熟，新能源汽车发展正进入快速增长期，同时随着电动化和智能网联化的并行发展，"数据决定体验、软件定义汽车"正成为重要新趋势，并将使新能源汽车形成更明显的差异化优势，更好满足消费者追求时尚、体验科技的需求。

从数字化转型看，车企和用户的关系将被重新定义。通过数据驱动，车企与用户之间的联系将从产品交付阶段提前至产品设计阶段，并将提供更加精

准的用户画像，让产品更符合用户的真实需求；同时，车企与用户之间通过数据打通和数据循环，将建立高频多维的交互联系，实现从造车、卖车到用车、车生活为一体的全生命周期的用户服务。数字化将极大改变汽车生产方式和商业模式，数字生态将成为汽车产业的重要新生态和未来实现商业盈利的重要新手段。

上海汽车也已经将新能源汽车产业链作为自身的核心工作。2020年度在新能源产业链建设方面，公司持续推进电动车专属架构升级开发和新一代电驱动系统等"三电"关键系统及核心部件的开发；公司新一代燃料电池电堆产品PROME M3的一级零部件已全部实现国产化，并已搭载到上汽大通EUNIQ 7上实现批量上市；上汽英飞凌第七代IGBT顺利量产，产品性能世界领先，成本较进口产品大幅下降，为公司IGBT供应提供了重要保证。同时，上汽与宁德时代、QuantumScape、SolidEnergy、清陶等企业开展战略合作，加快新一代锂电池、固态电池的国内外布局；结合"车电分离模式"，加快充换电站建设布局；与宝武集团、上海机场集团、上海化工区和华谊集团等伙伴开展"氢"战略合作，共建共享燃料电池汽车产业生态。

"数据决定体验、软件定义汽车"，不得不说上海汽车对行业未来的这两句判断富有见地，这与以往传统工业时代的汽车产业模式差异巨大。数据、软件已经成为新一代汽车企业决胜的主战场，这对传统汽车能源、电子控制体系都是一次全面变革。可能汽车的外形还是传统模式，一个车身、四个轱辘，但其中的能源系统、软件控制、电子系统等全都已经天翻地覆了。

受我国对新能源汽车的积极引导，奔驰、宝马、大众汽车和大陆集团等国际品牌也表示支持我国"争取2060年前实现'碳中和'"的目标，纷纷向电动化转型。目前，距离2030年"碳达峰"还有不到10年，汽车行业都在为"碳中和"目标而努力，积极升级技术路线。商用车企不断推出覆盖纯电动、氢燃料、混动/增程式在内的多种新能源车型，力争早日实现2025年整车油耗降低30%（或纯电动）、整车碳排放减少30%（或零排放）、货运效率提升70%的目标。宝马、奔驰、大众以及一众车企也从工厂改造入手，通过使用可再生能源、智能化制造等方式实现减排。比如宝马将开始采购使用太阳能发电生产的铝材，可以有效减少二氧化碳排放量；奔驰投入运营"辛德芬根56号工厂"和动力电池工厂——卡门茨工厂，用以推动奔驰电气化的发展；奥迪建造两大"碳中和"基地，并且采用环保物流和铝闭环制造等促进减排。

由此可见，在迈向"碳中和"目标的道路上，不只是新能源汽车朝着高质量发展，传统燃油汽车也在升级技术，积极响应国家号召。

3. 汽车使用环节蓝海，报废车回收市场规模超千亿元

在发展新能源成了汽车行业共识的同时，也有一些汽车产业专业人士提出了自己的观点。有声音认为，汽车产业减少碳排放涉及方方面面，从工业供给端、生产制造环节、汽车产品供给到使用环节的能源供给，每个环节都具有减排潜力，只讨论用新能源替代传统汽车能源驱动，这对"碳中和"的目标而言是远远不够的，但制造环节的碳排放只是汽车全生命周期的一小部分，大概只占不到10%，使用环节才是真正决定汽车全生命周期碳排放的部分。所以，一定要在汽车的保有使用环节、回收环节都套上"碳中和"的笼套。那么，现在汽车产业链的各个环节是否都实现节能减排了呢？

针对新能源汽车的电池回收处理，当前市场正处于乱象中。目前，市场上常见的电池为三元锂电池和磷酸铁锂电池，其中磷酸铁锂可回收价值低，没有很好的回收渠道，使得不少动力电池流入出价更高的不法渠道。不仅拆解成本高昂、耗时久，而且拆解用能大，无法达到有效的节能减排。

其他像老旧车的淘汰、充电桩的建设等方面，同样存在管理缺失的情况。根据公安部统计数据，截至2019年末，全国汽车保有量为2.6万亿辆，仅次于美国。但当年我国汽车实际回收拆解量仅为195万辆，为保有量的0.75%，与美日德三国的拆解率5.6%、7.2%、6.9%存在明显差距。那么，为何我国报废车回收率如此之低？其他报废车又都流向了何处？

就报废车回收率低的原因看，主要是长期以来我国对报废车重报废而非再生，回收公司通常会依据车辆重量，并参照当时的废钢价格来对报废车进行

估值，这使得正规回收企业收购价格偏低，车主主动报废的积极性不高。因车辆报废手续相对烦琐，且回收价较低，一些人会将低值报废车选择直接扔弃。更可怕的是，因二手车交易有利可图，绝大多数高值报废车会流入黑市，这类已报废经过非法改装的二手车，轻者车辆抛锚、偏向，重者制动失灵、致人受伤，甚至造成车毁人亡的严重后果。

据中研普华研究报告《2020—2025年中国报废汽车回收行业全景调研与投资前景预测报告》统计，报废汽车的材料构成中，废钢铁占69%、废塑料占6%、废有色金属占5%、废橡胶占5%、废玻璃占4%、其他各种材料占比约为11%。一辆报废车平均可拆解1.5吨左右废钢，按照当前1吨废钢至少3000元的价格，叠加玻璃、橡胶等原料价值，每辆报废车材料价格至少有5000元。再算上五大总成，则每辆车拆解价值超过1万元。

由于汽车拆解符合当下的环保政策，是汽车行业实现"碳中和"的重要途径之一，未来将会得到大力倡导，报废汽车拆解率有望不断提升。我们以2019年数据大致计算一下行业规模。2019年，我国汽车回收数量为195.1万辆，回收率仅0.75%，如果按照美日德三国的拆解率5.6%、7.2%、6.9%估算，我国汽车拆解行业约有近10倍的增长空间；若按5%的汽车报废回收率计算，则每年可回收拆解的数量至少在1000万辆，按照每辆车拆解价值1万元进行计算，则报废车回收拆解行业的每年市场规模会超过千亿元！

实现"碳达峰""碳中和"目标任重而道远。相比较，从石油开采到汽车报废的全生命周期中，电动车比燃油车更能实现碳减排。目前市场是存在一些乱象，但这些乱象并非不可解决，随着覆盖供给端和消费端的法律制度及支持政策逐渐健全，监管力度得到加强，新的市场商机也将被人挖掘，届时也将能大幅降低碳排放。

四、钢铁、水泥、化工等行业将迎来蜕变

1. "碳中和"将有助重塑钢铁行业格局

钢铁行业是制造业中最大的碳排放源，测算2019年钢铁行业碳排放15.4

亿吨，占工业总排放量的47%。据国泰君安证券研究，自2000年以来我国钢铁行业此前已经经历了4轮产能周期，且我国钢铁行业产能周期主要受需求影响。

第一轮产能周期为2000—2005年：我国房地产市场改革以来，钢铁行业跟随房地产市场逐渐进入产能的增加周期，民企钢铁企业在2004年开始逐渐产生。

第二轮产能周期为2005—2008年：2005年之后，由于经济过热，国家进行了一定程度的调整，但整体趋势依然向上，行业经历了短暂的产能平稳期后又回到增产的周期中，这一时期国有钢企盈利在下降之后逐渐恢复。

第三轮产能周期为2009—2015年：受金融危机影响，国家大力刺激经济，钢铁行业产能继续扩张，但随着经济增速的换挡，我国钢铁行业过剩问题逐渐凸显。

第四轮产能周期为2016年至今，我国钢铁产能在政策主导下逐渐去化，而环保也加速了产能的出清。

就是在四轮周期之下，钢铁价格忽而热火朝天，忽而冷入地狱，让全行业亏损惨烈。

资本市场普遍预期，在"碳中和"背景下，钢铁行业产能周期基本结束，产能不再是钢铁盈利之殇。2016年供给侧改革以来，我国钢铁行业经历了新一轮的投资周期，主要来自置换产能的投产。在行业利润高企的背景下，虽然行业产能增量有限，但行业通过技术手段及增加产能利用率，使得我国粗钢产量快速增长。

而"碳达峰"是长期政策，持续时间长达40年，这个政策"紧箍咒"将可能直接约束产量，对钢铁行业产生直接、长远影响。伴随2021年一系列钢铁行业政策的实施，我国粗钢产量将大概率地同比下降。而展望未来3~5年，在"碳中和"背景下，碳排放量最高的钢铁行业将受到严格约束，行业产能周期将有望基本结束。

根据国际钢协的相关研究，钢铁行业存在6大主要的减碳路径，分别为：

减少钢材消费、提高工艺效率、优化原料结构、CCUS技术、电气化和能源替代。从技术储备的充足性、工艺的先进性还有新技术拓展的实力来看，行业龙头企业占据绝对优势。因为在"碳中和"背景下，行业龙头公司更有可能利用自身的竞争优势形成单位产品碳排放的优势，有效降低自身碳减排成本。而非龙头公司碳减排成本或相对较高，行业成本曲线在增加碳排放成本后或出现明显变化：技术先进、碳减排成本低的企业将具有明显的成本优势。

所以资本市场普遍预期，在"碳中和"背景下，行业龙头公司优势将更加突出，行业成本曲线或发生明显变化。行业集中度上升，龙头公司议价能力提升，业绩稳定性提升。在减排目标的牵引下，预计中国钢铁行业的需求可能在未来几年内达到顶峰，技术路径上，"高炉转电炉"是主要方向，预计到2030年，电炉钢产量在钢铁产量中的占比将达到30%。而电炉钢碳排放量远小于高炉流程，未来电炉炼钢占比将持续增加，有效调节供给，钢铁价格波动性将持续下降。

随着"碳中和"政策的不断推进，钢铁行业兼并重组的窗口将再次打开，我国钢铁行业集中度的上升仍将持续。集中度提升后将大大提高龙头企业对上下游的议价权，有效传导成本压力，提高业绩稳定性。对全国百万钢铁行业从业人员来说，这其实是一个喜忧参半的预期。毕竟，行业龙头企业就那样几家，非龙头钢铁企业在碳排放成本增加以及市场格局重塑的大背景下，将面临更为激烈的市场竞争。

结合自身企业的行业地位，更好地思考未来的去留问题，恐怕很快就会成为钢铁从业人员的现实考验。

2. 水泥行业"碳排放"压力巨大

水泥行业作为国民经济的支柱性产业之一，其二氧化碳排放量不容忽视。其实水泥和钢铁非常像，也是碳排放大户，其排放量约占整个建材行业的83%，占全国碳排放比重的11.55%。水泥产业的碳排放主要来源于水泥熟料的生产过程，即煤燃烧产生的二氧化碳和碳酸钙分解而来的二氧化碳。

水泥作为主要的建筑材料之一，尚没有哪种产品可以替代其作用。这就从材料领域上确定了短期内看不到水泥行业的变更。而水泥的制造离不开水泥矿，这意味着碳酸钙分解产生的二氧化碳量在某种程度上是固定的，很难通过技术来降低碳排放量。因此，水泥厂的减碳短期内更多是凭借深掘烧成系统技术，进而减少碳排放。

据有关资料介绍，2015年《巴黎协定》中的摄氏2度协议（2DS）约定，每生产1吨水泥，二氧化碳排放量必须降到520~524千克，全球水泥业必须在2050年达到"碳中和"的目标，也就是在2030年必须达成减碳40%。目前，我国水泥熟料碳排放系数（基于水泥熟料产量核算）约为0.86，即生产1吨水泥熟料将产生约860千克二氧化碳，折算后我国水泥碳排放量约为597千克，与《巴黎协定》的摄氏2度（2DS）协议要求相比仍然偏高。因此，要完成《巴黎协定》2050年的终极目标，我国水泥行业需要抓紧时间并为此付出巨大努力。根据麦肯锡测算，要实现全球升温不超过1.5℃的情境，到2050年中国水泥行业碳减排需达70%以上。

水泥"碳达峰"首先要预判达峰时间点和峰值，水泥碳达峰的峰值主要取决于水泥熟料产量。据预测，我国水泥行业"碳达峰"时水泥熟料年产量为16亿吨左右，按照当前的行业平均碳排放量系数折算，预测年碳排放量为13.76亿吨。

"碳达峰"和"碳中和"这两个目标要统筹考量。"碳达峰"峰值高低取决于熟料产量峰值和当时的熟料排放系数，"碳达峰"峰值越低，则未来"碳中和"目标越容易实现，所以在"碳达峰"过程中，水泥行业整体对碳排放总量的控制力度决定了行业未来实现"碳中和"难度的高低。

综合能源转型委员会（ETC）、国际能源署（IEA）、中国水泥行业专家的意见，预计常规情形下的需求下降到2050年，将贡献中国水泥行业约27%的碳减排，但造成这一局面的并非水泥行业的减碳能力提升，而是我国未来的城市化和建筑业的增速放缓。从目前的城市发展水平来看，随着我国城市化率趋于稳定，GDP驱动的水泥需求预计会进一步下降，现有建筑的维修和更新将逐渐主导未来的水泥需求。

市场研判，对水泥行业来说，替代燃料是更优先、更具成本效益的手段，到2050年可推动行业约10%的碳减排。煤炭目前为逾95%的水泥生产供热，是现阶段石灰石煅烧使用的主要燃料源。由于煤炭价格低廉，煤炭燃料不太可能被完全取代，但如果在燃料结构改善过程中不断降低煤炭份额，将极大降低水泥行业的碳排放量。

比如生物质，目前生物质为不足1%的水泥生产供热，被认为是无排放的清洁资源，并且搭配碳捕获技术可能产生净负排放。但中国生物质资源整体紧张，且多个行业均出现需求显著增长的可能，目前行业内仍没有水泥公司用生物质为水泥车间供热。

目前还有废弃物为不到5%的水泥生产供热，行业内普遍认为，废弃物其实是更好的潜在碳减排资源。一方面有机废弃物可作为燃料，另一方面固体废弃物可代替熟料，减少石灰石的使用，从而进一步减少生产过程中的碳排放。同时，废弃物利用在我国有着政策利好、供应量相对持续、垃圾分类状况不断改善三方面支撑。预计在2050年废弃物构成水泥生产所使用燃料的55%~75%。

在需求下降、能效提升、替代燃料三大"抓手"均发挥作用的情况下，预计可产生的碳减排成效与1.5℃情景下的碳减排目标之间仍有较大缺口，还需要新兴技术的支持。

碳捕集与封存（CCS）将成为水泥行业实现"碳中和"的重要选择，与之前所涉及的火力发电行业一样，在碳捕集与封存（CCS）路径上，水泥行业也将同样需要面对成本高昂、厂址安全等重大挑战。

3．化工行业何去何从？

化工行业在各国的国民经济中均占有重要地位，是许多国家的基础产业和支柱产业，也是影响整个经济体系的超级行业之一。世界化工产品年产值已超过15000亿美元，可以说化学工业的发展速度和规模对社会经济的各个部门有着直接影响。

但由于化学工业门类繁多、工艺复杂、产品多样，生产中排放的污染物种类多、数量大、毒性高，因此，化学工业是污染大户。同时，化工产品在加工、贮存、使用和废弃物处理等各个环节都有可能产生大量有毒物质而影响生态环境，危及人类健康。化学工业发展走可持续发展道路对于经济、社会发展具有重要的现实意义。

在"碳达峰""碳中和"的目标下，化工行业将是最为"痛并快乐着"的所在。为什么痛？因为在"碳中和"的背景下，对化工行业的环保要求将显著提高，对整个行业的成本都将起到硬性约束；但化工行业值得快乐的地方在于，无论是环境污染治理，还是碳捕集与封存（CCS）路径，"碳中和"实际上为化工行业打开了发展的新局面。

我国化工行业碳排放总量有限但强度突出，东方证券研究指出：目前，我国二氧化碳年排放量达到100亿吨，其中化工行业排放量不到5亿吨，远小于电力、钢铁、水泥等排放大项，从总量看化工并非首当其冲；但从强度看，化工单位收入排放量高于工业行业平均水平；且不同区域由于经济结构、能源结构及发展水平的不同，面临差异化的压力。

为响应国家战略目标，多省各部门纷纷考虑本省经济格局与产业结构，针对"碳达峰""碳中和"目标，制定了具体规划方案。综合来看，各区域与化工行业直接相关的主要围绕以下三个方面进行：

1. 调整产业结构。具体落地方式包括开发碳交易市场，提高高能耗行业准入标准，限制高耗能过剩行业新建项目，促进能耗产出效益低的落后产能整合出清等。

2. 取消行业优待电价，落实差别化电价政策。青海、甘肃、福建、内蒙古等多地发改委已经发布通知，要求高能耗行业取消优待电价，或针对高能耗行业做出实施差别化电价的决定。而公布名单中涉及的高能耗行业，有不少是化工类，如电石、烧碱、黄磷等行业。

3. 支持化工行业现有装置进行低碳化、节能化改造，优化能源消费结构，提高化工生产中用能效率和电气化水平。能耗较高的几个化工行业，通常因为技术、设备等方面限制，与国际先进能耗标杆值有较大的差距。根据《上海产业能效指南（2018年版）》在烧碱、乙烯、精对苯二甲酸等行业中，我国先进技术能耗距离国际先进水平尚有明显差距，而国内普遍水平距离国内标杆值的差距，则是降低能耗水平的另一因素。

一些化工龙头企业近几年已经开始在环保上发力，例如华鲁化工实现装置高负荷长周期运行，三大平台互联互通后提升了合成气利用率；又如宝丰能源2020年投资14亿建设太阳能电解水项目，耦合煤化工的氢需求以降低过程排放。化工行业龙头企业已经早有意识地进行了提前布局。

短期来看，碳成本带来的成本曲线陡峭化，为达到减碳效果，将为化工行业带来一次较大的成本压力。成本压力主要来源有两方面：一是差别化电价政策或成为第一批全面落地的"碳中和"相关政策，而高能耗、低能效的部分化工子行业，将不可避免地面临用能成本的提升。看似一度电只涨价一毛八分钱，感觉影响不大，但对这些化工企业来讲，电价成本合计在一起是一笔天量支出，而且非常刚性，往往电价直接画出了一个企业的存亡线。二是发改委在筹备全国碳交易所时明确将石化、化工、建材、钢铁、有色、造纸、电力、航空列为重点排放行业，高于配额的碳排放将直接转化为碳交易成本。当然，这种成本变化反而会给一些有竞争力的企业带来机会。因为在增加生产成本的同时，对于拥有先进技术、高效能和规模优势的企业带来的成本增幅，从理论上会远小于小、散、乱产能的成本增幅。成本的提升等于提高了全行业的技术壁垒，限制新产能的投放，强者更强的格局将延续，也同时倒逼落后产能的整合出清。部分省市的部分行业还直接面临着来自政策端的准入限制，对于已经入局的玩家和现有产能来说，这或许是个好消息。

但放眼更长远的时期将会发现，当前把化工行业作为高排放行业，一定程度上是由于现行技术下难以进行全生命周期的精准碳核算的"权宜之策"。

以生产环节的碳排放来替代全生命环节的碳排放，对化工行业形成不利因素，但若考虑到整个生产—消费流程的碳成本，化工行业竞争力会有明显上升，特别是对化工行业的碳排放竞争力要综合其他行业发展情况来看。因为经过多年的技术发展，化工产业链末端的合成材料、新材料已经在特性和成本上拥有了难以比拟的优势，"以塑代钢""以塑代木"、化学纤维替代天然纤维的趋势逐渐清晰。作为终端消费品原料，不单单化工行业有碳成本，钢铁行业的高碳排放、木材行业损失的固碳机会成本，未来在碳足迹测算与分析技术发展成熟的情况下，都会直接计入终端消费品碳足迹，而化工品将以其性能好、价格低廉、可量产的优势确立自身竞争力。

也就是说，虽然化工行业存在碳排放问题，但随着技术的进步，化工行业的碳排放会远远低于钢铁、木材。能用塑料的场合，可能就不再用木材、钢材了。从这个角度看，化工行业也具有比较优势。

另一个极端重要的长期因素是技术。考虑到生产消费活动中，碳排放是不可避免的，依靠树木等方式创造的碳汇难以满足中国作为大国的发展要求，所以在2060年实现碳排放净清零，绕不过的一关将是碳捕集、利用与封存技术的发展。以陶氏、巴斯夫为代表的国际化工巨头已经纷纷布局CCUS技术，而以中石油、中石化、国能集团、神华集团为代表的多家石油化工与煤化工企业，也上马了CCUS项目，目前相对高额的成本使这些碳捕集多数还处于"叫好不叫座"的状态，但赛道布局与技术积累必然是将来实现价值转化的先决条件。

其实我们立竿见影地就可以在化工行业中寻找到受益于"碳中和"的子行业，比如汽车尾气处理。机动车尾气是我国大气污染的重要来源，同时也是交通运输领域最主要的碳排放来源，在总碳排放量中所占比重约为11%。对汽车尾气的排放管理十分必要，尾气排放"国六"标准于2021年7月1日全面执行。"国六"标准作为目前我国最严格的尾气排放标准，对尾气处理技术及载体设备都提出了更高的要求，汽车尾气处理系统有望迎来行业爆发期。

再比如可降解塑料领域。我国是一次性塑料制品消费大国，给生态环境造成了巨大压力。2020年12月，我国大陆地区所有省市及自治区升级版限塑令已全部发布完成。发展绿色、环保的可降解材料，有利于减少碳排放以及自然界的存留，促进碳循环，同时保护环境。我国生物可降解塑料市场前景广阔，预计到2025年，市场规模有望达到300亿元，年复合增速在30%左右。

"碳中和"对于中国来说，无异于一次新的绿色工业革命。如果化工行业能够在其间完成技术上的突破，比如在碳捕集与封存（CCS）技术有长远进步，那将是化工业迎来黄金发展期的关键时刻。"碳中和"机会中，能够吃到红利的化工企业并不会是少数，而碳红利也必然能奠定未来化工巨头的身影。

在本章，我们大体"巡礼"了火电、煤炭、汽车、钢铁、水泥、化工等行业，这其实已经是重工业各大行业门类的一次汇集了。

从目前的市场思考来看，首先，毋庸置疑的是："碳中和"对这些重工行业都造成了极大影响，这些传统行业要么面临成本提升的压力，要么面临被新技术替代的压力，都可谓是处于生死存亡之间。

但在共识之下，非常有意思的是，从短期逻辑和长期逻辑来看，市场却又给出了不同的判断。市场认为：在"碳中和"的宏观约束下，这些行业都已经缺乏了长期产能扩张的冲动，外部资本如果想投入这些重资产行业，都要考虑到"碳排放"的成本问题，这就会导致行业玩家的增量不会太大，火电、煤炭、汽车、钢铁、水泥、化工等行业都已经成为存量行业。

在存量行业之中，这就非常耐人寻味了。如果需求没有缩小，而供应稳定，只能意味着存量玩家的日子会更加好过。

煤炭、钢铁、水泥等行业是否迎来了存量玩家的暴利时刻？非常多的资本机构都已经提前做了预判，认为随着竞争者的减少，反而迎来了暴利机会。但这还有待市场验证。

值得注意的是，就算未来这些行业成为存量玩家把控的地盘，随着"碳中和"的成本、技术约束，实力弱的企业也将面临巨大压力。但综合来看，短期内这些高碳产业的竞争格局会趋于缓和,外部资金会减少切入该行业的冲动;长期看,有实力的传统企业还有可能在"碳中和"转型中放手一搏,所以无论是从短期还是长期考量,钢铁、水泥、煤炭行业的龙头企业都将有望迎来更有利的市场竞争格局。

·第七章·
"碳中和"时代的红利行业

"碳中和"时代，有面临大考的传统行业，同样也有迎来新生机会的全新行业。这章我们将全面展示在"碳中和"背景下，迎来发展机遇的太阳能、风电、氢能、新能源汽车、储能、智慧电网等行业发展前景。

一、太阳能会成为发电主力？

1. 太阳能没有天花板

太阳是人类最熟悉的星球。自古以来，全球各地的人类都不约而同地膜拜太阳，在各大陆人类神话体系中所塑造出的最早的神就是太阳神，最早的崇拜形式也是太阳崇拜，仔细探究中国、印度、埃及、希腊和南美等各个国家与地区的文化，都有太阳崇拜的痕迹在其中。地球上自生命诞生以来，就主要以太阳提供的热辐射能生存，而人类也懂得以阳光晒干物件并作为制作食物的方法，如制盐和晒咸鱼等，这也算是最早对太阳能的利用。

太阳辐射到地球大气层的能量仅为其总辐射能量的22亿分之一，但已高达173000太瓦（1太瓦等于10的12次方瓦特），也就是说，太阳每秒钟照射到地球上的能量相当于500万吨煤产生的能量。其实，从某种角度来看，地球上的一切能源都是太阳能的各种转化形势，地球上的风能、水能、海洋温差能、波浪能和生物质能都是来源于太阳，即使是地球上的化石燃料（如煤、石油、天然气等），从根本上说也是远古以来贮存下来的太阳能，所以广义的太阳能所包括的范围非常大，狭义的太阳能则限于太阳辐射能的光热、光电和光化学的直接转换。我们这里所探讨的太阳能仅指狭义的太阳能。

在化石燃料日趋减少的情况下，太阳能已成为人类使用能源的重要组成部分。太阳能发电是一种新兴的可再生能源，对太阳能的利用有光热转换和光电转换两种方式。我们先来看看太阳能和风能是如何发电的，简单了解一下太阳能的发电原理，这有助于理解太阳能光伏产业的行业属性，从而更好地判断太阳能产业的发展前景。

据相关学术介绍，太阳能的发电原理是半导体PN结的"光生伏特效应"，即我们口中的光伏发电。半导体介于易导电金属与绝缘体之间，其中"硅"具有地壳含量大、性质稳定、提纯技术成熟的优点，所以高纯度硅材料成为光伏发电的主流产品。P型硅与N型硅在此就不过多介绍，只需要知道在硅晶体中，当N型硅和P型硅紧密连接在一起时，将它们的交界处称为PN结。

当光照射在PN结上时，产生"电子—空穴对"，受内建电场的吸引，电子流入N区，空穴流入P区，结果使得N区储存了过剩的电子，P区有过剩的空穴，它们在PN结附近形成与势垒方向相反的光生电场。光生电场除了部分抵消势垒电场的作用外，还使P区带正电，N区带负电，在N区和P区之间的薄层就产生电动势，即光生伏特效应。此时，若在电池外接一根导线，电子就会从N型硅沿着外部导线向P型硅跑去，从而产生了电流。

简单了解太阳能的发电原理后，可以看到光伏是半导体电子技术，而风电则偏向机械制造，基于机械制造行业的原理，光伏技术迭代更快，降本能力也就更强。特别是中国企业风起云涌地投身太阳能产业，极大地改变了全球太阳能产业的结构，极大地推进了太阳能的推广。据IRENA（国际可再生能源机构）测算，全球光伏发电成本在过去十年间累计下降了82%，远高于全球陆上和海上风电过去十年下降的39%和24%，且随着硅片、电池片等技术的提升，未来太阳能光伏的发电成本有望继续大幅降低。

在目前所探究的新能源技术路径中，太阳能最具优势。因为相比风能，光伏需要在光照强度达到一定程度才能发电，风电需要看当地风力强度发电，相比而言，风电更不稳定，应用场景略显单一，"toB"属性强。光伏则更容易深入千家万户，从发电侧到用电侧，从城市到农村，从工厂到家庭。

另外，光能的储量不用担心天花板问题，若地球表面0.1%的面积覆盖光伏系统，按照5%的光电转化率，发电量高达（5.6×10^{12}）千瓦时/年，为世界年消耗能源的40倍。对比核能，太阳能的安全性又高出很多。

所以综合看来，相比于其他能源，太阳能相对稳定，没有天花板，安全性有保障。这些特点决定了太阳能已成为新能源领域中最为人青睐的子领域。

但太阳能目前也存在一些缺点，比如太阳能到达地球表面的太阳辐射的总量尽管很大，但是能流密度很低。平均说来，北回归线附近，夏季在天气较为晴朗的情况下，正午时太阳辐射的辐照度最大，在垂直于太阳光方向1平方米面积上接收到的太阳能平均有1千瓦左右；若按全年日夜平均，则只有200瓦左右。更重要的是，太阳辐射的辐照度在冬季大致只有平均值的一半，阴天一般只有平均值的1/5左右，这样的能流密度是很低的。因此，在利用太阳能时，想要得到一定的转换功率，往往需要面积相当大的一套收集和转换设备，造价较高。

而且现阶段，太阳能板是有一定寿命的，一般最多3~5年就需要更换一次太阳能板，而换下来的太阳能板则非常难被大自然分解，从而造成相当大的污染。虽然太阳能号称清洁能源，但如果太阳能规模越来越大，太阳能板造成的污染问题也会越来越严重。

2．强者恒强，产业集中度不断提高

传统能源淡出，火电、煤炭受到控制，那么谁是接力者？目前来看，这个答案最有力的"候选人"就是太阳能。

中国首次明确风电、太阳能"碳达峰"贡献度：到2030年，风电、太阳能发电总装机容量将达到12亿千瓦以上。用2030年装机1200吉瓦（1吉瓦=1千兆瓦）倒推，目前装机量已经达到440吉瓦。因此未来10年年均风电光伏装机约75吉瓦。

有些机构的预期则更为乐观，根据国际能源署的预测，到2025年可再生

能源在新增发电装机中占比将达到95%，而光伏在所有可再生能源新增装机中占比将达到60%。根据中国光伏行业协会的乐观预测，"十四五"期间我国光伏年均新增装机规模是90吉瓦，预期装机规模更大。因为太阳能行业规模已经越来越大，产业链条也越分越细，很多大型公司都已经在其中获得了丰厚的收益。

按照目前的技术路径，太阳能光伏产业总体可以分为硅料、硅片、电池片、组件和系统五大环节。光伏设备主要集中在制作硅片、电池片及组件。硅料环节是将硅矿多次提纯为Si纯度为99.99%~99.9999%的太阳能级多晶硅。硅片环节分为两大部分，单晶硅片与多晶硅片。硅片技术含量不高，属于资本密集型。单晶硅电池具有高电池转换率和良好的稳定性，且随着金刚线切割技术的大规模应用，单多晶硅片的成本差距逐渐缩小。因此单晶替代多晶是很明显的趋势，单晶硅片的产能正在快速扩大。电池片是光伏产业链最核心环节，主要由太阳能级硅片经过制绒清洗、扩散制结、硅片刻蚀等一系列工艺生产流程制成，对下游应用的性能以及成本有着至关重要的作用，属于资本与技术密集型。

光伏组件环节的企业可以分为垂直一体化组件厂商和专业组件厂商，全球目前的前五大组件厂商晶科、隆基、天合、晶澳、阿特斯均采取的是一体化布局，以此实现降低成本、自控品质、提高效率。在光伏的几大环节都存在"马太效应"，头部企业凭借自身的技术及成本优势不断扩大规模，强者恒强，产业集中度不断提高。

从我国太阳能现状来看，中国企业的实力已经非常强大，在国际市场上具有强大影响力。像在风电市场份额和核心技术方面，维斯塔斯、西门子、GE等国外巨头仍然举足轻重。但在光伏领域，中国光伏新增装机连续7年位居全球首位，累计装机连续5年位居全球首位，在产业链不同环节TOP10中，中国光伏企业都占据了绝大多数。

越来越多的顶级投资机构和投资人正加速进入光伏，如高瓴资本以158亿元取得隆基股份的6%股份，易方达、睿远、高瓴等获配太阳能龙头公司通威股份定增项目等，相比而言风电公司则少有巨额资本重金杀入的消息。

3."黄金 30 年"已到来

我国的太阳能产业起步很早，发展很快，早在十年前，就创造出过巨额财富。不知道还有多少朋友记得无锡尚德这家公司？当时尚德的创始人施正荣被誉为"光伏界的比尔·盖茨"，仅用 5 年成就中国首富，之后却在 7 年内百亿财富归零。

2000 年，施正荣回国创立了无锡尚德。5 年后，无锡尚德就在美国成功上市，成为该行业第一家上市公司，并在同年荣获第十五届国际光伏科学与工程大会国际光伏科学与工程特别贡献奖。把握住太阳能产业的风口，无锡尚德的业务规模在那几年突飞猛进。2005 年，无锡尚德年营收突破 100 亿美元，位居全球光伏领域前三甲。公司业绩的暴涨，也给施正荣带来了巨额财富。就在 2005 年，施正荣也以 23.13 亿美元（186 亿元人民币）的身价力压群雄，成功登顶中国富豪榜榜首。五年实现首富身家，简直是传统产业中不敢想象的财富神话，可以说，施正荣是全球最早吃到"碳红利"的第一人。

可以说施正荣创造了一个神话：创业仅 5 年就登顶中国首富。不过在这之后，施正荣又创造了另一个神话：7 年输光百亿身家。

2008 年，全球金融危机爆发，整个光伏产业市场开始走下坡路，尚德的生意也变得越来越难做。如果只是金融风暴的冲击，无锡尚德还能坚持，结果在 2011 年，美国和欧洲又同时对中国光伏产业实行"双反调查"，无锡尚德的产品一下子丧失了销路，业绩大幅度缩水，负债率高达 80%。在多重压力之下，无锡尚德便支撑不下去了，商业帝国轰然倒塌。2013 年，无锡尚德宣布破产，一代光伏巨头正式退出历史的舞台。

就在无锡尚德起落之间，类似于东方日升、向日葵等一批太阳能企业都遭遇了欧美的"双反"打击，中国的太阳能产业也同步浮沉，一会儿高速发展，一会儿业绩崩塌。可以说美国和欧洲对中国光伏产业实行"双反调查"极大地打击了中国的光伏产业。而当时为什么各国都对中国的光伏组件和电池发起"双反调查"？主要原因在于这个行业中，关键技术已经很普及，而优势却在中国人手里。

太阳能"双反事件"是非常值得反思的一个案例。通过那几年太阳能产业的飞速发展，光伏产业的成熟度已经非常高，进入门槛也在逐渐变低。产业链中，技术含量高的环节是硅片和电池片，国内外企业在技术上基本没有差异。以晶硅技术为例，当前组件效率已经可以达到理论上的最高值20%左右，企业之间的差异也无非就是工艺不同，而中国企业却能将成本控制得更低，企业间竞争的关键是谁能将其量化生产，显然中国企业更深谙此道。

中国可再生能源学会理事长石定寰曾说："与其他制造业不同，光伏产业的发展在全球各国几乎是同步的，其他国家的光伏企业也在成长阶段，中国光伏企业的大规模崛起，对他们造成了威胁，就在那几年，美国市场一半的组件是中国产的。"为了让自己国家的太阳能产业发展起来，为了打压中国的太阳能产业，什么高碳、低碳的都顾不上了。

由此也可以看到，所谓环保理念，也许都是一些国家操纵的武器：利益在自己手中时，环保就是无比正确的；当利益到了他国，环保的遮羞布也都扯下来了。在未来的"碳红利"争霸赛中，相信类似的一幕还会出现，围绕"碳红利"布局的企业家们对此还是要心中有数，无锡尚德就是前车之鉴。

随着欧美"双反"的冲击日渐远去，以及"碳达峰""碳中和"时代的到来，无疑给中国太阳能产业以拨云见日之感。2021年6月，在第十五届国际太阳能光伏与智慧能源（上海）大会上，全球绿色能源理事会主席、亚洲光伏产业协会主席、协鑫集团董事长朱共山从装机量、技术水平、政策等角度分析后，直接提出了一个震动人心的预期：自"双碳"目标提出后，我国降碳减排工作稳步推进，作为推动"碳中和"的重要部分，光伏行业肩负重任，光伏产业的"黄金30年"已到来。

朱共山从中期视角分析指出，根据相关官方数据推算，2030年中国光伏累计装机将达到1000吉瓦左右。"十四五"期间，中国每年新增装机也将在80吉瓦左右，累计新增400吉瓦左右。全球每年新增光伏装机将在250吉瓦左右，累计新增1000吉瓦以上。根据全球"碳中和"步伐，同时结合能源变革趋势来看，未来30年间，电力将是最主要的终端能源消费形式，而九成以上的电力，将由以新能源为主体的新型电力系统来供应。其中，风电和光伏发电将占据"半壁江山"或者六到七成，甚至更多。

朱共山表示，"随着全球主要经济体逐步迈入负利率时代，相关政策利率和存准率下调，光伏发电的经济性越来越强，再加上零碳经济对光伏的呼唤，光伏全面告别补贴，需求全球共振，从平价走向低价，助推'碳中和'的'黄金三十年'已经到来"。

目前，太阳能行业内已经形成共识，随着"碳达峰""碳中和"的确立，光伏盛世已经到来。据中国光伏行业协会预测，2021年全球光伏新装机量将达到150~170吉瓦，2025年有望达到270~330吉瓦，未来5年，全球光伏市场将持续快速攀升。光伏作为可再生能源的主要电力方式，将在实现"碳中和"的各类领域和场景中扮演关键角色。随着光伏行业技术不断进步和度电成本的下降，过去十年全球范围内的光伏度电成本降幅超过90%，与风电、天然气、煤电及核电相比，其降幅最大，光伏发电全球最低中标电价已达到1.04美分/千瓦时（约合7分/度），装机规模达到吉瓦级的国家数量已由2010年的3个大幅增长至16个，预计未来还将进一步扩大。目前光伏发电已在全球很多国家和地区成为最具竞争力的电力能源，根据国际能源署预测，2021年光伏新增装机将达到可再生能源新增装机的一半以上。全球光伏发电将逐渐进入"一毛钱一度电"的时代。

更值得说明的是，对光伏产业的想象空间还非常巨大，还有太多应用场景等待开发。光伏作为零碳能源的代表，可通过技术驱动和行业融合，将实现多元化场景的应用。未来，适应于各种需求和应用场景的光伏产品将会出现，产品供给将呈现出多样性、便利性和创新性的特点，光伏与多样化场景的应用想象空间巨大，除大型并网光伏电站和分布式场景外，还将出现光伏制氢等二次能源应用于重型工业和航空远洋运输、光伏建筑一体化产生的绿色建筑、"光伏+电动汽车+储能"的产业融合等应用场景。可靠性和高效性是衡量光伏产品的基础标准，与各类场景结合的属性匹配将在基础标准之外产生新的评价标准，光伏应用场景多元化将助力"碳中和"目标实现。

4．多路资本重金杀入太阳能产业

已经明确跨入黄金时代的太阳能产业，得到了全球各路资本的高度追捧。行业龙头公司隆基股份、中环股份在2020年得到了国际、国内资本巨头的重金投入。

成立于2000年的隆基绿能科技股份有限公司，从2012年在上海证券交易所上市以来，涨幅已经在50倍以上，是沪深两市十年来少见的大牛股。目前是全球最具价值的太阳能科技公司，隆基股份正走在一条从产品创新改变行业到技术创新改变世界能源格局的创变之路上。从光伏材料、光伏发电设备到太阳能电站系统，为光伏发电事业提供全方位的服务。

隆基股份业务贯穿光伏产业链的单晶硅棒、硅片、电池、组件及电站等多个环节，是目前全球生产规模最大的单晶硅产品制造商，也是目前全球市值最高的光伏企业。

Global Data发布的光伏组件出货量数据显示，隆基股份在2018年、2019年两年连续位列全球组件出货量榜单的Top4。2019年，光伏行业协会统计，全球单晶硅片出货量为90吉瓦，隆基股份的市场份额为40%，市场占有率已跻身全球第一。

2020年12月20日晚间，隆基股份发布公告称，公司的第二大股东李春安与高瓴资本签署《股转协议》，李春安拟通过协议转让的方式，向高瓴资本转让其持有的公司股份约2.26亿股，占公司总股本的6.00%，交易对价158.4亿元。交易完成后，高瓴资本持有公司6.00%的股份，成为隆基股份的第二大单一股东。

据隆基股份发布的《2020年可持续发展报告》称，隆基股份在2020年首次倡议"零碳光伏"理念，公司承诺2028年实现在全球范围内的生产及运营所需电力100%使用可再生能源；承诺未来十年内，安装充足的电动车设施，引导员工将家庭用车转换为电动汽车；承诺在 2025 年完成能源管理系统的部署，并以 2015 年为基准年，提高 35% 能源使用效率。

面对太阳能产业的诱人红利，众多行业"大鳄"也纷纷下水。最近最典型的案例就是 TCL 科技集团股份有限公司（以下简称"TCL"）掌门人李东生发起的中环百亿并购案。

中环集团是天津市政府授权经营国有资产的大型电子信息企业集团，旗下核心子公司主要从事单晶硅的研发和生产，以及印制电路板的研发、生产和销售。在我国的光伏产业中，中环集团占据重要的市场地位。中环集团于 2020 年 5 月 20 日起在天津产权交易中心公开挂牌转让并依法定程序公开征集受让方，拟征集受让方一家，股权转让比例合计为 100%（天津津智国有资本投资运营有限公司持有中环集团 51% 股权，天津渤海国有资产经营管理有限公司持有中环集团 49% 股权）。根据此前披露，中环集团 100% 股权转让底价为 109.74 亿元。2020 年 7 月 15 日，TCL 科技（000100.SZ）发布公告称，该公司成功成为中环集团 100% 股权的受让方。

TCL 创始人、董事长李东生表示，双方的合作是契合互补的过程。中环是全球光伏硅片领军企业，拥有领先技术布局以及产业链联盟关系。同时，作为国内半导体硅片领先企业，在大尺寸硅片和先进制成均率先实现突破。

李东生称，光伏和半导体行业具有技术密集、资本密集、长周期的特点，和 TCL 半导体显示业务的管理逻辑高度相似。TCL 已将半导体显示材料作为重要发展方向，通过对中环半导体的投资，TCL 将形成三个核心产业：第一个是智能终端产业，第二个是半导体显示及材料产业，第三个是新能源及半导体产业。李东生透露，未来将加大资源投入，助力中环发展，总投资将超 60 亿元，并将于海河共同发起设立 100 亿元科技发展基金。

中环集团旗下的中环股份承担了光伏战略的主要任务，中环股份根据全球光伏新能源产业发展态势，预计未来 5 年装机规模有望在去年 130 吉瓦的基础上持续快速攀升；中国企业已在全球行业中占据主导地位，但全球经济格局重构，贸易规则改变，将对光伏产业链调整和全球产业布局产生深远影响；产业发展机会和挑战都很大。预计多晶硅料和单晶硅产业主要来自中国，在其他光伏能源用量大的国家和地区，将加快发展在地电池和组件产业；战略管理、资源配置、技术创新及全球化经营能力成为产业发展的关键驱动力。中环股份公司将密切跟踪全球产业、市场和技术的发展，及时调整经营策略，以不断强化自身竞争优势，应对外部经营环境的不确定性。

在全球领先目标的牵引下，中环股份根据光伏新能源市场及产业发展趋势，结合新产品技术和叠瓦产品技术优势及产业化进程，重新制定了光伏新能源业务板块五年战略规划，大幅上修主要经营目标，抢占技术红利和行业发展机遇，加快实现全球领先。

虽然我们还不能肯定谁会是太阳能行业的未来王者，或许是隆基，或许是中环，或许是其他公司，但可以确定的是，在这轮能源大变革中，太阳能产业毫无疑问将获得质变的机会，走上历史舞台，彻底取代化石能源的主角地位。

二、风电大扩容

1．三级风就有利用的价值

有人估计过，地球上可用来发电的风力资源约有100亿千瓦，几乎是全世界水力发电量的10倍。全世界每年燃烧煤所获得的能量，只有风力能在一年内提供1/3的能量。因此，国内外都很重视利用风力来发电，开发新能源。

我国风能资源丰富，可开发利用的风能储量约10亿千瓦，其中，陆地上风能储量约2.53亿千瓦（陆地上离地10 m高度资料计算），海上可开发和利用的风能储量约7.5亿千瓦，共计10亿千瓦。

利用风力发电的尝试，早在20世纪初就已经开始了。20世纪30年代，丹麦、瑞典、苏联和美国应用航空工业的旋翼技术，成功研制了一些小型风力发电装置。这种小型风力发电机在多风的海岛和偏僻的乡村广泛使用，其所获得的电力成本比小型内燃机的发电成本低得多。不过，当时的发电量较低，大都在5千瓦以下。

因为现在风电行业的产业规模也很大，很多上市公司都切入了这一行业之中,有的负责桨叶材料,有的负责铁塔。为了更好地了解、把握这一行业,我们先简单了解一下风电行业的一些入门信息。

风力发电所需要的装置,称作风力发电机组。这种风力发电机组,大体上可分风轮(包括尾舵,大型风力发电站基本上没有尾舵,一般只有小型包括家用型才会拥有尾舵)、发电机和塔筒三部分。风轮是把风的动能转变为机械能的重要部件,它由若干只叶片组成。当风吹向桨叶时,桨叶上产生气动力驱动风轮转动。桨叶的材料要求强度高、重量轻,多用玻璃钢或其他复合材料如碳纤维来制造,还有一些垂直风轮、s型旋转叶片等,其作用也与常规螺旋桨型叶片相同。

由于风轮的转速比较低,而且风力的大小和方向经常变化,这又使转速不稳定;所以,在带动发电机之前,还必须附加一个把转速提高到发电机额定转速的齿轮变速箱,再加一个调速机构使转速保持稳定,然后再连接到发电机上。为保持风轮始终对准风向以获得最大的功率,还需在风轮的后面装一个类似风向标的尾舵。铁塔是支撑风轮、尾舵和发电机的构架,它一般修建得比较高,为的是获得较大的和较均匀的风力,又要有足够的强度。铁塔高度视地面障碍物对风速影响的情况,以及风轮的直径大小而定,一般在6~20米范围内。

发电机的作用是把由风轮得到的恒定转速,通过升速传递给发电机构均匀运转,因而把机械能转变为电能。[18]一般说来,三级风就有利用的价值。但从经济合理的角度出发,风速大于每秒4米才适宜于发电。据测定,一台55千瓦的风力发电机组,当风速为每秒9.5米时,机组的输出功率为55千瓦;当风速每秒8米时,功率为38千瓦;风速每秒6米时,只有16千瓦;而风速每秒5米时,仅为9.5千瓦。可见风力愈大,经济效益也愈大。

使用风力发电机,可以源源不断地把风能变成我们家庭使用的标准市电,其节约的程度是明显的。目前风力发电机比几年前的性能有很大改进,以前只是在少数边远地区使用,风力发电机接一个15W的灯泡直接用电,一明一暗并经常会损坏灯泡,而由于技术进步,采用先进的充电器、逆变器之后,风力发电成为有一定科技含量的小系统，并能在一定条件下代替正常的市电。风电开发的场景，也可以进一步突破，比如一些城市小高层楼顶也可用风力电机，这不但节约而且是真正绿色电源。

尽管风电存在很多优势，但也存在一些先天的缺陷。比如风机远远地看过去一片壮观，这对用地要求比较高，且对土地资源、海洋资源的占用，是属于不可避免的刚性成本；另外，利用风电还是要"看天吃饭"，随着风的变化而电力输出不够稳定。但相比太阳能，从风电方面讲，用电负荷是24小时，但光伏只有太阳照射时的6~8小时的时间供给。

2. 风电将进入平价时代

作为实现"碳中和"的主力军，陆上和海上风电未来的年新增装机量都将保持高速增长：研究机构预计，2019—2029年间的新增装机年平均增长率为5.4%，而新兴市场和发展中国家的增速尤其明显。

2020年是中国风电行业走向市场化发展和平价时代的关键之年，国家发改委、财政部、能源局等多部委出台了多项法律法规以保证政策的稳定性与延续性，同时也明确和完善了行业规划、补贴确权、消纳保障等多方面机制，以保证行业实现向平价市场的顺利过渡和可持续高质量发展。在陆上及海上风电补贴退坡政策的作用下，国内2020年新增吊装容量达到历史最高水平，充分彰显出行业的韧性。彭博新能源财经数据显示，2020年中国风电新增吊装容量高达57.8吉瓦，在2019年基础上翻倍增长。其中，陆上风电新增53.8吉瓦，同比增长105%；海上风电新增4吉瓦，同比增长47%。

在"碳中和"的政策背景下，全球400余家风能企业的代表在2020年10月的国际风能大会上以《风能北京宣言》方式，提出"十四五"中国风电年均新增装机50吉瓦以上，2025年后年均新增装机容量应不低于60吉瓦。

随着风电进入规模化、快速发展的平价时代，风电度电成本竞争力的增加，其作为清洁燃料与清洁电力的重要来源，必将成为"十四五"期间和"碳中和"目标下中国能源发展的主力军，并步入新的大发展时期。风电又主要分为两个细分赛道：陆上风电、海上风电。其中海上风电的发电成本依然比较高，因此目前风电市场以陆上风电为主。

据国信证券经济研究所整理的资料显示，从2020年风电各开发商中标量占比来看，国内风电行业市场的集中度不是很高，不过出现了明显的第一梯队和第二梯队：第一梯队里的远景能源、金风科技、明阳智能三家企业尚未分出胜负，市场份额最高也就占16%左右，最低也有15%，暂时没有绝对优势的公司；但第二梯队里的上海电气、东方风电、三一重能等企业，占比均在10%以下。

3．行业龙头提出"源—网—荷—储"综合能源模式

金风科技在风电行业内已经沉浸多年，2020年内，金风科技公司国内外自营风电场新增权益并网装机容量1238兆瓦，转让权益并网容量437兆瓦，截至报告期末全球累计权益并网装机容量5487兆瓦；国内外权益在建风电场容量2818兆瓦；国内已核准未开工资源权益容量为2301兆瓦。

金风科技股份公司发布的2020年年报显示：2020年，金风科技公司风电项目实现发电收入超40亿元；报告期内风电场投资收益超10亿元。截至2020年底，该公司的国内合并报表范围内风电资产已覆盖全国16个省份，维持"三北"地区布局同时向华东、南方区域扩展。报告期内，国内机组平均发电利用小时数2223小时，高出全国平均水平126小时。公司国内合并报表范围发电量77.2亿千瓦时，上网电量为74.88亿千瓦时。

2021年1月8日，金风科技副总裁兼董事会秘书马金儒以《"碳中和"与金风科技的绿色发展》为主题，在"2021年《财经》可持续发展高峰论坛"上进行了分享。马金儒认为，由2025年非化石能源消费占比20%推算，风电与光伏的年新增装机量将达到1亿千瓦。在这个发展过程中，风电展现出以下三个特点：价格可负担、应用场景多元化、市场的全国统一和有序竞争。

第一，从度电成本角度看，风电已经成为全社会可负担的能源。政策通过优先保障平价送出及消纳的方式，引导行业的补贴逐渐退坡，同时通过电量

交易、绿证等政策，促进可再生能源具备电价市场持续竞争力。

第二，风电的应用场景更加多元化。平价之后，风电行业将更高程度地实现市场化发展，激发全链条服务市场的潜力。电力改革的深化也推动了园区、新城等能源服务模式创新。与此同时，高载能产业与清洁能源相结合的节能低碳、能源管理等新需求相继涌现，且新基建也为清洁能源发展提供了产业机遇与场景优势。

第三，随着国家电力改革的逐步推进，未来可再生能源将在全国统一、竞争有序的电力交易市场中获得更有效率的消纳；更长远看，将电能交易与碳排放权交易相结合，促进用能企业的传统能源清洁替代和电能替代，以源—网—荷—储的一体化融合为基础，加快风电的消纳。

在马金儒看来，企业实现"碳中和"有多种途径，包括通过绿色供应链和绿色制造，在全价值链中使用清洁能源、减少生产过程中碳排放，或者购买绿电凭证抵消掉企业的碳排放，以及购买国家核证自愿减排量，还包括植树造林吸收企业的碳排放。

金风科技还在积极尝试开发"负荷侧"资源和各种综合能源，初步实现向"源—网—荷—储"综合能源转型。金风科技也很受地方政府欢迎，目前正在实施落地内蒙古二连浩特地区首个微网示范项目、安徽宿州地区首个风储配套项目，核准内蒙古包头地区首个由地方政府主导的可再生能源综合应用示范项目。

三、氢能被视作最清洁的能源

1. 始终被研究，一直未突破

氢在地球上主要以化合态的形式出现，是宇宙中分布最广泛的物质，它构成了宇宙质量的75%，是二次能源。氢能一直以来都被视为21世纪最具发展潜力的清洁能源，氢的制取、储存、运输、应用技术也将成为21世纪备受关注的焦点。氢的燃烧热值高，是汽油的2.8倍、酒精的3.9倍、焦炭的4.5倍。氢燃烧的产物是水，可以说，氢能是世界上最干净的能源。氢资源丰富，可持续发展。

人类对氢能应用自200年前就产生了兴趣，一直到20世纪70年代，许多国家和地区广泛开展了氢能研究。1970年，美国通用汽车公司的技术研究中心提出了"氢经济"的概念；1976年，美国斯坦福研究院开展了氢经济的可行性研究。

中国对氢能的研究与发展可以追溯到20世纪60年代初，中国科学家为发展本国的航天事业，对作为火箭燃料的液氢的生产、H_2/O_2燃料电池的研制与开发进行了大量而有效的工作。氢燃料电池技术一直被认为是利用氢能解决未来人类能源危机的终极方案。上海一直是中国氢燃料电池研发和应用的重要基地，包括上汽、上海神力、同济大学等企业和高校，也一直在从事研发氢燃料电池和氢能车辆。

氢是一种高效燃料，每公斤氢燃烧所产生的能量为33.6千瓦时，几乎等于汽油燃烧的2.8倍。氢气燃烧不仅热值高，而且火焰传播速度快，点火能量低（容易被点着），所以氢能汽车比汽油汽车总的燃料利用效率可高20%。氢的燃烧主要生成物是水，只有极少的氮氢化物，绝对没有汽油燃烧时产生的一氧化碳、二氧化硫等污染环境的有害成分。所以说，氢能汽车是最清洁的理想交通工具。

以氢气代替汽油作汽车发动机的燃料，已经过日本、美国、德国等许多汽车公司的试验，说明这一技术是可行的。并且汽油和氢气的混合燃料可以在稀薄的贫油区工作，能改善整个发动机的燃烧状况。在当下城市交通拥挤、汽车发动机多处于部分负荷下，运行、采用掺氢汽车尤为有利。特别是有些工业余氢（如合成氨生产）未能回收利用，若作为掺氢燃料，其经济效益和环境效益都是可取的。[19]

有的朋友可能会问：既然氢能有清洁、环保、高效这么多优点，那为什么一直没有大规模普及呢？这是因为，到目前为止，氢能源产业发展还面临以下四大瓶颈：

（1）技术瓶颈

现在，氢气主要是从化石燃料中提取，从清洁能源中提取的氢气占比非常小，制氢的效率很低，氢气储存和整个供应链体系依然使用的是传统技术。氢能的应用范围也比较小，目前主要集中在交通领域。同时，氢燃料电池的主要原材料碳纸、催化剂等依靠进口。

从储能的角度出发，储氢的效率、成本等各方面均无法与其他常规储能方式相竞争。"可再生能源制氢—氢气储存—燃料电池发电"听起来是零碳利用的完美途径，但"电—氢—电"两次能源转化综合效率只有30%~40%。对比现在技术路线较为成熟的电化学储能效率80%~90%，抽水蓄能效率75%，即使储氢具有存储规模大、不受地理环境制约的优点，其成本、效率、响应速度和安全性都是制约自身发展的硬伤。

(2) 产业瓶颈

氢气的供应链体系还不健全，制氢、储氢、运氢没有形成完备高效的供应链体系。制氢还需要配套的氢气储运和下游产业需求，否则产生的氢气无法最终转化为经济效益。即使制氢成本能够大幅降低，在经过储存、运输等多个环节层层叠加后，终端氢气销售价格依然较高。只有当氢气大规模储存、运输等技术瓶颈得到解决，且下游需求如氢燃料电池得以激发的情况下，大规模制氢才可以实现商业模式上的闭环。

(3) 成本瓶颈

成本是氢燃料电池汽车的核心问题。氢燃料电池成本由燃料电池堆、空气供给系统、氢气供给系统、冷却排水系统及电能控制系统等部分组成，其中电堆的催化剂目前普遍采用贵金属铂，技术难度高，产业化程度不足，导致电池总体成本较高。

(4) 政策和标准瓶颈

系统性的氢能政策比较少，国家层面对氢能的产业地位和发展规划模糊不清，相关标准老化，测试标准缺失。

2．困难是存在的，前景也是可期的

根据国际氢能委员会的预测：到2050年，全球氢能源消费占总能源需求的18%，市场规模近3万亿元；到2030年，氢能将为1000万~1500万辆汽车和50万辆卡车提供动力。随着氢燃料电池汽车行业的蓬勃兴起，民用液氢工厂的建设投产和液氢容器的商业化应用指日可待。

国务院发展研究中心资源与环境政策研究所副所长李佐军在一篇专访中提到，目前，我国是第一产氢大国，拥有中国石化、中国石油、中国神华等一批副产氢和煤制氢企业，年氢产量约2200万吨，占全球年氢总产量的1/3。中国在氢气制取上有巨大优势，化工工业副产氢相关企业多达百家，仅煤化工板块年产氢就超过400万吨。特别是我国可再生能源制氢具有较大的潜力，可以用于以电解水方式制取绿氢（指使用可再生能源如风电、水电、太阳能等制氢）。同时，可发挥氢气的储能作用，以解决间歇式能源消纳问题。截至2019年11月，全国4个直辖市、10个省份、30个地级和县级市发布了氢能产业规划；国内氢能产业链上出现了49个投资或并购案例，涉及总金额超1000亿元。这些地方和企业在发展氢能产业上积累了一些经验。

2021年3月30日，平安证券的一篇研报显示：

从区域分布看，氢能生产主要集中在西北和华北地区，产量超过400万吨的省份有内蒙古和山东，产量超过300万吨的省份有新疆、陕西和山西。氢能源按生产来源划分，可以分为灰氢（指使用化石燃料如石油、天然气、煤炭等制氢）、蓝氢（指使用石化燃料制氢，同时使用碳捕集和碳封存）和绿氢三类。目前，我国氢气主要来自灰氢，未来大规模光伏发电或风力发电配套的电解水制绿氢将成为发展趋势。

副产气制氢在技术经济环境方面具有显著优势：氢气生产方式较多，有氯碱副产气、干气、焦炉煤气、乙烷裂解副产气、甲烷、煤炭、天然气、电解水等多种制氢方式。其中，副产气制氢在能源效率、污染排放、碳排放、成本方面占据优势。比如丙烷脱氢成本约13元/千克，水电解制氢成本约30元/千克。各地区发展氢能产业链时，应充分结合区域能源结构，优先使用副产氢气和富余能源进行利用。

氢能冶金领域处于研究示范阶段：我国钢铁行业碳排放量占全国碳排放总量的15%左右，面临较大的碳减排压力。从生产工艺来看，钢铁行业碳排放主要来自焦炭。国内外钢铁企业均有尝试使用氢气替代焦炭冶炼，按照2020年生产10.5亿吨粗钢，估算需要3.5万亿千瓦时电生产氢气，大约占2020年电力生产的47%。

氢能用于交通领域进入推广应用阶段：我国燃料电池汽车已进入商业化初期，截至2020年底，我国燃料电池汽车保有量为7352辆。

这样巨大的产业前景，已经吸引了巨量资本杀入氢能行业，我们且看哪路资本能够最早突破成本、储能、运输等瓶颈，占领高地。

3. 氢能龙头还在孕育之中

目前国内已经有多家公司重金"杀"入氢能产业。但从现阶段看，氢能产业还处于起步阶段，不像太阳能产业已经有龙头企业浮现，也不像风电产业中第一梯队已经成型。目前介入氢能的资本虽然非常踊跃，但所创造出的市场价值还不大，护城河并不深，极易为后来者所追赶，行业龙头地位还远未清晰。

比如美锦能源是一家以能源、城市基础设施、建材、冶金、电力综合利用为主的集团控股公司，不仅是中国最大的焦化企业之一，也是全国最大的商品焦炭生产销售企业。美锦能源始建于1982年，总部位于山西省太原市，业务涉及原煤开采、洗精煤、焦炭、煤气、煤化工、热电联产、集中供热、进出口业务、铁路和公路运输等九个领域，公司现有员工6200余名，其中具有中、高级专业技术职称的各类科技人才1260余人。

近几年，美锦能源重金"杀"入氢能行业，公司已经布局"氢气气源—加氢站—膜电极（鸿基创能）—电堆（国鸿氢能）—整车（飞驰汽车）"的燃料电池全产业链，并于2020年底发布了重卡车型，且公司氢能产业园已经覆盖了几个主要经济发展区域，并且获得当地政府的支撑，包括青岛（渤海湾区域)、嘉兴（长三角区域）、佛山、广州、云浮（粤港澳大湾区及周边区域）等城市以及内陆山西省晋中市。据山西资本圈报道，2021年1月28日，"青岛美锦氢能科技园"三大项目之一的青岛美锦新能源商用车整车制造中心项目在青岛西海岸新区投产，青岛首条氢能公交示范运行线正式开通。另外，由青岛美锦运营的青岛首座固定式加氢站已经配套投运，具备1000公斤/天的加氢能力。2021年3月31日，国家工信部发布《道路机动车辆生产企业及产品（第342批）公告》，青岛美锦新能源汽车制造有限公司成功通过核准。

据美锦能源的2020年年报，某子公司飞驰汽车是国内最大的氢燃料电池客车企业，年产能5000台，2019年销售376辆氢能汽车，广东地区市占率达96%，实现营业收入5.37亿元，同比增长24.91%；净利润3656万元，同比增长12.59%。2020年上半年实现营业收入2.88亿元，净利润1982万元。截至2020年11月，飞驰共交付氢能公交213辆，新中标订单103台，订单合计金额1.98亿元。

北京亿华通科技股份有限公司是一家专注于氢燃料电池发动机系统研发及产业化的高新技术企业，致力于成为国际领先的氢燃料电池发动机供应商。因氢能燃料电池市场的升温，被誉为"氢能源第一股"亿华通（688339.SH）登陆上交所科创板后，引起市场高度关注。该股在2020年8月上市以后，曾在10月底暂时回落至约145元/股，此后便一路上涨，于2021年2月，一度达到约348元/股。

氢能源对于改善能源结构、推动交通领域低碳转型以及提升重点产业国际竞争力具有特殊的战略意义，许多发达国家均非常重视燃料电池汽车产业的发展，尤其是我国也明确了氢能与燃料电池产业的战略地位。不仅如此，地方政府在氢能与燃料电池产业方面也纷纷发力，相继发布了产业相关政策及规划，鼓励区域氢能与燃料电池产业的发展，目前全国已初步形成京津冀、华东、华南、华中等氢能与燃料电池产业集群，产业链逐步完善、产业生态体系基本建立。

根据《节能与新能源汽车技术路线图2.0》规划，我国燃料电池汽车到

2025年将实现较大区域应用，规模超过5万辆，燃料电池系统产能超过1万套/企业；到2030年将实现大规模商业化，规模超过100万辆，燃料电池系统产能超过10万套/企业，整机性能达到与传统内燃机相当。现阶段氢能产业仍处在快速发展期之中。

亿华通公司对此认为："燃料电池汽车作为国家重点支持的产业之一，国家从产业环境、政策等各方面均给予了充分的支持，未来随着技术的进步、产业规模的扩大，即使放开国外市场，国内燃料电池企业也能在市场经济环境中持续发展。"

四、新能源车革命进行中

1．特斯拉凭什么相当于3个丰田、7个大众？

在新能源赛道中，最为灿烂、最为各路资本疯狂追捧的，莫过于新能源汽车领域了。

在全球资本市场上，近两年最为疯狂的现象就是，在全球所有汽车厂商中，新能源汽车龙头企业特斯拉的市值最高，远超第二名的丰田。

据相关媒体报道，在2020年前三季度，特斯拉汽车销量30余万辆，创造了179.22亿美元汽车业务收入，归属于普通股股东的净利润（GAAP）4.51亿美元。而丰田上半年（2020年4月1日至9月30日）在全球的销量400余万辆，同期产品销售收入103171.55亿日元（约合1000.35亿美元），净利润6311.89亿日元（约合61.20亿美元）。

从这些实际销售数据，我们可以看到特斯拉远远逊色于丰田，两者在营收规模上完全不在一个量级，在净利润上相差十几倍。但就在2020年6月10日，特斯拉股价首次突破千元大关，市值达到1859亿美元，超过丰田成为全球市值最高的汽车企业。

你以为超越丰田就算结束吗？并没有！

此后特斯拉股价继续疯涨，要知道在2019年6月，特斯拉股价不过是30~40美元，到了2021年1月，在这18个月的时间里，特斯拉股价上涨了近

30倍，特斯拉市值达到7041亿美元，而另外两个汽车巨头丰田和大众的市值分别是2143亿美元和982亿美元。如此换算一下，特斯拉的市值相当于3个丰田或7个大众，差距非常巨大。一家在最开始的利润连丰田的零头都达不到的汽车公司，在短短时间里，其市值竟然增长到足以换回3个丰田？

得益于特斯拉股价的疯涨，特斯拉当家人马斯克的身价也是一路暴涨。2020年，因特斯拉股价狂飙743%，马斯克的身家也因此飞涨逾1500亿美元，其财富增长速度已经创下了人类历史上的最快纪录。据报道，在2021年1月，马斯克成为新晋全球首富，净资产超过1850亿美元。

为什么会给出特斯拉这样高的估值？凭什么给马斯克如此富可敌国的身价？市场是不是疯了？

丰田从1930年开始造车，距今已经90多年；大众从1938年成立至今，也已经有80多年的历史。作为汽车行业的翘楚和常青树企业，为什么它们在一年之内会被特斯拉远远抛在身后？

就因为特斯拉是汽车产业的革命者，是"碳中和"旗帜的引领者！就因为特斯拉在"碳中和"的赛道上一路狂奔，其所缔造的汽车产品，和丰田、大众时代的汽车已经有了分水岭。

2．老牌汽车巨头的无力阻击

但是，像丰田这些汽车产业的巨头，看不到新能源汽车的未来前景吗？不是的。

这些巨头，其实在新能源赛道上早有布局，其动手时机并不晚于特斯拉。新能源汽车行业自2014年发展以来，丰田、本田和日产等车企相继向新能源汽车领域转型，无论是纯电动汽车，还是插电混动汽车，抑或是燃料电池汽车，都有布局。

仔细考究汽车发展史，其实早在1973年，日产就推出了首款自研纯电动车型EV4-P，并开展了一系列极为严苛的碰撞测试，开创了纯电动汽车碰撞测试的先河。而在十年后，日产再次推出新纯电动车型March EV。据了解，

March EV 是世界上第一辆使用异步电动机的纯电动汽车，相较于当时其他电动机，交流异步电动机具有体积小、重量轻、转动惯量小的特点，能够有效降低纯电动汽车的制造成本。而这款电动机已被特斯拉、蔚来等主流车企装配至产品中。

1992 年，丰田在公司内部成立了一个名为"电动汽车企划部"的部门，相比于日产直接选择纯电动路线作为主要发展方向，丰田却在刚开始就陷入纠结之中——到底是选择纯电动还是混合动力，或是走氢燃料电池之路？所谓"小孩子才做选择，成年人的选择是都要"，丰田决定三条路线全做。

这之后，丰田率先启动了氢燃料电池汽车的研发项目，并在 1996 年后推出了两款氢燃料电池汽车 FCEV-1 和 FCEV-2，续航里程分别达到了 250 千米和 500 千米。与燃料电池汽车同步进行研发的还有混合动力汽车。1993 年，丰田设立了 BEVF 部门，作为推动混合动力汽车的主要部门，并在两年后发布了代号为 NHW10 的第一代丰田油电混合动力汽车"Prius"。

就在丰田、本田和日产在各自选定的路线上发力之时，一个强大的对手来到它们面前。

2008 年，特斯拉推出了它的首款产品——Roadster，这款车的续航超过 320 千米，0 到 100 千米加速时间不到 4 秒。这样的性能，可谓是秒杀了当时市面上大部分的车型，这其中自然包括丰田和日产旗下纯电动车型。

为什么日本的汽车巨头在新能源领域动手这么早，却被反超？

真相其实只有一个：这些日系汽车巨头太成功了，以至于内心深处根本不想改变行业的现状，就因为有了稳定发展的思维框架，决定了这些老牌汽车巨头在面对新能源汽车革命时，看到的全是障碍。比如曾任本田公司社长的八乡隆弘对纯电动技术路线一直保持保守态度，他认为，如果像充电站这些基础设施没有齐备的话，新能源汽车很难发展。

丰田汽车的掌门人丰田章男在一次媒体见面会上曾表示："电动汽车现在是大家关注的焦点，但在市场最终确定哪种驱动形式会成功前，丰田仍然会以混动和燃料电池技术作为核心开发驱动系统。"

就在这些老牌汽车巨头犹犹豫豫，一会儿担心充电站配套，一会儿怀疑电动车前景之时，特斯拉在产品上狂飙突进。

3．软件！软件！

神奇的是，就因为特斯拉一门心思扎在电动车领域，它们反而练出了一门百年汽车巨头都没有的绝技——软件。

提到特斯拉的软件，就不得不从电池管理系统（Battery Management System，BMS）说起。对电动汽车来说，BMS是最为核心的部分，电池组里每一个电芯输入、输出的电流和电压，都由BMS控制。

特斯拉的电池走的是不同的技术路线，所用的电芯非常多，高达几千个，当时市场上没有这样的电池管理系统，这逼得特斯拉只能自己研发这个软件。数千个锂电池的充电、放电，以及动力适配过程，都是很复杂的。再加上对电池的热管理，延展到对汽车电动机的控制，特斯拉的软件越做越牛。

在软件改进的过程中，特斯拉还发现传统汽车企业的电动机设置思路有问题。很多汽车的电动机设计的额定功率都很高，但在实际使用中，绝大多数时间内用不到这么高的额定功率。道理很简单，对多数人来讲，在驾驶汽车的99%时间里，时速也就是几十千米的样子，但电动机需要为汽车每小时200千米的时速做好支持，这在日常驾驶中就产生了很高的电能消耗。

而特斯拉做的BMS，控制的就是电能。面对这个难点，它们给出了一个全新的思路，那就是不使用大电动机，而使用了两个小电动机，根据实际路况、速度来调用小电机。在中低速行驶时，只有汽车前轴的202千瓦电动机在工作；如果在高速路段上行驶，就安排汽车后轴的375千瓦电动机工作；假如需要激烈驾驶，那么两个电机就一起工作。也就是说，这个双电机的方案还解决了四轮驱动的动力分配问题。因此，当特斯拉推出双电机方案的时候，整个汽车界又经历了一场"地震"，相比燃油车昂贵的四驱系统，这种双电机的方案，既便宜又好用。

另外，在特斯拉新版本的软件中，首先是基于实时路况的导航服务（BETA

版本），导航将根据实时路况提供路线建议，并相应地估计行程所需时间。其次，特斯拉与绑定的手机内日历连接，用户可以在车内通过中控屏浏览自己的日常安排。如果你已为某些活动设置了地点，那么你将无须向车内的导航系统重新输入有关详情，直接点击日程表中的该事项，即可获得路线指引。加上语音交互功能，特斯拉已具备智能助手的雏形。车联网方面，特斯拉开始使用手机代替车钥匙，让车钥匙这样存在了几十年的实体产物的地位一下子变得岌岌可危。

之后，特斯拉的 V7 版本加入了收获无数好评的辅助驾驶系统 Autopilot，将特斯拉软件的竞争力提升了一个台阶，令其具备了自动车道保持、自动变道和自动泊车三大辅助驾驶功能。在版本迭代之中，特斯拉软件甚至加入了在线看 YouTube、Netflix 流媒体，以及在线卡拉 OK 等新功能。

随着特斯拉对电动车软件的不断拓展，市场已经坚信这种由智能软件加互联网模式的组合能激发出更多的颠覆性创新。也难怪令人称奇，如此发展了几年下来，特斯拉在电动车领域的深耕，让它成为电动车领域的软件霸主。市场已经不再把特斯拉看作电动车企业，而是赋予了其一个全新的商业模式——智能车联网。

而丰田、本田甚至包括德国的老牌车企震惊回首，简直不敢相信，在短短的几年时间里，特斯拉已经重新定义了未来的汽车产业。

4．特斯拉的利润之源——"碳中和"

更为让传统车企揪心的是，当"碳中和"还是自家需要不懈奋斗的目标时，而特斯拉已经乘着"碳中和"东风，获得大把利润了。

2021 年初，特斯拉公布 2020 年第四季度财报。财报显示，特斯拉连续六个季度实现盈利，2020 年成为其成立以来的首个"盈利年"。而特斯拉的"盈利"并不是因为销售汽车，而是向其他汽车厂商出售碳排放额度。如果去除这项收入（特斯拉 2020 年出售碳排放额度所得的收入是 16 亿美元），特斯拉在 2020 年可能还将出现亏损。

数据显示，2020年第四季度，特斯拉营收107.4亿美元，同比增长46%；净利润为2.7亿美元，同比增长157%。2020年全年，该公司净利润达到7.21亿美元，而2019年同期亏损为8.62亿美元，相比上年净利润大幅上涨。

值得注意的是，2020年特斯拉通过出售碳排放额度赚取了16亿美元，远远超过7.21亿美元的净利润。在过去5年里，特斯拉出售的碳排放额度为公司带来了33亿美元的收入，在2020年的收入占比接近一半。

据了解，目前很多国家和地区都要求车企达到相应的碳排放要求。比如，从2020年起，在欧洲生产和销售的汽车需要满足严格的碳排放规定，即新车每千米排放的二氧化碳不应超过95克。对于不能如期完成排放规定的车企，欧盟将对每辆车按照每克95欧元的标准进行罚款。

国内的乘用车企业每年也需要接受"双积分"考核，即"平均燃料消耗量积分+新能源汽车积分"考核。若企业平均燃料消耗量、新能源汽车产量未达到要求标准而被记为负分，将受到暂停高油耗产品申报或生产等处罚。因此，车企需保证"双积分"达标，或向其他乘用车企业购买积分以补偿负分。

这也意味着，很多传统车企，比如大众、福特、马自达、本田等，要么尽快推出并销售新能源车型，要么向其他车企购买碳积分。特斯拉旗下全系都是新能源车，在满足排放标准的同时，便可以向其他车企出售碳积分获利。

全球的传统车企不但在软件上已经远远落后于特斯拉的智能化车联网模式，还需要购买特斯拉的碳排放额度，等于传统车企要自己花钱去补贴这个未来最强大的对手。如果这种格局持续演化下去，特斯拉一旦在电动车智能软件领域实现垄断效应，那就完全是"苹果手机模式"的汽车版。但一辆车的价值远远高于一部苹果手机，特斯拉未来所蕴含的产业价值链将是天文数字级别的，在这种预期下，传统车企还有活路吗？

智能化、"碳中和"，两把利刃在手，特斯拉的估值能不高吗？

5．中国造车新势力

在汽车行业新能源变革的大潮中，中国车企的位置并不落后。在动力电池领域，中国已经在孕育全球化的领军企业，一众造车新势力也纷纷争抢先机，可以说新能源车在中国当下发展势头正盛，未来前景亦可期。

清华大学汽车发展研究中心主任李显君在一篇标题为《中国新能源汽车独领风骚》的报道中指出：在新能源汽车产销方面，中国自2015年以来连续4年位居全球新能源汽车产销第一大国，每年新能源汽车的产销量与保有量均占据全球市场的50%以上；技术方面，中国在新能源电动汽车的主要动力电池，即磷酸铁锂电池和三元锂电池的生产上，位居世界前列。

国务院发布的《新能源汽车产业发展规划（2021—2035年）》指出，到2025年，我国新能源汽车市场竞争力明显增强，新能源汽车新车销售量达到汽车新车销售总量的20%左右，高度自动驾驶汽车实现限定区域和特定场景商业化应用，充换电服务便利性显著提高。

《节能与新能源汽车技术路线图2.0》中也预计，2025年、2030年，新能源汽车占汽车总销量的比例则分别为20%、40%以上；至2035年，新能源汽车销量占比达到50%以上时，纯电动汽车销量将占新能源汽车的95%以上。

2021年6月，重庆长安新能源汽车科技有限公司副总经理周安健指出，电动化已是不可逆转的潮流，2020年全球销量已经突破300万辆，中国超过136万辆，成为全球最大的新能源汽车市场，这表明国内新能源汽车市场规模化阶段已经到来。

中国的一干造车新势力近几年堪称发展迅猛，比如2014年11月成立的智能电动汽车公司蔚来。当时蔚来由李斌、刘强东、李想、腾讯、高瓴资本、顺为资本等深刻理解用户的顶尖互联网企业与企业家联合发起创立，并获得淡马锡、百度资本、红杉、厚朴、联想集团、华平、TPG、GIC、IDG、愉悦资本等数十家知名机构投资。目前，蔚来已在圣何塞、慕尼黑、伦敦、上海等13地设立了研发、设计、生产和商务机构，在中国市场初步建立了覆盖全国的用户服务体系。

2018年9月12日，蔚来汽车在美国纽交所成功上市。2020年2月25日，蔚来中国总部项目落户合肥，合肥市政府对其进行100亿元战略性投资。

2021年4月15日，蔚来汽车与中国石化签署战略合作协议。

2020年，蔚来全年交付车辆已经达到43728辆，较2019年增长112.63%，全年营收162.579亿元（24.916亿美元），同比增长107.8%。就在2020年，蔚来股价也是一路暴涨，市值突破600亿美元，已经超越了同期老牌车企上海汽车。

仅仅五六年时间，以亏损业绩为起点，完成对年净利润200多亿元的上海企业的超越，这简直是一首难以想象的"资本+新能源+环保"的狂想曲。

创立于1995年的比亚迪股份有限公司（以下简称"比亚迪"），主要生产商务轿车和家用轿车和电池。由20多人的规模起步，到2003年成长为全球第二大充电电池生产商，在有了巴菲特的入股加持以后，更是闻名遐迩。从2003年至今历经7轮产品周期，已建成"王朝+E网"两大车系。2020年，公司营收1566亿元，同比增长23%；归母净利42.3亿元，同比增长162%，归母净利率2.7%，同比增长1.4%；扣非归母净利润29.5亿元，同比增长1182%。

在新能源汽车领域，比亚迪已经成为全球新能源汽车产业的领跑者之一，其拥有庞大的技术研发团队和强大的科技创新能力，已相继开发出一系列全球领先的前瞻性技术，建立起新能源汽车领域的全球领先优势。比亚迪作为一家横跨汽车、电池、IT、半导体等多个领域的企业集团，拥有全球领先的电池、电机、电控及整车核心技术。

在动力电池领域，比亚迪开发了高度安全的磷酸铁锂电池和高能量密度的三元电池，应用于电动商用车和电动乘用车领域，解决了电动汽车电池在安全性、循环寿命和续航里程等方面的全球性难题。目前，比亚迪已在动力电池领域建立起全球领先的技术优势和成本优势，并通过动力电池产能的快速扩张建立起领先的规模优势。此外，积极布局研发SiC MOSFET，未来，比亚迪旗下的新能源汽车将逐步搭载SiC电控。

据比亚迪的2017—2020年年报，下一步，比亚迪计划通过"7+4"战略推动新能源汽车的全方位拓展，将新能源汽车的应用范围从私家车、公交车、出租车延伸到环卫车、城市商品物流、道路客运和城市建筑物流等常规领域及仓储、矿山、港口和机场四大特殊领域，实现新能源汽车对道路交通运输的全覆盖。

从全球角度来看，中国在新能源汽车领域正在成为领导者。2020年，美国新能源汽车消费量远远落后于欧洲和中国，在2020年全球总共售出324万辆新能源汽车中，美国只售出32.8万辆，中国售出133万辆，欧盟售出139万辆。预计到2025年，中国将与其他国家拉开差距，新能源汽车销售量将至少达到全球市场销售量的一半。

尽管2020年全球新能源汽车销量同比增长43%，但美国市场同比仅增长了4%。这是由于美国国内油价较低，美国消费者对大排量汽车更为青睐，这使得美国新能源汽车市场增长较慢。

目前全球动力电池生产主要集中于东北亚地区，由日本、韩国、中国这三个国家出产的新能源车电池占比为全球总产量的95%，其中，中国占比超过60%。中国目前控制的电池化学原料、电池生产设备已经可以满足全球未来5~10年新能源汽车电池的需求。

如果中国在新能源汽车领域的优势得以保持，那将是这些造车新势力赢得全球市场的不二契机。能在这个影响力巨大、有着产值如天文数字一般的行业里占据一些领先的身位，这也是中国百年商业史上最为难得的跨越机会。

谁能就此成为全球新能源汽车巨头呢？能否颠覆丰田、宝马、奔驰的宝座？这种热血的商业未来前景，真是让人期待。

五、电网迎来新变革时代

国家电网是新能源变革的关键节点，能源供给侧和需求侧都需要通过电网来完成高效、准确、及时、安全的交互。对照着"2025年、2030年，我国非化石能源占一次能源消费比重将达到20%、25%左右，电能占终端能源消费比重将达到30%、35%以上"的目标预测，在2021年3月1日国家电网公布的"碳达峰、碳中和"行动方案中，已经分解了量化的路径：

到 2025 年，国网经营区分布式光伏容量达到 1.8 亿千瓦，抽水蓄能电站装机超过 5000 万千瓦，已建跨省跨区输电通道逐步实现满送，提升输电能力 3527 万千瓦，跨省跨区输电能力达到 3.0 亿千瓦，输送清洁能源占比达到 50%，规划新建成 7 回特高压直流，新增输电能力 5600 万千瓦，替代电量达到 6000 亿千瓦时，初步建成国际领先的能源互联网。

到 2030 年，国网经营区风电、太阳能发电总装机容量将达到 10 亿千瓦以上，水电装机达到 2.8 亿千瓦，核电装机达到 8000 万千瓦。

"行动方案"一经落地，国家电网不少基层单位早已开始了在地化的实践，并将开展更深入的探索。在浙江湖州，全国首创的能源碳效码生成推出；在江苏苏州，助力"双碳"目标长三角区域能源站投运；国网英大集团上线碳资产管理平台。此前，国家电网发布了"区块链＋碳交易"生态网络场景，多省电力公司也开展了基于电力大数据的电碳指数探索。

截至目前，国网已建成"十纵十横两环"高速公路快充网络，覆盖 171 个城市；建成全球规模最大的智慧车联网平台，为 480 万辆电动汽车提供出行服务。同时，该公司还加强 V2G 等新技术研发应用，形成中国充换电标准体系，与美、欧、日充换电标准并列成为世界四大标准体系。为推动电网向更加智慧、更加泛在、更加友好、更加安全的能源互联网升级，国网不久前启动实施了"新跨越行动计划"，将变革科研管理机制，组建创新联合体，大力开展基础研究和核心技术攻关。

在"行动方案"明确的 6 大方面中，能源互联网的建设及推动网源协调发展和调度交易机制优化尤为关键。据此，国家电网将加快构建坚强智能电网，加大跨区输送清洁能源力度，保障清洁能源及时同步并网，支持分布式电源和微电网发展，加快电网向能源互联网升级。在这些举措的加持下，新增跨区输电通道以输送清洁能源为主，"十四五"规划建成 7 回特高压直流，新增输电能力 5600 万千瓦。到 2025 年，公司经营区跨省跨区输电能力达到 3.0 亿千瓦，输送清洁能源占比达到 50%。到 2030 年，公司经营区风电、太阳能发电总装机容量将达到10亿千瓦以上，水电装机达到2.8亿千瓦，核电装机达到8000万千瓦；经营区分布式光伏达到1.8亿千瓦。

同时，加强"大云物移智链"等技术在能源电力领域的融合创新和应用，促进各类能源互通互济，源—网—荷—储协调互动，支撑新能源发电、多元化储能、新型负荷大规模友好接入。加快信息采集、感知、处理、应用等环节建设，推进各能源品种的数据共享和价值挖掘。到2025年，初步建成国际领先的能源互联网。而在电网协调调度方面，将持续提升系统调节能力，优化电网调度运行，并发挥市场作用扩展消纳空间。

"行动方案"表示，"十四五"期间，加大抽水蓄能电站规划选点和前期工作，再安排开工建设一批项目，到2025年，公司经营区抽水蓄能装机超过5000万千瓦。积极支持煤电灵活性改造，尽可能减少煤电发电量，推动电煤消费尽快达峰。支持调峰气电建设和储能规模化应用。积极推动发展"光伏＋储能"，提高分布式电源利用效率。

在"行动方案"规划的宏伟前景下，连接千家万户、千企万村的全国电网将彻底智能化，且彻底实现新能源就地消纳、储能便利、快速感知用户需求，这将是人类能源史上划时代的进步。这里面涉及的商机级别更是不言而喻。

六、传统能源企业大举布局新能源赛道

面对"碳中和"新时代，传统高碳企业也在奋起转型。毕竟这些传统能源巨头家底殷实，手握巨量财富和资源，怎么可能坐视自己的市场地位就此黯淡下去？所以几乎所有的能源巨头都在奋力进入新能源领域。

1. 火电巨头正转型为风电开发商

非常值得关注的是，中国的火电巨头们正在集体转型为风电开发商。伍德麦肯兹（Wood Mackenzie）发布的《全球风电资产所有权报告（2020年）》显示，根据截至2019年底风电资产容量数据统计，在全球前25家业主排名中，中国企业包揽前五名。排名全球前五的风电开发商依次是：国能投、华能集团、

国电投、大唐集团、中广核。加上位列第八的华电集团，全球前十大风电开发商中国企业独占六席。

尽管"碳中和"目标是在2020年提出的，但中国的火电巨头其实在2010年就开始感受到转型的压力。火电那种碳排放模式注定是不可持续的，只是几大电力巨头转型速度有快有慢，到2016年，当时的五大发电集团中，华能集团以28.98%的清洁能源占比垫底。

华能集团公司现在拥有51家二级单位、460余家三级企业，5家上市公司分别为华能国际、内蒙华电、新能泰山、华能水电、长城证券，员工13万人。从2018年后，华能集团在新能源领域开始发力。到2019年，华能集团新能源发展创历史最高水平，全年新增装机502万千瓦，是2018年的4倍；项目核准（备案）、开工、投产均创历史新高；低碳清洁能源装机超过6100万千瓦。

在风电领域，2019年5月19日，华能与江苏省政府签署战略合作协议。根据该战略合作协议，双方将深化能源领域战略合作，投入1600亿元打造华能江苏千万千瓦级海上风电基地，建设研发、制造、施工、运维一体化的海上风电产业基地。华能集团的主要上市公司华能国际公告显示，公司2020年资本性支出预计将比2019年提升40%至471亿元，其中最主要的增长为风电投资，将从176亿元上升至316亿元，大型基地项目和海上风电是开发的主要方向。

在光伏领域，华能集团同样发展迅猛。2019年，华能实现光伏项目核准350万千瓦，新增装机105.9万千瓦，开工建设155万千瓦；并且，华能集团与协鑫新能源达成了大手笔资产收购协议。如果进展顺利，华能将成为全球第二大光伏电站投资企业。到2020年，华能集团继续加大光伏投资。截至8月末，其持有的光伏竞价项目和平价项目综合超过了2吉瓦，跻身行业第一梯队。预计在平价时代，华能集团在光伏业务上仍将继续加码。

另外，经过十余年的努力，华能集团从核电合作者开始向主导者转变。海南昌江核电二期工程项目的投资主体——华能海南昌江核电有限公司就是由华能集团全资子公司华能核电开发有限公司持股51%、中核集团所属上市公司中国核能电力股份有限公司持股49%。

根据官方信息，昌江核电二期项目位于海南省昌江黎族自治县，规划建设2台120万千瓦压水堆机组，技术路线采用具有我国自主知识产权的"华龙一号"技术方案，两台机组预计总投资368.5亿元，建设周期为60个月，计划3号机组于2025年建成，4号机组于2026年建成。

除了传统电力巨头发力新能源外，核电巨头也是动作频频。中国广核集团（以下简称"中广核"），原中国广东核电集团，是伴随我国改革开放和核电事业发展逐步成长壮大起来的中央企业，由核心企业中国广核集团有限公司及40多家主要成员公司组成的国家特大型企业集团。1994年9月，中国广东核电集团有限公司正式注册成立。2013年4月，中国广东核电集团更名为中国广核集团，中国广东核电集团有限公司同步更名为中国广核集团有限公司。

截至2020年6月底，中广核拥有在运核电机组24台，装机容量2714万千瓦；在建核电机组5台，装机580万千瓦；拥有国内风电在运控股装机1433万千瓦，太阳能光伏发电项目在运控股装机容量524万千瓦，海外新能源在运控股装机1078万千瓦。此外，在分布式能源、核技术应用、节能技术服务等领域也取得了良好发展。

广东是能源消费大省，但以高比例化石能源为主的能源结构面临越来越严苛的外部约束，广东省实现能源转型的选择余地并不多，而海上风电则是最为关键的突破口。中广核风力发电有限公司是中广核为实现风电产业快速发展的战略目标而设立的，按照广东省规模化和集约化发展海上风电的思路，广东省丰富的海上风电资源将交于综合实力强的企业集中连片开发，中广核是承担广东海上风电开发的主要企业之一。截至2018年，中广核就已经取得280万千瓦近海浅水区资源的开发权，同时也拥有500万千瓦近海深水区的资源。中广核阳江南鹏岛项目总装机容量40万千瓦，是当时国内单体容量最大的海上风电项目。

传统电力巨头们为了绿色能源的目标，为了公司自身的转型与发展，未来在风电等新能源领域的投入将会越来越惊人。

可以畅想，等到"碳中和"目标完成之时，华能、华电、大唐这些传统的火电巨头依然存续，只是所发的电力，都已经不再是火电了。

2．投资新能源龙头，赚取暴利

面对能源转型浪潮，传统能源巨头中除了像几大火电集团那样直接自己下场去做风电等新能源，也不乏一些早早布局新能源企业，靠投资实现暴利的集团。

陕西煤业成立于2008年12月23日，由陕煤化集团以煤炭主业资产出资，联合三峡集团、华能公司、陕西有色、陕鼓集团发起，控股股东为陕西煤业化工集团，直接持有公司63.14%股权，实际控制人为陕西省国资委。公司主营煤炭生产、销售和运输等业务，拥有完整的煤炭生产、销售和运输体系。

虽然陕西煤业身在传统能源领域，但对能源大变局堪称未雨绸缪，在新能源领域早有布局，投资方面也做到了业绩斐然。

2017年，陕西煤业耗资26亿元，通过"西部信托·陕煤-朱雀产业投资单一资金信托"获得隆基股份4.99%股权。截至2020年6月30日，该信托项目持股隆基股份的市值为73.82亿元。前面已经涉及太阳能龙头企业隆基股份的内容，进入2020年后，证券市场上的隆基股份持续得到投资人的认同，股价不断上涨。二季度末，隆基股份收盘价为40.73元/股，到三季度股价已经达60多元/股。以此推算，上述信托项目减持退出，收回的资金超过75亿元。那么，通过信托项目投资隆基股份，陕西煤业赚了约50亿元。

除了通过信托项目持股外，陕西煤业还直接持股。根据陕西煤业披露的财务数据，2018年一季度，其耗资约11亿元增持隆基股份，获得3050.05万股份，持股比为1.53%；2018年二、三季度，陕西煤业均进行了增持，三季度末，持股比增至2.99%；2019年二、三、四季度，陕西煤业再度接连增持，直至2020年10月，持股比上升至3.88%。粗略估算，陕西煤业直接持股隆基股份的成本大约为30亿元，截至2020年二季度末，这些股份对应的市值为59.62亿元。有券商研报称，截至2020年二季度末，上述两条路径投资隆基股份，陕西煤业浮盈超百亿元。

据披露，陕西煤业的投资，首先确定了投资合作伙伴，即朱雀投资及和君投资，建立了投资顾问模式。朱雀投资在二级市场侧重投资新能源、新材料产业，和君投资在一级市场侧重投资能源互联网，实现轻重结合。近期，公司还选定了新的合作伙伴天风证券，在一级市场侧重投资科创类企业。

根据已经披露的信息，除了重仓隆基股份外，陕西煤业还重仓了赣锋锂业。同时，公司向隆基股份、赣锋锂业等公司派驻了董事，持续跟踪产业变动情况。

三峡集团是全球最大的水电开发运营企业和中国最大的清洁能源集团，经营水电本已经是优质的清洁能源，但三峡集团没有止步在水电这一个赛道上，而是继续大力开发陆上风电、光伏发电，有序推进海上风电，探索推进储能、潮汐能等新业务。在这块业务上，也已经迎来了丰硕的成果。

就在2021年6月，中国资本市场迎来了新能源巨头——中国三峡能源（集团）股份有限公司（以下简称"三峡能源"）。三峡能源前身是1980年成立的水利部水利工程综合经营公司，1985年9月改组为中国水利实业开发总公司，原隶属于水利部，后纳入国资统一管理，2008年年底整体并入中国长江三峡集团有限公司（以下简称"三峡集团"）。2011年，三峡集团将旗下海上风电开发平台——长江新能源开发有限公司并入三峡能源，自此正式进军风、光新能源发电领域。

据三峡能源地招股说明书介绍，如今三峡能源的发电业务已经覆盖了全国30个省、自治区和直辖市，资产总额超过1500亿元；三峡能源发电项目装机规模更是由2008年底的14.3万千瓦迅速增长至2020年底的超1500万千瓦，12年间增长近104倍。短短十几年间，三峡能源一跃成为新能源发电投资领域的顶级玩家。上市后，三峡能源将以227亿元的募资规模成为我国电力行业有史以来最大的IPO；上市后，三峡能源还成为A股新能源发电投资领域总资产第一、营收第一、净利润第一的超级新能源投资巨头。

通过新能源业务的快速成长，三峡集团缔造出了一个遍布全国的新能源版图。

通过这章我们可以看到，就在"碳中和"的旗帜下，太阳能、风电、氢能、新能源汽车等一批产业巨头正在崛起，新时代的财富机会正摆在眼前。

隆基股份、比亚迪、蔚来、金风科技等一批龙头公司已经出现，很多投资人在这些年已经获得了丰厚收益。而产业变革的大幕其实才刚刚拉开，连中局还似乎遥远。

在未来三四十年的新能源变局中，财富方向已经清晰，希望本书能够让有心人获得自己的利润源泉。

·第八章·
金融市场：高碳企业的压力锤，清洁能源的助推器

"碳达峰""碳中和"目标对金融业影响也非常巨大。金融业本身具备三大特点：

第一，高风险性，金融业是巨额资金的集散中心，涉及国民经济各部门。单位和个人，其任何经营决策的失误都可能导致"多米诺骨牌效应"。

第二，效益依赖性，金融效益取决于国民经济总体效益，受政策影响很大。

第三，高负债经营性，金融业相对于一般工商企业而言，其自有资金比率较低。在国民经济中处于牵一发而动全身的地位，关系经济发展和社会稳定，具有优化资金配置和调节、反映、监督经济的作用。

金融业的独特地位和固有特点，使得各国政府都非常重视本国金融业的发展。中国已宣布2030年前"碳达峰"、2060年前"碳中和"的战略目标，也被称作"30/60"目标。这要求经济全面、系统性转型，在此过程中，绿色金融可发挥"加速器"的作用。

海量资本沉淀在传统能源体系之中，这部分资本能否伴随企业平稳转型？

新兴能源形态还处在发展期，这就更需要资金支持，信贷、投资、基金能否顺利进出？

资本市场对"碳中和"的态度该如何？太热易成泡沫，太冷影响实体发展，如何达到冷热适度？这实际上也关系亿万投资者的财富迁移。

这都是金融业已经面临的课题。

一、"永煤债"事件敲响警钟

2020年11月10日,相对平稳的债券市场上爆出巨雷——永煤集团发布公告称,因流动资金紧张,公司未能按期筹措足额兑付资金,"20永煤SCP003"已构成实质性违约。

违约发生后,永煤集团旗下债券由此连续两日大跌:11日,"18永煤MTN001"最新净价跌94.61%报5元,"20永煤CP001"最新净价跌93.15%报6.79元。与此同时,永煤集团评级出现"断崖式"下跌:11日,中诚信国际决定将永煤集团的主体信用等级由AAA调降至BB,并列入可能降级的观察名单;相关债券评级也一并下调。

中诚信国际表示,此次违约会加剧永煤集团外部融资环境恶化,进一步削弱其流动性,后续债券兑付存在很大不确定性。此外,该公司存续公开债务融资工具中均设置了交叉保护条款,根据募集说明书中相关约定,本期债券违约已触发交叉保护条款。

公开资料显示,永煤集团是河南能源化工集团有限公司(以下简称"河南能源")的核心子公司。违约之前,永煤集团还于10月发行了10亿元的中期票据。另外,永煤集团近期公告了资产无偿划转事项,无偿划出中原银行股份以及多家亏损较大的煤化工子公司。市场将上述行动解读为有助于永煤集团聚焦煤炭主业,提升资产质量和盈利能力,构成利好。

永煤集团公司2020年三季报显示,永煤集团总资产为1726.5亿元,货币资产469.68亿元,净资产382.55亿元,负债合计1343.95亿元,资产负债率为77.84%,净利润为4.76亿元。截至11月10日,永煤集团存续债规模234.10亿元。

国资出身,又资金实力雄厚,近期还频频有资本动作,这样一家有实力、正常经营的大型国企,拥有1726亿元总资产,突然宣布10个亿的"20永煤SCP003"还不了,确实是让各家金融机构大跌眼镜。

"永煤债"违约之后,很多金融机构都对此次违约进行了复盘。很多机构就此判断,在"碳中和"目标下,各个层面对于煤炭和石油的未来普遍都是偏悲观的。无论是煤炭企业,还是金融机构,抑或是政府相关部门,都会对新增的煤矿进行限制，毕竟不管通过清洁还是什么节能手段，煤炭仍旧是一种有着较高碳排放的能源，因此煤炭供给很难增加。这就会推导出两种结果：一是在煤炭行业存量市场之中，拥有更多优质资源的企业更将扩大优势；二是资源匮乏的煤炭企业，此时又找不到更多、更新的煤炭资源来进行发展，在存量博弈中，必然更加处于下风处。所以，煤炭企业必然要经历一种贫富差距逐渐拉大的过程，因此有一些"贫"的企业就可能发生违约。这跟以往煤炭行业的格局不一样，在此之前，一些有着历史积累、在行业内拥有优势地位的老牌煤炭企业，就算旧有的煤炭挖掘枯竭了，也可以通过寻找新的优质煤炭资源来继续维持业务，但按照"碳中和"的大局，已经资源贫乏的煤炭企业很难获得机会了。

永煤集团核心业务为煤炭，业务收入占比约50%，贡献90%以上利润，近年来毛利率保持在约40%，处于行业中上水平。但非煤业务盈利能力较差，且一直未能剥离、出清，其中化工业务近年毛利率快速下降，从18.1%降至2.1%，拖累集团经营，受化工业务影响，永煤集团2018年归母净利润亏损11亿元，2019年亏损扩大至13亿元，2020年前三季度亏损3.2亿元。

《2020银行业气候变化化石燃料融资报告》调查显示，被调查的银行中有超过70%的银行有限制煤炭融资的政策，越来越多的银行也开始限制对部分石油和天然气行业的融资。总体来看，2016—2019年，前30名煤矿企业的融资额下降了6%，前30名煤电公司的融资额缩水了13%。

中国社科院数据表明，截至2020年，金融市场上已有30多家全球性银行和保险机构宣布将停止为煤电项目提供融资和保险服务，近1000家资产超过6万亿美元的机构投资者也承诺将从化石燃料领域撤资。要知道在十年前，这些煤炭巨头可都是金融业的心头好和业务最爱啊。

十年浮沉，金融业要"收伞"了。

二、高碳资产风险值得警惕

2021年4月15—16日，中国人民银行与国际货币基金组织联合召开"绿色金融和气候政策"高级别研讨会，研讨会围绕"绿色金融以及中央银行和金融监管机构的作用""金融机构和投资者的作用""缓解气候变化的政策组合"三个主题进行了交流讨论。来自国际金融组织、主要国家中央银行、全球知名商业性金融机构，以及国内相关单位约150名代表参会。在交流讨论中，中国人民银行行长易纲致辞，他认为，国际社会在应对气候变化上正在形成广泛共识。中国已宣布2030年前"碳达峰"、2060年前"碳中和"的战略目标，也被称作"30/60"目标，这要求经济全面、系统转型。在此过程中，绿色金融可发挥"加速器"的作用。他说：

人民银行高度重视发展绿色金融。2016年，人民银行牵头制定了构建绿色金融体系的《指导意见》，并制定了时间表和路线图，推动具体政策逐步落地，绿色金融政策体系初步建立。在此基础上，中国绿色金融市场快速发展。2020年末，中国绿色贷款余额约1.8万亿美元，绿色债券存量约1250亿美元，规模分别居世界第一和世界第二。近期，市场主体已发行40多只"碳中和"债，规模超过100亿美元。

这是金融行业掌门人针对"碳中和"问题的系统表述，释放了大量信息，可以看作金融行业顶层设计中对未来绿色金融走势的基本判断，值得重点分析。易纲的发言实际上说明了"碳中和"目标属于国际正确，作为负责任的大国，中国责无旁贷。经济必须做出全面、系统的转型，而金融行业只能在其中承担加速器的作用。这也是金融行业的基本定位。从2016年起，实际上央行就已经制定指导意见，推动中国绿色金融市场发展了。只不过是在"碳中和"的旗帜下，央行之前的一系列动作才更加为各方面所关注。

针对各家金融机构的实际操作问题，易纲指出："碳达峰、碳中和"目标对金融部门提出了新的更高要求，我们需要应对好一系列挑战。第一，在社会层面，绿色减排意识亟待提升。第二，在市场层面，要充分发挥碳市场的定价作用。只有对碳排放合理定价，才能引导资源合理配置。目前，我国全国性碳排放交易市场刚刚起步,需要进一步发挥碳市场的金融属性。第三,在机构层面,气候信息披露需要进一步完善。披露主体的范围要扩大,覆盖上市公司、金融机构等各类主体,披露方式要逐步从自愿披露向强制披露转变。第四,在风险管理层面,需要密切关注化石燃料相关的转型风险。中国能源消费结构中,八成是化石燃料,主要是煤炭。据估测,到2060年,化石燃料占比将不足20%。中国金融机构持有一些高碳资产,绿色转型带来的资产价值变化风险等问题值得我们关注。

易行长其实释放了一些非常重磅的信息。目前中国能源消费中80%是煤炭,而到2060年,距今不到40年的时间内,煤炭的占比要调整到不到20%⋯⋯可以想象一下这是一场多么巨大的变革,在这场百万亿资产的大变革中,有多少增量资金要杀入新能源赛道,又有多少化石能源将渐渐丧失用户。着眼未来,易纲认为有几方面的重点工作需要推进:

第一,要进一步以市场化方式动员公共和私人部门资金,支持绿色经济活动。预计2030年前,中国碳减排需每年投入2.2万亿元;2030—2060年,需每年投入3.9万亿元,要实现这些投入,单靠政府资金是远远不够的,需引导和激励更多社会资本参与。为此,需要做好两项基础性工作。

一方面是加强信息披露。人民银行计划分步推动建立强制披露制度,统一披露标准,推动金融机构和企业实现信息共享;同时将在G20框架下,推动加强信息披露方面的国际协调。另一方面是完善并统筹绿色金融分类标准。人民银行即将完成对绿色债券标准的修订,删除化石能源相关内容。我们正在与其他国家共同推动绿色分类标准的国际趋同。

在提供政策激励方面,央行可以发挥作用。人民银行计划推出碳减排支持工具,为碳减排提供一部分低成本资金。人民银行还将通过商业信用评级、存款保险费率、公开市场操作抵押品框架等渠道加大对绿色金融的支持力度。

第二,要研究应对气候变化对金融稳定的影响。从"碳达峰"到"碳中和",欧盟将用时70年,美国45年,中国只有30年左右,时间短,曲线陡,金融机构面临的风险突出,所以要积极督促金融机构尽早开始转型。

人民银行正在探索在对金融机构的压力测试中，系统性地考虑气候变化因素，并逐步将气候变化相关风险纳入宏观审慎政策框架。人民银行已按季评估金融机构的绿色信贷、绿色债券的情况，同时鼓励金融机构评估和管理其环境和气候风险。

第三，要发挥好碳市场的价格发现作用。预计2021年6月底，中国全国性碳排放权交易市场将启动运营。相关部门正在就管理条例征求意见，提出要逐步扩大碳排放配额的有偿分配比例，金融管理部门将配合相关部门参与碳市场的管理。构建碳市场应更多体现金融属性，引入碳金融衍生品交易机制，推动碳价格充分反映风险，最大化发挥碳价格的激励约束作用。

在致辞中，易纲其实也提示了"碳中和"推进过程中的三大风险点：

一是碳排放的合理定价问题。我们在2021年6月底启动全国性碳排放交易市场，这是碳排放交易的巨大进步，但搭建好市场，是否意味着就把碳排放的交易价格梳理好了，这还有待市场检验。碳排放价格如果过高，会对转型高碳企业造成沉重压力；如果价格过低，会导致企业缺乏转型动力。如何把"碳排放"的价格长期确定在合理区间是有待检验的。如果一些企业缺乏交易经验，过高的买入碳排放额度，可能会导致企业不但面临转型压力，还得承受碳排放价格大跌的冲击。

二是上市公司、金融机构等各类主体，将要被强制披露气候信息。在化工、煤炭、火电等产业中，如果要满足强制性披露的目标，首先就需要对自身的碳排放情况、环保情况、下一步的减排过程都有清晰的梳理。而信息披露是需要承担明确责任的。让信息披露合规、让自身行为合规，这对上市公司、金融机构都将形成直接压力。

还有最后一点，易纲专门提示了，需要密切关注化石燃料相关的转型风险。金融系统毕竟已经按照传统能源模式运行几十年了，这里面沉淀、积累了大量的信贷资产，未来这些高碳资产已经很明确地要面临成本增加、市场压力增加的风险，这跟之前的经营环境差异巨大，而且会越来越大。金融机构如何对高碳资产定价？以前对煤炭企业、火电企业算优质资产，6%的年利率可能就放款了，现在呢？8%的贷款利率敢不敢放款都成了问题。以前按照市场发展态势，很多火电厂、煤炭企业都有资金投入，按"碳中和"的方向，那还投不投？如果都没有资金愿意去投，信贷资金会不会成了最后的接盘侠？

"从'碳达峰'到'碳中和'，欧盟将用时70年，美国45年，中国只有30年左右，时间短，曲线陡，金融机构面临的风险突出，所以要积极督促金融机构尽早开始转型。"易纲这句话，含意深刻，压力巨大。

三、"碳中和债"已经上市

有金融专家预测，围绕"碳中和"问题，金融行业未来有五个趋势值得注意：

一是化石能源、水泥、钢铁、垃圾处理、交通运输等传统高碳排放行业面临严峻的转型风险；二是高碳行业的生产成本将受到负面影响；三是政策层面将逐步加强对高碳行业的融资限制，这些行业信贷规模存量较大，转型需要的过渡期较长，将给银行信贷质量带来较大压力；四是可再生能源、新能源汽车、碳捕获与封存等绿色产业发展潜力巨大，银行信贷的投放结构将面临重要调整；五是绿色低碳技术的效率和收益仍存在较多不确定性，要求银行加强低碳行业的跟踪研究和风险评估。

目前金融市场上，这些趋势已经开始发挥威力。2021年2月，中国工商银行作为牵头主承销商和簿记管理人，成功帮助四川机场完成2021年度第一期绿色中期票据的发行，该笔债券即银行间市场发行的首批"碳中和债"。

据了解，作为绿色债务融资工具的子品种，"碳中和债"主要指募集资金专项用于具有碳减排效益的绿色项目的债务融资工具。本期债券发行金额5亿元，期限3年，票面利率3.60%，募集资金用于成都天府国际机场建设。该机场项目是以绿色建筑为主的综合性绿色交通项目，在航站楼建筑工程、给排水系统、新能源、污染防治、节能灯具、道路绿化工程等多个方面体现了绿色属性。据专业机构评估，该项目每年可减排二氧化碳1.97万吨、二氧化硫5.32吨、氮氧化物5.55吨、烟尘1.08吨，具有良好的碳减排环境效益和社会效益。

工商银行介绍，其充分运用在承销业务领域的领先优势，积极通过绿色债券承销支持绿色经济发展，有效发挥了金融服务绿色经济的"头雁效应"。目前，工商银行承销与投资业务涉及的绿色债券已涵盖绿色金融债券、超短期融资券、中期票据、资产支持票据、企业债等多个品种，累计承销绿色债券43只，近700亿元。

非常值得关注的是此次"碳中和债"的利率水平——"本期债券发行金额5亿元，期限3年，票面利率3.60%"，要知道2021年市场上3年期存款利率都在3.5%左右，而且这等于在工商银行的承销下，四川机场获得了几乎是3年零成本的资金。这与其他重资产、高碳资产的信贷情况一比，完全是天差地别。很多重资产的矿产企业、房地产企业拿到3年期的贷款，利率起步就是8%或9%。与3.6%相比，这每一个点的差距都是真金白银。以四川机场的这笔"碳中和债"为例，如果按8%的利率，贷款5亿元一年的利息就是4000万元，3年下来利息合计为1.2亿元；而按照3.6%的利率，3年下来利息合计为5400万元；于是，6600万元的净利润差距就这样出来了。

由此可见，银行等机构是花了真金白银去推动"碳中和债"的发行的。预计未来几年，很多银行的首要工作就是完善碳减排压力测试。如何化解高碳资产的调整压力，并预防低碳资产的技术不确定性，将是未来银行业面临的两个棘手难题。

在凤凰网财经的一篇专访中，中国金融学会绿色金融专业委员会主任、北京绿色金融与可持续发展研究院院长马骏呼吁："在经济向'碳中和'转型的过程中，高碳产业将面临转型风险。具体表现为，高碳产业需求下降，成本上升，盈利下降，甚至会全面亏损，乃至出现相应的金融风险，比如坏账和估值跳水。"

由于政策调整将影响银行信贷和经营，针对银行如何调整和平稳过渡，马骏建议：

第一应分析风险。银行应该建立专门团队，通过建立环境风险分析模型，分析所持资产和标的资产所面临的气候转型风险。

第二应强化披露。银行应计算并披露高碳高风险资产占全部资产的比重，让监管部门、资本市场知道，提高透明度。

第三应采取管控措施防范和化解风险。要逐步减少无法降低碳强度的资产风险敞口；对可以转型、减碳的资产，要利用转型工具去对企业和业务进行重组改造，使高碳企业变成低碳、绿色的企业。

四、赤道原则得到更多认可

国际金融业针对环境风险会遵循一个赤道原则。这个原则出现于2003年6月，由一群私人银行制定，参与制定的银行有花旗集团、荷兰银行、巴克莱银行与西德意志银行等。它们采用世界银行的环境保护标准与国际金融公司的社会责任方针，形成了这套原则。截至2017年底，来自37个国家的92家金融机构采纳了赤道原则，因此它形成了一个实务上的准则，协助银行及投资者了解应该如何加入世界上主要的发展计划，并进行融资。

在实践中，赤道原则虽不具备法律条文的效力，但却成为金融机构不得不遵守的行业准则，谁忽视它，谁就会在国际项目融资市场中步履艰难。

这套准则主要是基于国际金融公司的环境和社会筛选准则，根据项目潜在影响和风险程度将项目分为A类、B类或C类（即分别具有高、中、低级别的环境或社会风险）；在赤道原则的运用过程中，赤道银行实际上成了环境和社会保护的民间代理人。一般来说，全球环境治理是国家通过签署、批准多边环境条约和协定并适用于一国境内的自然人、法人和其他组织来进行，而赤道原则中，环境和社会保护的义务主体是银行而不是国家，其依据是一个特殊的金融文件，而不是国际条约和协定。

长期以来，中国银行界对环境和社会问题重视不够，有些银行和银行高层甚至根本就不知道环境和社会问题与银行业务相关，认为那是环保部门及劳动和社会保障等部门的事情。曾经有记者描述了2001年国际金融公司（IFC）

参股南京市商业银行前双方谈判的情形：

最让人感到意外的是，IFC项目组前来谈判时，第一项议程居然是"环保"问题，要求南京市商业银行按照国际惯例出具《环保承诺函》，建立环境管理系统。这对于国内银行来讲无疑是一个新概念。IFC不仅要求提供两名负责"环保"的官员，而且对其进行了专门培训。第一项谈判，IFC就为南京市商业银行上了生动的一课。其实，国际金融公司不仅为南京市商业银行上了生动的一课，同时也为中国的银行界上了生动的一课。中国的银行界应该认识到，关注环境与社会问题既是银行的社会责任，也是与银行业务密切相关的活动。中国银行业应该尽早接受赤道原则，尤其是国家开发银行等为国际金融组织贷款转贷的开发性金融机构和中国银行等海外业务较多的国际性银行更应率先垂范，因为接受赤道原则可以促进金融的和谐发展。[20]

随着"碳中和"理念不断深入人心，目前我国众多中小银行对采纳赤道原则的态度非常积极，希望通过采纳赤道原则，对大中型项目融资按照赤道原则提供的方法和工具进行环境和社会风险管理，并运用赤道原则对环境和社会风险进行管理。

五、游资疯炒"碳中和"概念

资本市场一向对各种"新概念"最为钟情，借助2021年两会"碳中和"成为委员、代表热议的契机，沪深股市也发起了一波猛烈的"碳中和"概念炒作。

2021年春节后，华银电力股价突然大涨，当日涨幅超过5%。之后陆续小碎步上行后，于3月8日开始加速，截至3月16日连收7个涨停板。而从2月18日行情刚启动算起，截至3月中旬公司股价已经上涨1.5倍。在华银电力的7个涨停板中，其中第二个板为地天板，这也彻底激活了其股性。

在7连板期间，炒作迹象明显，公司改价累计涨幅达94.35%，总市值飙升约50.55亿元。

其间主要是游资在兴风作浪。3月9日，华银电力龙虎榜中除东莞北京分公司一家机构外，其余全为游资：其中游资华泰无锡梁清路买入3643万元，位居买一；游资华泰总部买入1863万元，同时卖出2143万元；游资财通杭州上塘路买入3097万元，同时卖出3263万元。华银电力3月12日的盘后龙虎榜数据则显示，买卖前五的席位中也有多家游资，包括知名游资海通证券南京广州路、华泰无锡梁清路等。买卖前五全天合计净卖出近2000万元，其中，东方上海浦东新区源深路买入3855万元，位居买一席位；华泰无锡梁清路卖出4000万元，位居卖二席位。

在股价连续涨停期间，华银电力分别于3月9日、3月10日和3月12日接连发布了股票交易异常波动公告和风险提示公告，但仍然阻挡不了公司股价涨停。而华银电力之所以股价暴涨，9年前以增资扩股方式参股深圳排放权交易所的消息成为直接催化因素。深圳排放权交易所成立于2010年，是以市场机制促进节能减排的综合性环境权益交易机构和低碳金融服务平台，为国内绿色低碳环保领域最具影响力的交易所品牌。目前，排交所拥有7家股东，其中央企3家，华银电力股份有限公司为其中之一。

华银电力的暴涨，同时带动了长源电力、闽东电力、深能源等一批电力股集体上攻，在股市上甚是热闹，炒得"碳中和"概念股民皆知。实际上华银电力经营状况不佳，负债很高，2020年三季报显示，华银电力资产负债率为83.73%，在电力行业中排在第五位。因此，过去三年华银电力的股价绵绵阴跌。

在"碳达峰"和"碳中和"的目标下，华银电力这种中型火电企业其实压力巨大。但市场短线游资不会从基本面角度去思考，只是热炒一把，留下一地鸡毛。

六、优质赛道龙头得到持续追捧

除了像"华银电力"这种短炒之外，资本市场实际上对优质的太阳能龙头企业、优质的新能源汽车企业也给予了极大的追捧，但这种追捧依托于业绩和公司预期，在火爆背后有对市场前景的把握。

2021年5月17日晚间,太阳能龙头公司隆基股份连发13份公告,拟公开发行不超过70亿元可转债进行融资,为布局下一代光伏电池技术做准备。就在2017年、2020年,隆基也发过28亿元、50亿元的可转债,均受到机构投资者追捧,但这次规模是有史以来最大的。此次融资,除发行费用后的募资净额将全部用于西咸乐叶年产15吉瓦单晶高效电池项目、宁夏乐叶年产5吉瓦单晶高效电池项目(一期3吉瓦)以及补充流动资金。根据资金使用规划,70亿元募资中,58.5亿元将投向前述两个项目。如若本次可转债发行成功,自2012年上市以来隆基股份融资金额累计将超200亿元。这海量资金都是二级市场上投资人真金白银的投入,而这些巨额资金的投入,极大地推进了太阳能行业在我国的应用提升。

2021年1月21日,比亚迪在港交所发布公告,配售1.33亿股H股股份,每股225港元,配股融资299亿港元,为汽车电动化、智能化和动力电池等领域的研发提供资金支持。

这次配股融资被业界称为"闪电配售"——短期内,300亿配股被全球200家机构抢完!

此次配售也为公司优化资本结构和财务结构提供良机。据悉,此次交易吸引了全球众多顶级长线、主权基金等超过200家机构投资者参与。例如,红杉中国有意大金额参与此次认购。其他参与认购机构还包括社保、CIC等在内的中国主权基金,部分欧洲和中东主权基金以及电池及汽车产业链上下游公司等。

伴随着新能源汽车行业的爆发,电动化及智能化正成为汽车行业未来发展的方向。比亚迪董秘李黔表示,比亚迪完成约300亿港元H股闪电配售,成为过去十年亚洲汽车行业最大的股票融资项目,也是香港历史上最大的非金融企业新股配售。此次融资将显著增强公司资本实力,为公司加码汽车电动化、智能化和动力电池等领域的投入提供强大的资金支持,助力公司业务实现快速成长,进一步巩固其行业领导地位。

2020年7月17日晚间,动力电池龙头宁德时代披露了非公开发行股票发行情况报告书,此次定增发行价161元/股,发行股份数量1.22亿股,募集资金总额197亿元。高瓴资本拿下一半份额,认购金额100亿元,本田技研工业(中国)投资有限公司也认购了37亿元。募集资金中的125亿元将用于总计52吉瓦时的产能投资,包括投建湖西锂电池扩建16吉瓦时、江苏时代动力三期24吉瓦时和四川时代动力一期12吉瓦时。

仅仅在2020年下半年到2021年上半年的短短时间内,强大的资本市场就已经"输血"上千亿资金砸入到新能源企业之中,坚决以资金见证"碳中和"未来的巨大产业前景。

可以预计,随着"碳中和"战略的不断推进,资本市场还将围绕着"碳中和"的一系列变化不断给予资金的投入,还将玩出短炒泡沫的陷阱,这也许就是资本的先天属性吧。

七、6000亿元"碳排放交易市场"规模横空出世

金融行业对"碳中和"最大的支持还不是信贷和股票,而是为了"碳中和"目标,干脆建设一个全新的、全国性的市场,"全国性碳交易市场、交易中心"已经登场。

参考国际上的做法,目前各国控制温室气体排放的政策一般分为三类:命令控制、经济刺激、劝说鼓励。其中,经济刺激型手段由于灵活性好、持续改进性好而受到各国青睐。

在经济刺激手段中,最重要的就是碳定价机制。到底怎么刺激,怎么用经济手段来鼓励或制约,都需要先给碳资产定个价格,没有价格就无从谈起经济手段了。但这个价格也不是随便拍脑袋想出来的,污染治理成本太高,很多高碳资产行业直接就躺平了,没有这个支付能力会直接引发行业巨变;如果价格定得太低,对这些高污染的公司又形成不了制约。让价格能为市场所接受,并且随着市场的变化,这个价格也能灵敏地给予企业以指导,所以碳定价机制是一个核心问题。

本着"谁污染谁付费"的原则,想要排放二氧化碳等温室气体,就应该首

先获得碳排放的权利，然后再为这个权利支付费用，这个过程被称为碳定价。碳定价机制一般分为两种：一种是政府强制型手段，就是开征碳税；另一种是通过市场手段，也就是建立碳排放权交易体系。我国选择采取碳定价机制来实现碳排放、"碳中和"承诺。截至2020年4月，全球实行碳排放权交易政策的国际气候协议缔约国有31个，其中包括欧盟、韩国等。实行碳税政策的缔约国有30个，主要位于北欧、日本、加拿大。

而碳排放交易市场，是指将碳排放的权利作为一种资产标的来进行公开交易的市场。也就是说，碳交易的核心是将环境"成本化"，借助市场力量将环境转化为一种有偿使用的生产要素，将碳排放权这种有价值的资产作为商品在市场上交易。

至于碳市场的运行机制：首先，政府确定整体减排目标，采取配额制度，先在一级市场将初始碳排放权分配给纳入交易体系的企业，企业可以在二级市场自由交易这些碳排放权。其次，受到经济激励、减排成本相对较低的企业会率先进行减排，并将多余的碳排放权卖给减排成本相对较高的企业并获取额外收益。减排成本较高的企业则通过购买碳排放权来降低碳排放达标成本。

按照华宝证券的分析，有效碳市场的碳排放权的价格就是企业的边际减排成本。在企业微观决策上，主要是将碳减排成本、超额碳排放成本、购买碳配额的成本与超额排放生产带来的收益进行比较，并作出相应决策。

从全球范围看，目前尚未形成全球统一的碳交易市场。欧盟碳市场是碳交易体系的领跑者，拥有全球最大的碳交易市场。根据路孚特对全球碳交易量和碳价格的评估，欧盟碳交易体系的碳交易额已达1690亿欧元左右，占全球碳市场份额的87%。在北美洲，多个区域性质的碳交易体系并存。在亚洲，韩国是首个启动全国统一碳交易市场的国家，已成为世界第二大国家级碳市场。在大洋洲，作为较早尝试碳交易市场的澳大利亚目前已基本退出碳交易舞台，仅剩新西兰，该国碳排放权交易体系目前稳步发展。

东方证券新能源分析师卢日鑫认为，在碳排放交易量上，我国目前碳排放总量超过100亿吨/年，以2025年纳入碳交易市场比重30%~40%测算，未来中国碳排放配额交易市场规模将在30亿吨以上，与欧盟总排放量水平相当。

在碳排放交易额上，基于中国碳论坛及ICF国际咨询公司共同发布的《2020中国碳价调查》的研究结果，2025年全国碳排放交易体系内碳价预计将稳定上升至71元/吨，全国碳排放权配额交易市场市值总规模将达到2840亿元。按照目前设计规模预测，国融证券认为，全国碳市场市值可能达到1500亿元左右，如若考虑到碳期货等衍生品交易额，规模可达6000亿元左右。

6000亿元左右规模的市场，就这样在"碳中和"的目标下问世了。

八、"全国性碳交易市场"已经登场

2011年，按照"十二五"规划纲要关于"逐步建立碳排放交易市场"的要求，我国在北京、天津、上海、重庆、湖北、广东及深圳7个省市启动了碳排放权交易试点工作。

截至2019年6月底，7个试点碳市场覆盖了电力、钢铁、水泥等多个行业近3000家重点排放单位，累计成交量突破3.3亿吨，累计成交金额约71亿元。企业履约率保持较高水平，形成了要素完善、特点突出、初具规模的地方碳市场。截至2020年11月，试点碳市场共覆盖电力、钢铁、水泥等20多个行业近3000家重点排放单位，累计配额成交量约为4.3亿吨二氧化碳当量，累计成交额近100亿元。

全国碳排放权交易市场筹谋已久。

2017年12月19日，国家发展改革委组织召开全国碳排放交易体系启动工作电视电话会议，宣布正式启动全国碳排放权交易市场建设。会议确定湖北省和上海市分别作为全国碳排放权注册登记系统和交易系统建设的牵头省市，北京市、天津市、江苏省、福建省、广东省、重庆市、深圳市共同参与系统建设和运维。

2020年底，生态环境部以部门规章形式出台《碳排放权交易管理办法（试行）》，规定了各级生态环境主管部门和市场参与主体的责任、权利和义务，以及全国碳市场运行的关键环节和工作要求；印发了《2019—2020年全国碳排放权交易配额总量设定与分配实施方案（发电行业）》，公布包括发电企业和自备电厂在内的重点排放单位名单，正式启动全国碳市场第一个履约周期。全国碳市场覆盖排放量超过40亿吨，将成为全球覆盖温室气体排放量规模最大的碳市场。

2021年以来，生态环境部又陆续发布了《企业温室气体排放报告核查指南（试行）》《企业温室气体排放核算方法与报告指南发电设施》等技术规范，印发了《碳排放权登记管理规则（试行）》《碳排放权交易管理规则（试行）》和《碳排放权结算管理规则（试行）》等市场管理规则，并组织开展温室气体排放报告、核查、配额核定等工作。

目前，全国碳排放权交易市场的交易产品为碳排放配额，生态环境部可以根据国家有关规定适时增加其他交易产品。而交易主体包括重点排放单位以及符合国家有关交易规则的机构和个人。交易方式上，碳排放权交易通过全国碳排放权交易系统进行，可以采取协议转让、单向竞价或者其他符合规定的方式。

全国碳排放权交易市场的上线意义重大，中国人民大学重阳金融研究院助理研究员赵越在接受《国际金融报》记者采访时表示：首先进入碳排放交易市场的是电力行业企业，电力的碳排放在我国碳排放结构中占比最大，降碳压力也最大；当全国碳交易市场开启后，电力行业的碳排放核查体系与并网体系有望进一步完善，对于实现"双碳目标"与行业内机制完善有着较大的作用；电力企业在碳市场中表现出色后，钢铁、水泥等其余七大行业也有望被纳入全国碳交易市场。在全国碳排放交易所运行初期，其余的七大行业仍会在地方试点与全国碳交易市场进行平行交易，但被纳入全国碳交易市场后，无论是成交量还是交易成本都有望得到进一步改善。

全国性碳交易市场、交易中心落户上海，这也与上海国际金融中心建设形成良性互动，按照各方的发展思路，随着碳金融创新步伐的加快，将进一步增强市场价格发现能力，发挥上海国际金融中心的资源和能力优势发展碳金融，把上海尽快建成国际碳金融中心。

2021年7月16日，全国碳排放权交易市场在北京、武汉、上海三地连线启动。

上海市天潼路229号的中美信托金融大厦正中央，"上海环境能源交易所"的牌子异常醒目。就在这天，全国碳市场上线启动仪式暨中国碳交易市场论坛在这里召开。

当天早晨7点30分左右，来自全国各地电力公司的领导和工作人员陆续到场，纷纷在背景墙面前合影留念。7月16日，9时30分，全国碳排放权交易市场在上海环境能源交易所正式鸣锣开市。第一笔成交发生在开盘后的第二分钟，碳配额开盘价为每吨48元。截至午间收盘，碳配额最新价为每吨51元，涨幅为6.25%，均价为每吨51.24元。交易总量278万吨，交易总额1.43亿元。数据显示，全国碳市场首日成交量410.40万吨，成交额21023.01万元，成交均价51.23元/吨。开盘价48.00元/吨，最高价52.80元/吨，最低价48.00元/吨。

全国碳市场上线交易启动仪式分为北京、湖北和上海三个会场，7月16日上午9时，三地连线共同启动。其中，上海会场活动在上海环交所新址交易大厅举办，共分为三个部分：第一部分是视频参加全国碳市场上线交易启动仪式北京主会场活动，第二部分是上海会场活动仪式，第三部分是中国碳交易市场论坛活动。

上海会场活动仪式上播放了来自桑德尔博士（芝加哥气候交易所创始人、碳交易之父）、伦敦证券交易所（LSE）、中欧国际交易所（CEINEX）、香港交易所（HKEX）等国际交易所代表的祝贺视频。国家电网党组成员、副总经理陈国平作为碳市场建设代表发言之后，相关金融机构发布《金融机构支持上海国际碳金融中心建设共同倡议》。

交通银行党委副书记、副董事长、行长刘珺宣读倡议：扎实推进绿色发展，致力于成为有担当、负责任的绿色金融机构；积极推广绿色金融标准，加快建立绿色低碳投融资体系；积极开发碳金融业务，提供多层次碳金融产品，有力推动碳金融业务发展,支持上海加快建设国际碳金融中心。

国家开发银行、工商银行、农业银行、中国银行、建设银行、交通银行、邮政储蓄银行、兴业银行、上海清算所、国家绿色发展基金等金融机构代表共同倡议。

之后,上海市属企业发布《企业低碳减排倡议》。华建集团党委书记、董事长顾伟华宣读倡议:积极响应国家双碳战略,确保如期实现目标;主动制定碳达峰实施方案,确保工作落地见效;立足科技进步,带头推广低碳、零碳、负碳技术,尽快实现低碳转型。上汽集团、光明食品集团、华建集团、东浩兰生集团、上海机场集团、上海城投集团、上海浦东发展银行等企业代表共同倡议。

中国碳交易市场论坛活动上,"碳中和"行动联盟成立。

上海环交所董事长赖晓明宣读《"碳中和"行动联盟纲领》:主动开展碳核算及碳披露;设立企业"碳中和"目标及实施路线图;积极参与自愿碳市场建设;推动产业上下游联动,促进低碳技术的应用,构建"碳中和"生态圈;通过自身行动和影响力倡导公众低碳生活方式。农业银行、中国银行、交通银行、邮储银行、三峡集团、中国宝武、国泰君安、中国平安、腾讯公司、中金公司、远景智能、上海环交所共同启动联盟。除了参与本次联盟启动仪式的企业,联盟首批成员还包括中国林业集团、中国城市规划研究院、普华永道中国、东方航空、微软中国、申能集团、恒丰银行、吉利控股集团、江苏银行、吉电股份、上海电气风电、上海环境、凯赛生物、普利特、联合石化、粤电环保、远景能源、极星汽车、商道纵横等。目前还有众多企业和机构正在积极申请加入,以期与更多"碳中和"伙伴共同探索符合行业特征的"碳中和"实现路径。

据介绍,未来,联盟将在所有成员的共同参与下,以倡导自主行动、促进共同参与、早日实现"双碳"目标为宗旨,积极推进"碳中和"标准的规范化,促进成员间互联合作,全力打造服务"碳中和"需求的综合性平台,为早日实现企业、行业、地方乃至全社会的"碳中和"目标而努力。

看看这个参加联盟行动的企业名单，它们基本上是星光熠熠、重量级的企业，这也表明了未来"碳中和"的发展方向。首批参与全国碳排放权交易的发电行业重点排放单位超过了 2162 家，这些企业碳排放量超过 40 亿吨二氧化碳，意味着中国的碳排放权交易市场将成为全球覆盖温室气体排放量规模最大的碳市场。其中，申能集团、华润电力、中国华电集团、中国石油化工集团、国家能源集团、国家电力投资集团、中国华能集团、中国石油天然气集团、中国大唐集团、浙江能源集团 10 家企业成为全国碳交易市场首批成交企业。

九、控制高碳资产风险，需通盘考虑

随着证券市场追捧低碳资产、新能源公司，以及全国碳排放交易市场的启动，金融业已经形成共识，对高碳资产的风险性已经认识得更加清晰。

2021 年 7 月 24 日，招商银行原行长、国家科技成果转化引导基金理事长马蔚华在"2021 青岛—中国财富论坛"上的演讲中，更是明确提示银行业，高碳资产存在很高风险。

马蔚华在演讲中表示：

大家看到由于疫情，特别是极端天气、海平面上升、生物多样性破坏，都和气候有关，而且最近德国的洪水、郑州的洪水，让我想起英国《新科学家》杂志 4 月份的一份封面文章，是这样写的：如果人类不能尽快把碳排放的问题搞得快、搞得好，现在出生的婴儿在他们有生之年，可能会体会到温度上升 5 度的感觉，到那时候，什么人类的文明都无从说起，可见气候变化已经到了影响人类生存的阶段。金融机构这时候一定要关注碳排放过程中，高碳企业转型给金融机构、给我们带来的风险。

什么叫转型风险？第一，为了应对气候变化和推动低碳转型，这样可能有政策的出台和技术的变革，这个会引发高碳资产的重新定价，从而导致金融资产损失的风险。第二，可以从三个方面看，由于我们碳排放政策的

强度和科技革命的力度，一个是高碳企业的成本加大，钢铁企业要把高炉变成电炉成本很大，光伏企业通过技术变革，成本大幅度下降，10美元一桶油。第三由于煤炭发电法的需求减少。这种情况下，我们的金融机构在高碳企业、煤发电、钢铁、建筑，还有一些资产敞口就会面临风险。这个清华绿色金融中心做过一次国内的压力测试，如果你继续给这些高碳企业贷款，比如说煤电行业，现在的不良率3%，10年后就会上升到22%以上。像比较好的欧洲，像荷兰央行对全国资产四分之三的15家主要金融机构进行风险测试，还认为11%的资产面临转型风险。法国认为有12%的银行资产处于转型风险中，它的金融、保险转型风险的资产差不多一万亿欧元。有一个研究所认为在2℃温升的情况下，煤电或减值80%，引发银行违约可达4倍。所以我们作为银行行业，不能等闲看待转型风险。因为中国是以间接融资为主，而且传统的银行基本上瞄准成熟的企业，而成熟的企业基本都是高碳企业，我们现在有300万亿的信贷总量，但是我们绿色信贷余额只有12万亿，只有不到4%。所以我们双碳来临的时候，我们银行的信贷资产确实处于一个高风险的状态。

怎么做？我觉得第一是要对我们的这些高碳企业转型密切关注，要建立绿色转型基金，特别是政府要明确这些达峰与综合的时间表、路线图，要促使这些高碳企业制定转型方案，我们要陆续退出。

第二，要优化激励机制，解决外部化的问题，让做贡献的受到好处，排污多的受到损失，这种激励机制非常重要。所以从长远观点看，一个是银行的公司治理层面，包括我们的战略，包括我们的审贷，要把ESG、SDG纳入我们的战略组，纳入全面风险管理体系中，从现在开始，无论存量和余额，我们都要进行绿色碳排放方面的监测。另一个是我觉得，面对气候风险的高度复杂性和难预测性，我们不借助科技的手段是难以完成的。所以数字技术可以帮助我们提高对风险的识别能力，量化评估环境风险和进行智能定价，建立绿色评估的数据和模型。我觉得这是我们在防范气候变化，转型风险全过程都要密切使用数字经济的。

第三，培养绿色金融和可持续发展的生态环境。这个生态环境是需要政府、企业、第三方机构共同打造的，我觉得特别是第三方评估认证机构应该发挥很重要的作用。这些机构可以通过ESG，可以通过SDG，应该给市场提供新的价值评估数据，可以促进消除政府、监管部门与金融机构之间的信息不对称，可以把绿色金融的门槛降低，所以在中国，绿色金融生态建设是非常重要的。当然还有很多，我觉得我们在应对气候变化的大好形势下，作为金融业，特别关注转型风险。

另外，面对金融业"谈高碳而色变"的情况，监管层也开始通盘指导。2021年7月24日，中国银保监会副主席梁涛在全球财富管理论坛2021北京峰会上表示：

绿色金融是推动实现"碳达峰""碳中和"、促进绿色低碳发展的重要力量。实现"碳达峰""碳中和"目标将对产业结构、能源结构、投资机构和生活方式等产生深远影响，直接影响我国绿色低碳发展的质量和可持续性。发展绿色金融，聚合各类资金，引导市场预期，为绿色低碳转型发展提供源源不断的金融活水，银行业保险业责无旁贷。金融业为绿色低碳转型发展赋能，既不能"雷声大雨点小"，也不能忽视我国经济社会发展的实际搞"一刀切"，要处理好发展和减排、整体和局部、短期和中长期的关系，尊重规律，实事求是，稳步推进，切实履行好促进绿色低碳发展的使命。

……………

需要注意的是，金融机构应充分考虑我国经济社会发展实际和各行业发展的阶段性和转型难度等因素，紧密跟随有关部门制定的碳减排政策，不可简单地对传统高碳行业踩踏式、冒进式到期不续做；要在确保自身业务可持续性、积极支持相关企业绿色低碳转型的基础上，对传统业务提供必要的资金支持，避免谈碳色变。同时，要加强与其他行业的协调配合，形成有效支持实体经济平稳健康发展的强大合力。

银行业重量级人物的发言,已经点出了绿色金融未来的最大风险点,在避免高碳资产风险的同时,平稳实现产业结构、能源结构调整,将成为未来20年金融业的核心命题。继续支持传统能源、高排放的道路肯定行不通,但过快"一刀切"同样是自毁长城。如何把握好其中的节奏、速率,将成为对银行家智慧的最大考验。

第三部分
你的家乡能不能抓住碳红利？

◇ 第九章　从"东西差距"到"南北变迁"
◇ 第十章　内蒙古、山西承受转型压力
◇ 第十一章　大湾区加码能源转型，上海谋求"碳金融"中心
◇ 第十二章　谁会是氢能之都？
◇ 第十三章　宁德奇迹
◇ 第十四章　"新能源汽车霸主"争夺战

·第九章·
从"东西差距"到"南北变迁"

看了前面的内容,我们已经不难发现:围绕"碳中和"的目标,传统能源产业将会面临巨变,火电、汽车、煤炭、建材、化工、钢铁等行业都将面临压力;而太阳能、风电、新能源汽车、氢能、碳捕捉行业都已经迎来了黄金时代,很多行业的龙头企业都面临重大转型机遇。

善于思考的朋友一定已经想到了一个重要的问题,"碳中和"除了会引发新旧行业之间的变迁,让企业面临抉择的关口之外,对地域经济也将会产生前所未有的影响,中国经济的版图将迎来绿色机会。一个人、一座城市有时需要的就是一个机会,而这个机会一旦错过,往往就是无尽的衰落。拿最近几年的网红城市鹤岗来说,大家也许就很容易明白,如果抓不准时代的浪潮,把握不了新的产业机会,一个城市就可以轻易地被时代巨浪拍入海底。

以鹤岗这座城市为例。鹤岗之所以这几年走红,就是因为当地房价出奇的便宜,几万元就可以买一套房。这在北上广深的房价轻松突破每平方米10万元的时代里,这种白菜价格的房子足以刺激太多人的神经。但很多人因为房价很低,去鹤岗看了看之后纷纷放弃了这座城市。原来房价低确实有低的道理,因为在这座城市里,大家看不到更好的发展前景。

根据近年鹤岗市的国民经济和社会发展统计公报(以下简称"公报")的数据显示,在2013年以前,鹤岗一直与全国经济保持着同步增长的势头。2012年,"鹤岗全市GDP为358亿元,按可比价格计算,比上年增长13.5%,连续十年保持两位数增长"。2012年公报中统计的鹤岗市全市总人口为108.5万人,人均GDP为3.2995万元,虽不及当年3.8354万元的全国人均值,但差距并不算太大。但随后的几年，鹤岗GDP连续大幅下滑，以2017年数据作为参考值：2017年鹤岗人均GDP为2.8万元，回到6年前的水平，比2011年该数据的2.88万元，还略少800元。而同期全国人均GDP实现了快速增长，从2011年的3.5198万元增长到2017年的5.966万元，增幅近70%。

也就是说，鹤岗经济在6年间不进反退，人均GDP下滑到全国平均水平的一半！

一、鹤岗经济为什么走到如此境地？

只因为鹤岗是黑龙江省内四大煤城之一。煤矿和相关产业帮助第二产业成为当地的支柱产业，几乎贡献着GDP的半壁江山。但从2012年以来，煤矿和相关产业出现急剧下降，从而导致GDP整体下滑。而经济的不景气，进一步引发了人口流出等一系列问题，从而让鹤岗的局面更加积重难返。

要知道，鹤岗以煤矿为主体的第二产业，最低谷时（2014年）只有77.24亿元，几乎只是2012年最高峰的一半。煤炭行业不行了，其影响力不只局限于矿上，局限于一个煤炭产业。随着煤矿不景气，释放出来了庞大劳动力，而鹤岗其他产业完全容纳不了这么多的劳动力，结果只有一个，大量的闲散劳动力只能另外寻找出路，而大量人口的流出，很快就会对当地商业、服务业造成巨大冲击。年轻人加速逃离，城市人口锐减，老龄化形势严峻。

从2012年开始，鹤岗的人口下降形势异常严峻。短短6年时间，鹤岗人口从2011年的108.8万人降到2017年的100.9万人，下降了7.261%，年复合增长率为–1.248%。相关数据显示，人口外流是鹤岗人口下降的最主要因素，每年至少一两万人离开鹤岗。

更为严峻的是，伴随着人口外流，鹤岗人口还面临老龄化危机。面对当地经济的不景气，往往是年轻人面对更大的收入压力，也更为迫切地需要寻找新的生活来源，所以多是年轻人纷纷远走他乡，这就导致鹤岗当地的人口结构越来越畸形——年轻人都走了，老龄化程度自然急剧飙升。联合国关于老龄化社会的传统标准是当地60岁以上老人达到总人口的10%，而鹤岗在2013年首次披露年龄段人口数据时，其60岁及以上人口占比就达到17.7%，早早地进入老龄化社会。而在2017年，鹤岗的这一数据更是高达22.4%，比2018年全国60岁及以上人口17.9%的比例多了4.5个百分点。鹤岗各个年龄段的人口数量和占比都在下降，只有60岁及以上的老年人，其数量和占比都稳步提高。不难推测出，青少年、壮年和中年是鹤岗人口外流的主力，其中很多是夫妻带着子女举家移民外地。这种人口结构性变化，更是一步步把鹤岗推入了老龄化的困境。

鹤岗就是一座陷于"高碳资源"而难以自拔的城市，在"碳中和"的新时代里，如果没有全新的发展思路，怕更是难觅前途。以史为鉴，在"碳中和"的时代里，又会有哪些城市能抓住机会扶摇直上？哪些城市进一步沉沦不前呢？

而每一个城市里，都是百万人生的起落浮沉。抓住一个好的城市，或者帮助自己的家乡抓住机会，等于成就自己的人生。

在我们展开"碳中和"对各大地域经济的不同影响之前，我们先对我国目前的地域经济情况做一个简单的回顾和纵览。

二、从"东西差距"到"南北变迁"

长期以来，搞中国经济宏观研究的多数学者习惯按照东、中、西以及东北四大区域来划分中国空间格局。在这样划分的背后，其实存在若干原则，例如：各个省份与东部海岸线的远近距离、经济发展的水平，以及完整的行政区划；东部地区主要是包含东部海岸线的省份，类似辽宁省，在出现"东北"区域划分之前，是归入东部区域的；再如中部六省，则是与东部海岸线中等距离的内陆省份。长期以来，"东中西"的划分方式能够脱离出省的范围，利用更加宏观视角，比较中国区域发展水平。[21]

从新中国成立到1978年改革开放前夕，中国经济总体格局变化不大：沪京津长期前三，北京成为首都后超越天津，上海领先优势拉大；东北区域仅次于直辖市，上海、江苏进入前十，浙江刚到中游，南方沿海的福建只排倒数第 8；人均 GDP 落后的区域基本被西南内陆和中部地区占据。

改革开放以来，沿海发达地区逐渐逆袭。到 2010 年：前十里南方已占 5 席，江、浙仅次于三大直辖市，福建攀升到第 10。北方还有北京、天津、内蒙古、辽宁、山东 5 位选手。东三省地位下跌，辽宁、吉林还能在中上游，黑龙江到中游。

但从 2010 年至今，中国经济格局有从东西差距逐渐转化为南北差距的趋势：南方内陆大量脱离垫底，部分进入中游甚至中上游。整个"偏东北地区"在下滑，上游变为中游，中游变为垫底。

从 2009 年到 2019 年，10 年时间里，各省市区人均 GDP 排名提升前 10 名的全是南方省份，而排名降低前 10 的，除广西外，9 个来自北方。

比如，2009 年，东北地区人均 GDP 是西南地区的 176%，仅仅 10 年后，这一比例下降到 84%，东北从遥遥领先变为落后于西南。

再比如，南北方离经济中心不远的四个省份：河北+山西 vs 安徽+江西。这两对组合的总人口相差不大，也是只用了 10 年，安徽、江西这两个泛长三角经济困难户，实现了对山西、河北这两个北方煤铁大省的赶超。

从城市经济的角度来看，也可以看到东西差距正在转化为南北差距，过去十年，南方城市在经济总量前 5、10、20、50、100 名里的比重都在提升。到 2019 年，南方已占据城市经济总量前 5 里的 4 席、前 10 里的 8 席、前 20 里的 15 席、前 50 里的 32 席。

北方城市中，天津已经从第 5 跌到第 10。青岛、大连两个北方明星城市分别跌出前 10 和前 20。东三省省会集体跌出前 30 名。大庆、包头、鄂尔多斯、东营、鞍山等资源型城市排名大幅下跌。

这些年各个区域的经济大变迁，相信各个城市的读者们只要稍一留心，就可以感受到身边那静水深流的时代浪潮。

三、各大经济圈已经成型

按照我国目前的经济区域格局，在东北、华东、华南、西南等地域已经形成了相应的经济区。[22]

1. 华东区域

(1) 长江三角洲经济区

长江三角洲经济区包括上海市、江苏省和浙江省，具体包括上海、南京、杭州、苏州、无锡、扬州、南通、镇江、湖州、宁波、台州、绍兴、舟山、温州、嘉兴、常州16个地级以上城市组成的区域。

(2) 江苏沿海经济区

江苏沿海经济区主要包括连云港、盐城、南通等江苏沿海地区。

2. 华南区域

(1) 珠江三角洲经济区

珠三角经济区是以广东省的广州、深圳、珠海、佛山、江门、东莞、中山、惠州和肇庆市为主体，辐射泛珠江三角洲区域，并将与港澳紧密合作地纳入规划，促进珠三角进一步发挥对全国的辐射带动作用和先行示范作用。珠三角经济区的战略定位是：探索科学发展模式试验区，深化改革先行区，扩大开放的重要国际门户、世界先进制造业和现代服务业基地及全国重要的经济中心。

(2) 海峡西岸经济区（海西经济区）

海西经济区是以福建为主体，面对台湾，邻近港澳，范围涵盖浙江南部、广东北部和江西部分地区，与珠江三角洲和长江三角洲两个经济区衔接，依托福州、厦门、泉州、温州、汕头五大城市的经济综合体。

(3) 海南国际旅游岛

2010年1月4日，国务院发布《国务院关于推进海南国际旅游岛建设发展的若干意见》。至此，海南国际旅游岛建设正式步入正轨。作为国家的重大战略部署，我国计划将海南初步建成世界一流海岛休闲度假旅游胜地，使之成为开放之岛、绿色之岛、文明之岛、和谐之岛。

3．华北区域

（1）京津冀都市圈

京津冀都市圈是指以北京市为核心，包括天津市和河北省的石家庄、保定、秦皇岛、廊坊、沧州、承德、张家口和唐山八座城市的区域，该区拥有中国的政治、文化中心和曾经的近代中国经济中心。

（2）山东半岛蓝色经济区

山东半岛蓝色经济区是中国第一个以海洋经济为主题的区域发展战略，是中国区域发展从陆域经济延伸到海洋经济、积极推进陆海统筹的重大战略举措。规划主体区范围包括山东全部海域和青岛、烟台、威海、潍坊、淄博等六市。

（3）黄河三角洲高效生态经济区

黄河三角洲位于渤海南部黄河入海口沿岸地区，包括山东省的东营、滨州和潍坊、德州、淄博、烟台市的部分地区，该区域土地资源优势突出，地理区位条件优越，自然资源较为丰富，生态系统独具特色，产业发展基础较好，具有发展高效生态经济的良好条件。

国务院 2009 年 11 月 23 日正式批复《黄河三角洲高效生态经济区发展规划》，标志着我国最后一个三角洲——"黄三角"在被提出 21 年后，正式上升为国家战略，成为国家区域协调发展战略的重要组成部分。

4．东北区域

在东北区域，已经形成了沈阳经济区。沈阳经济区是以沈阳为中心，在半径百千米范围内，涵盖了沈阳、鞍山、抚顺、本溪、营口、阜新、辽阳、铁岭 8 个省辖市的城市群。

通过综合配套改革试验，沈阳经济区将建成国家新型产业基地重要增长区、老工业基地体制机制创新先导区、资源型城市经济转型示范区、新型工业化带动现代农业发展的先行区和节约资源、保护环境、和谐发展的生态文明区。

5. 西部地区

在西部地区，已经形成了成渝经济区。成渝经济区是以成都、重庆两市为中心，主要包括：重庆（市区）、成都、雅安、乐山、绵阳、德阳、眉山、遂宁、资阳、宜宾、泸州、自贡、内江、南充、广安、达州、广元、都江堰、彭州、邛崃、崇州、广汉、什邡、绵竹、江油、峨眉山、阆中、华莹、万源、简阳以及重庆的江津、合川、永川等33个不同规模、不同等级的城市。

也有学者曾经将中国经济区域直接归纳为以下八大经济圈[23]：

1. 大长三角经济圈：以长三角城市群为核心的大长三角经济圈，包括现在的长三角城市群和江淮城市群。
2. 泛渤海经济圈：以京津冀、山东半岛为核心，包括山西、内蒙古中部地区的泛渤海经济圈。
3. 大珠三角经济圈：以珠三角为核心的大珠三角经济圈。2003年时提出叫泛珠三角经济圈，现在提出"9+2"模式，所以改为大珠三角经济圈。
4. 东北经济圈：以辽中南（沈阳）为核心的东北经济圈。
5. 海峡经济圈：以海峡西岸城市群和台北为核心的海峡经济圈。
6. 中部经济圈：以长江中游城市群、中原城市群、湘中城市群为核心的中部经济圈。
7. 西南经济圈：以川渝城市群为核心的西南经济圈。
8. 西北经济圈：以关中地区（西安）为核心的西北经济圈。

我们不必细究究竟是八大经济圈还是十大经济区，这些年各个区域之间为什么会产生如此之大的变迁，这背后有着深刻的成因，并非本书着重探讨的内容。

只是在"碳中和"的目标下，放眼未来四十年，在新的目标下，哪些区域将迎来"碳红利"的机会，而哪些区域感受到更多的是压力，这是牵扯诸多城市以及关乎民生的宏大话题，也关系海量的财富变迁。我们身在浪潮之中，还应勉力分析。可以明确的是，类似于传统能源基地的区域，如果在氢能、新能源汽车制造等方面乏力的话，后续将面临较大考验。

·第十章·
内蒙古、山西承受转型压力

按照一些专家的分析,如果到了 2060 年,中国实现"碳中和",光伏、风能聚集的中西部地区将会成为最主要的能源输出地之一,中西部地区在中国经济版图上的角色将被重新定义;如果到了 2060 年,中国实现"碳中和",这意味着中国森林的一年生长量要达 10 亿立方米,比现在翻一倍还要多,森林覆盖率稳定在 30% 左右,中国的生态环境将发生一次质的飞跃;如果到了 2060 年,中国实现"碳中和",意味着中国会摆脱对外部能源进口的依赖。

进一步来看,山西、内蒙古、陕西等省份的财政收入对采矿业、电力行业依赖度较高,说明它们更容易受到"碳中和"的影响,这就会直接影响到该省就业和经济发展等问题。在"碳中和"目标下,煤炭消费占比势必呈下降趋势,然而煤炭的兜底作用在很长一段时间内不会改变,作为基础性保供能源储备的地位也不可替代。这就意味着很多能源大省要面临转型、兜底、保障的多重任务,对各省在此期间的节奏感要求不是一般的高。

一、山西省:从"一煤独大"转向清洁低碳

山西省,自古以来就是煤炭大省,其国土面积不到全国的 2%,但保有的煤炭资源储量却超过全国的 20%;在全国十六大炼焦煤矿区中,山西拥有五个;焦煤、无烟煤等稀缺煤种,山西储量是全国乃至全球最多的地区之一……作为国家布局建设的重要能源工业基地,山西是全国最大的煤炭产地,年产原煤量长期居全国前列,占全国总量的 1/4 以上,累计产煤 160 多亿吨,70% 以上外输全国。然而,"一煤独大"的格局也成了山西的痛楚。

据《山西晚报》报道，山西当前煤炭消费量占到全省一次能源消费总量的80%以上。按照专家的共识，"'十三五'时期是山西新旧动能转换力度最大、成效最为显著的一个时期。但山西碳排放总量仍居全国前列，10年内完成碳达峰任务异常艰巨"。到2019年底，山西万元GDP能耗还是全国平均水平的2倍多。研究显示，山西每发1度电，需要消耗315克标准煤，与先进国家和地区270克的耗煤量有较大差距。

2021年1月15日，山西省政府召开常务会议，强调要持续推进能源节约高效利用，实施"碳达峰""碳中和"山西行动。《2021年山西省政府工作报告》也指出，把开展"碳达峰"作为深化能源革命综合改革试点的牵引举措，研究制定一系列行动方案。山西将坚持"稳煤、优电、增气、上新"，加快构建"清洁低碳、安全高效"的现代能源体系。

稳煤：推动煤矿绿色智能开采，以5G通信、先进控制技术为指引，推进智能煤矿建设，建设智能化采掘工作面1000个，抓好煤炭绿色开采，建设40座绿色开采煤矿；推进国家核准的东大等6座煤矿加快先进产能建设，全省煤炭先进产能占比达到75%；推进煤炭分质分级梯级利用试点。

优电：将建立和完善有效竞争的现代电力市场体系，推进电力资源配置更加合理；同时优化电源电网结构，改善电力系统调峰性能，促进清洁能源消纳，建设清洁电力外送基地；完善战略性新兴产业0.3元/千瓦时电价机制，引导发电企业降本增效。

增气：将持续推进非常规天然气增储上产，加快建设非常规天然气基地，力争非常规天然气产量达到120亿立方米。

上新：针对能源结构短板，将尽早探索"碳达峰"背景下能源生产、消费转型升级路径，力促风、光、水、地热等新能源和可再生能源发展，稳步布局氢能、储能等项目，提高非化石能源开发利用水平。

山西还将继续因地制宜推进农村清洁取暖，实现重点地市城区清洁取暖覆盖率100%、县城和城乡接合部清洁取暖覆盖率100%，农村清洁取暖覆盖率力争达到60%。

2021年3月11日，山西省首家"碳中和"研究院——山西"碳中和"战略创新研究院在山西转型综合改革示范区发起设立。

山西省的"碳中和"之战，堪称全国"碳中和"转型的重中之重。

二、内蒙古：沙漠成"太阳能"利器

内蒙古自治区是世界最大的露天煤矿之乡，全区12个盟市中11个有煤矿，是全国煤炭产量最大的省区。据统计，内蒙古仅2019年原煤产量就达10.35亿吨，占全国产量的27.6%。2000—2010年，是我国煤炭行业快速发展的黄金十年，也是内蒙古自治区经济迅速崛起的十年，年均GDP增速达18%。与山西一样，内蒙古同样是面临"碳中和"大考验的地区。

内蒙古为实现"碳中和"，一方面已经计划利用风能、光伏等清洁发电资源，推动蒙电外送，强化跨区跨省输电服务，融入全国能源大市场，为华北、华东等负荷中心提供安全清洁可靠的电力供应，助力区外"碳达峰"和"碳中和"；另一方面推动电源结构优化，促进能源供给清洁化，到2025年，蒙东地区新能源装机3750万千瓦，占比不低于53%，新能源发电量820亿千瓦时，占比不低于40%，早日化解"碳中和"目标下内蒙古面临的挑战。

据《内蒙古日报》报道，目前，鄂尔多斯市首个零碳产业园正在加速建设；乌海市不但召开了2021年零碳城市产业峰会，还在低碳产业园集中开工了20个重点项目；呼和浩特市政府工作报告中将"牢牢抓住'碳达峰''碳中和'计划的重大机遇""打造全国产能最大、技术最优的光伏产业基地"作为2021年的重点工作。

内蒙古的重头钢铁企业包钢钢联股份有限公司2021年完成公开发行绿色公司债券（第一期）（专项用于"碳中和"），发行规模为5亿元，债券期限为5年。这不仅是全国首单钢铁行业"碳中和"绿色债券，还是内蒙古自治区首单"碳中和"绿色债券。国网蒙东电力正加快构建绿色电力双循环，推动内蒙古产业清洁低碳转型、电网转型升级。在2021年刚刚完成的内蒙古森工集团林业碳汇挂牌成交，更是我国产权交易机构拓宽要素资源服务市场功能的首宗碳汇产权交易项目。

值得注意的是，内蒙古西端分布着巴丹吉林沙漠、腾格里沙漠、乌兰布和沙漠、库布其沙漠、毛乌素沙漠等，总面积15万平方千米。内蒙古的日照充足，光能资源非常丰富，大部分地区年日照时数都大于2700小时，阿拉善高原的西部地区达3400小时以上。全年大风日数平均在10~40天，70%发生在春季；其中锡林郭勒、乌兰察布高原达50天以上；大兴安岭北部山地一般在10天以下。沙暴日数大部分地区为5~20天，阿拉善西部和鄂尔多斯高原地区达20天以上，阿拉善盟额济纳旗的呼鲁赤古特大风日年均108天。

原本的沙漠无人区，换个思路，倒是发展太阳能产业的好地方。亿利资源集团有限公司（以下简称"亿利集团"）已经在库布其沙漠搞起了"光伏治沙"的新模式。

库布其沙漠位于内蒙古自治区鄂尔多斯市境内，总面积1.86万平方千米，曾以"无路无电无水无通信无医疗"的恶劣条件被外界称作"死亡之海"。俗话说："上天给你关上一扇门，同时也为了打开了一扇窗。"问题是你能不能找到那扇窗，到了"碳中和"时代，库布其沙漠突然找到了那扇窗。

正因为这里是沙漠，拥有着一样得天独厚的资源。据亿利集团相关负责人介绍，库布其沙漠拥有全国Ⅰ类太阳能资源，太阳辐射强度高，日照时间长，年均日照时数超过3180小时，发展光伏发电条件得天独厚。为了解决荒漠化治理周期长、投资大、难度高、利润低的难题，实现治沙的可持续，亿利集团在多年前开始布局光伏治沙，借助库布其沙漠丰富的太阳能资源和未利用的土地资源，以"生态光能科技服务"模式规划建设了吉瓦级光伏治沙示范项目。

据专家测算，吉瓦级光伏治沙基地能够治理超10万亩沙漠，年发电25.5亿度，相当于节约标准煤约44万吨，减排二氧化碳约116.1万吨、二氧化硫约3.9万吨、氮氧化物约1.9万吨、粉尘约34.7万吨。截至目前，库布其光伏基地已建成71万千瓦，完成投资50亿元，治沙面积7万亩，年发电量约12.5亿度，累计减排1000余万吨。

在光伏治沙实践中，亿利集团探索出了独特的"板上发电、板间养殖、板下种植"一二三产业协同发展的商业模式：一方面，光伏发电直接产生经济价值；另一方面，光伏组件可以减少土壤水分蒸发，为板下种植作物保持水分；同时，板下种植形成道地药材等特色生态种植产业，根茎叶可以为板间养殖提供饲料；板间养殖形成特色生态畜牧产业，其粪料为板下种植提供肥料，有效改良土壤，形成生态＋经济兼顾的良性循环。

一边是"生态治沙增汇"，植树种草，治理土地退化，持续推动"森林增汇"；一边是"光伏治沙减排"，发电制氢，发展低碳能源，持续推动"新能源减排"。库布其的这种"双向碳中和"新模式集治沙、护河、兴业、扶贫等于一体。

2021年2月5日，在联合国防治荒漠化公约秘书处（UNCCD）和世界资源研究所（WRI）的支持下，中国库布其碳中和国际研究院正式成立。成立仪式上，亿利集团董事长王文彪表示，库布其沙区将在"十四五"期间继续放大光伏治沙"碳中和"模式，利用5~8年的时间实施千万千瓦级的光伏治沙，预计可实现年减排量超1200万吨。同时，积极把库布其治沙模式和光伏治沙经验推广到中西部，例如在腾格里、乌兰布和、毛乌素、科尔沁等荒漠化地区打造"生态光能科技产业园"，实施吉瓦级光伏治沙，为中国解决中西部地区能源不平衡问题和"碳中和"问题做出更大贡献。同时考虑外输中亚等一带一路地区，加大力度实施森林碳汇和光伏治沙减排。[24]

·第十一章·
大湾区加码能源转型，上海谋求"碳金融"中心

一、耗能大省重磅投入新能源

除了那些能源大省面临压力外，耗能大省同样压力巨大。

作为中国开放程度最高、经济活力最强的区域之一，粤港澳大湾区2019年GDP总量约达11.6万亿元，占全国GDP总量11.61%。大湾区作为经济发展制高点，需要追求的目标是用较少的能源消耗创造更多的财富。当前，尽管粤港澳大湾区的能源结构和能源强度处于全国先进水平，但属于典型的能源输入型地区，能源自给率低，所需化石能源和电力多依靠外购，本地一次电力与非化石能源消费占比较小，化石能源占比仍然超过60%，能源强度是东京湾区的2.3倍、旧金山湾区的1.4倍，节能降耗空间巨大。

针对此发展现状，2019年2月发布的《粤港澳大湾区发展规划纲要》已经提出要优化粤港澳大湾区能源结构和布局，建设清洁、低碳、安全、高效的能源供给体系，现如今"2030年碳达峰、2060年碳中和"目标的提出，更将加码大湾区能源转型需求。

相较于其他国际湾区，粤港澳大湾区煤炭和煤电所占比例依旧很高，提高能效利用率发展潜力很大。以广东为例，截至2019年6月底，广东统调煤电机组装机占比仍高达49%。而东京湾区煤电占比仅为5%。尽管广东地区有丰富的海上风能可再生能源资源，但尚未得到充分开发利用，由于开发技术难度大、商业模式缺乏创新，加之本地可再生能源制造业发展偏弱，大湾区提高可再生能源利用比例并非易事。

实际上，广东非常重视低碳工作。据广东省生态环境厅2020年12月25日消息，从2010年启动国家低碳省试点工作起，历经十载，广东超额完成超44%的碳排放下降目标。长期以来，广东省通过行政主导、问责推动取得一定成效，但限于广东省的经济体量，以及近些年广东省兴旺蓬勃的制造加工业发展需求，当地的节能减碳形势仍然严峻。

2013年12月，广东省正式启动了碳排放权交易，将钢铁、石化、电力、水泥、航空、造纸六大行业约250家控排企业纳入碳市场范围，覆盖广东省约70%的能源碳排放量。截至2020年12月，广东省碳排放配额累计成交量1.69亿吨，占全国碳交易试点的38%，累计成交金额34.89亿元，占全国碳交易试点的34%，均位居全国第一。

广东开展碳普惠制试点已有五年时间，在广州、惠州、中山、深圳等城市都取得不错的成果，融入了公共出行、垃圾分类、旧衣回收等领域。在中山市小榄镇北区社区，部分家庭设有太阳能光伏屋顶、太阳能充电桩、雨水回收、太阳能路灯等低碳设施，低碳生活的理念逐渐融入社区居民日常生活。据统计，社区人均碳排放为0.818吨，可再生能源利用率达5%。

基于碳普惠制，"生态扶贫"的市场化理念逐渐走向现实。广东省定贫困村上洞村背靠丰富的林业资源，走上了一条"林业碳汇"的新路径。在广州碳排放权交易所达成了共计95503吨的省级碳普惠核证自愿减排量交易中，上洞村获得了155.8万元收入。

广东非化石能源占能源消费比重从2010年的14%提高到2019年的29%。目前，全省城市公交电动化率达到93.5%，广州、深圳、珠海、汕尾均实现公交车100%电动化。达能（中国）食品饮料有限公司中山工厂于2017年开展的分布式光伏发电项目，已累计光伏发电超过8240兆瓦时，减排二氧化碳约8212.4吨。

二、煤炭消费总量被严格控制

同时，广东大力淘汰落后的高能耗高排放产能，着力实施现代服务业和先进制造业双轮驱动发展战略，加快建设高端高质高新现代产业体系，加快产业结构优化升级。截至2019年底，广州现代服务业增加值占服务业增加值比重达到67.1%，成为首批国家服务型制造示范城市；先进制造业增加值占规模以上制造业增加值的比重达到64.5%；高技术制造业增加值占规模以上工业增加值比重达16.2%。

未来，在目前低碳工作的成果基础上，广东省将严格控制全省煤炭消费总量，大力发展可再生能源发电和核电，推广碳捕集等先进低碳技术，为我国实现"碳达峰"和"碳中和"承诺贡献广东力量，推动全省二氧化碳排放在全国率先达到峰值，珠三角城市群在全省率先达到峰值。

以南方电网为例，"十三五"期间，其西电东送电量达1.07万亿千瓦时，输送清洁能源占比超过80%。其中，西电送广东电量约占广东全社会用电量的1/3，相当于节约东部地区标煤消耗2.71亿吨、减少二氧化碳排放7.21亿吨。

南方电网的"碳中和"工作方案提出，争取2025年前后新增清洁外电送入约1000万千瓦，2030年前再新增清洁外电送入约1000万千瓦，新增区外送电100%为清洁能源。同时，大力推动低碳新技术创新发展，服务构建低碳新模式、新业态。如开展"梯次利用动力电池规模化工程应用关键技术研究"等国家重点研发计划项目；建设广东桂山海上风电实验基地；组建技术攻关团队，重点研究高比例可再生能源并网消纳、远海风电柔性直流输电等技术。[25]

三、上海将成为"碳金融"中心

同为耗能重点区域的上海也已经提出了"碳中和"目标，按照《上海市国民经济和社会发展第十四个五年规划和2035年远景目标纲要（草案）》，上海将制订全市碳排放达峰行动计划，着力推动电力、钢铁、化工等重点领域和重点用能单位节能降碳，确保在2025年前实现碳排放达峰。

根据规划纲要草案，上海将继续实施重点企业煤炭消费总量控制制度，到2025年，煤炭消费总量控制在4300万吨左右，煤炭消费总量占一次能源消费比重下降到 30% 左右，天然气占一次能源消费比重提高到 15% 左右，本地可再生能源占全社会用电量比重提高到 8% 左右。

上海还将推进全国碳排放交易系统建设，争取开展国家气候投融资试点。2021 年，上海将新建林地 5 万亩、绿地 1000 公顷。到 2025 年，上海市森林覆盖率将达到 19.5%。

2021 年 1 月 24 日，上海市市长龚正在上海市第十五届人民代表大会第五次会议上作政府工作报告时介绍，"十三五"期间，上海 PM2.5 年均浓度累计下降 36%，单位生产总值能耗累计下降 22% 以上。2021 年，上海市环保投入相当于全市生产总值的比例将保持在 3% 左右。

目前来看，"碳中和"将成为上海的又一大发展推手。据上海市委常委、常务副市长陈寅介绍，上海一直高度重视推进绿色金融发展，在碳金融领域做了很多探索，也开展了很多创新，取得了一些重要成果，一批首单产品成功落地，首单绿色可交换公司债券、首单绿色四证专项债券、首单"碳中和"绿色债券等都是在上海发行，现在一批重点平台也相继在上海落户，包括碳排放权交易市场、国家绿色发展基金等。

上海市已经明确，接下来要把碳金融作为上海国际金融中心建设的重要组成部分，以全国碳交易市场为基础，打造国际碳金融中心，并努力做到"三个着力"：一是着力推进碳金融业务创新，积极探索碳金融的现货、远期等产品，支持碳基金、碳债券、碳保险、碳信托等金融创新；二是着力构建"碳达峰""碳中和"的投融资机制，引导金融资源向绿色发展领域倾斜；三是着力加强金融风险防范，密切跟踪和关注"碳中和"进程中的新情况新问题，积极探索建立适应"碳中和"发展的金融风险管理机制，更好地服务企业绿色转型发展。

实际上，这每一个"着力"后面都是无数的产业机会，围绕碳金融的巨大红利，已经在上海这座城市中生根成长。据清华大学研究机构估算，仅相关能源基础设施领域 2020—2050 年的累计投资需求就高达 100 万亿元至 138 万亿元，带动的其他节能环保产业发展更是不可估量。仅此"碳金融"一项就将带来巨大的市场机会。

·第十二章·
谁会是氢能之都？

在围绕"碳中和"目标的宏图中，新能源汽车是重中之重，是具备百万亿能量的超级产业。哪一个地区能够把新能源汽车产业抢到手，就稳稳地拿到了"碳中和"时代的金钥匙。

在新能源汽车中，氢能是最新火爆的产业路径。近年来，国内积极出台的产业政策推动国内燃料电池汽车行业企业把握产业发展机遇。根据工信部指导、中国汽车工程学会牵头编制的《节能与新能源汽车技术路线图2.0》，到2025年我国的燃料电池汽车保有量将有望达到10万辆左右。而到2030—2035年，其发展目标则是达到100万辆。

近期多地都在积极布局氢能产业，并计划打造氢能产业集群。据统计，河北、广东、河南、北京等地区发布相关政策及规划，有学者粗略估算，仅就目前不完全的规划，氢能及燃料电池汽车产业累计产值就将超过9500亿元，妥妥的一个价值万亿的赛道。

一、三大经济聚集地区均有所布局

其实，中国氢燃料电池汽车由来已久，早在2008年北京奥运会期间，就有3辆福田汽车的氢燃料客车投入到赛事接待服务工作中。2009年，宇通研发出第一代增程式燃料电池客车。此后，氢燃料汽车一直处在研发之中，因为氢燃料的一些特点，虽然此类产品还难以大规模地铺开，但围绕着氢燃料车的研究一直没有停止。

2018年，49辆福田欧辉氢燃料电池客车和25辆宇通氢燃料电池客车投入张家口市公交运营中。为了给2022年冬奥会的示范运营做准备，也为了培育当地的燃料电池汽车产业，按照计划，张家口接下来将陆续采购170辆氢燃料电池车。上汽大通V80氢燃料电池车也在辽宁省新宾县等多地示范运行。目前，上汽大通、宇通客车、福田、上汽集团、申龙客车、中植汽车、金龙客车、东风、飞驰客车、奥新、南京金龙、青年汽车、蜀都客车13家企业均具备燃料电池汽车生产资质。

从地区布局来看，我国三大经济聚集地区均已对氢能产业布局，如"京津冀"地区氢能产业化基地就有张家口创坝园区、张家口望山园区、天津临港经济区（规划）、邯郸（规划）、霸州（规划）5个之多；"长三角"地区在用加氢站就有上海安亭站、上海电驱动站、上海神力站、常熟丰田站、南通百应站等；"珠三角"地区氢能产业已经涉足整车、零部件、电堆、系统、辅助系统、制氢、加氢等各方面。

尽管京津冀、长三角、珠三角这些经济实力、技术实力雄厚的区域都已经出手，但其他各地也不肯放手如此巨大的氢能产业。

二、山东已成立产业联盟

2019年1月4日，山东卫视的《晚间新闻》报道：山东氢能源与燃料电池产业联盟在济南成立，将为山东省的氢能源产业发展最大限度集聚各类创新资源，努力破解管理、关键技术、市场三大瓶颈。

山东省高度重视氢能源产业。2018年初，山东省启动新旧动能转换重大工程，将新能源作为发力点之一，把加快氢能源产业发展作为超前布局先导产业、抢占新能源技术制高点的重要领域。目前，山东正以济南为核心，打造辐射全省的氢能源经济圈，建设集氢能源科技园、氢能源产业园、氢能源会展商务区三位一体的"中国氢谷"。

其实，从很多角度看，山东谋划布局氢能全产业链具备一定基础。从气源看，山东是化工大省，具有丰富的氢气资源。理论上，山东每年从煤化工所排放气体及其他工业尾气中就可以回收氢气约96.2万吨，可供11.5万辆公交车行驶 1 年。如果这些氢气都可以收集起来的话，那将是一笔宝贵的资源，只可惜目前收集的成本还过高，相信随着技术的进步，成本制约一定可以克服。

而前面提到的能源大省山西也已经把转型氢能视作了重要战略。2019 年，山西省科技重大专项——低成本高效率氢燃料电池关键技术及工程示范项目已经启动。该项目由山西省的重点企业承担，由山西潞安集团牵头，聘请太原理工大学党委书记、教授吴玉程任首席专家，项目组凝聚了省内外优秀的研发力量。据相关媒体报道，此项目将依托山西省丰富的氢能资源，开展低成本、高能效氢燃料质子交换膜燃料电池（PEMFC）动力系统关键技术研发，并实现氢燃料电池系统产业化应用示范目标；解决质子交换膜燃料电池性能、寿命、成本等关键问题，实现质子交换膜燃料电池电动汽车的示范运行和推广应用。

三、西南各省瞄准超车机会

西南地区的各个省份更是把氢能产业看作了弯道超车的黄金机会。贵州省在 2019 年就召开会议，要求全省落实推广甲醇汽车 1 万辆的任务。可能有读者会说："好端端讨论氢能源汽车呢，怎么跑到甲醇汽车这里来了？"

这是因为现在有一种研究发展路线设计了一套系统——"甲醇高温重整在线制氢"，通过这个系统可以制造氢气供给氢燃料电池发电，最终通过电动机来驱动车辆，这种加注燃料的过程比较便捷，只需 3~5 分钟就可以完成加注，并让汽车拥有 1000 千米的续航。虽然甲醇有一些毒性，对人体健康有害，但甲醇在常温常压环境下为液体形态，其运输、储存的难度要比气体形态的氢容易很多。甲醇高温重整制氢燃料电池技术虽然增加了甲醇制氢的步骤，但还是有一些独特的技术优势。搭配这套甲醇高温重整制氢燃料电池系统以后，它不但兼顾了氢燃料电池汽车的清洁、无里程焦虑的优势，同时还弥补了氢气难以运输、储存和成本高昂等短板。所以贵州省布局甲醇汽车，也是氢能源争霸的路径之一。

其实早在 2015 年，贵州省就被国家工信部列入"四省一市"甲醇汽车试点省份名录，率先在贵阳开展了为期3年的甲醇汽车试点工作，是目前甲醇汽车推广应用规模最大的省份。截至2019年1月7日，贵阳市在营M100甲醇燃料加注站13座，已建成待启用M100车用甲醇燃料加注站5座，在建的M100车用甲醇燃料加注站15座，根据甲醇车投放情况，将逐步投入运营。

西南各省中，除了贵州默默发力，怎能少了四川？

四川省在2018年成立了氢能与燃料电池产业创新联盟。这个联盟由省能投天然气公司、清华大学、东方电气、启迪能源、北京氢能时代等科研机构和骨干企业组建，通过集聚相关产业技术资源，加强协同创新，统筹推动包括制氢、储运氢、加氢基础设施、燃料电池应用的全产业链技术突破。为推动氢能源燃料汽车加快产业化，将以成都为试点区域，建设氢能源示范站。按规划，到2025年四川氢能与氢燃料电池技术产业将达千亿元以上规模。

四、中原大省坐拥宇通牌

中原大省河南靠着宇通客车这张王牌，让郑州在2015年就有了第一座加氢站。宇通客车一直在进行燃料电池客车技术攻关研发：

2009年，成功推出第一代燃料电池客车。

2013年，第二代燃料电池客车面世，并于2014年顺利获得工信部批准的行业首个燃料电池客车生产资质。

2018年，宇通中标河北省张家口市公交公司氢燃料公交车辆采购招标。

2018年，在交通运输部主办的"第十四届国际交通技术与设备展览会"上，宇通新一代"双配置"氢燃料电池客车新品首次与公众见面。该车不仅实现了性能全面升级，还具备活性再生自动控制物理化学一体化空气过滤的"负排放"黑科技。

2018年，郑州市政府常务会议上提出，要在全国率先启动燃料电池公交车示范运行，有利于郑州快速抢占燃料电池产业机遇，加快布局燃料电池产业链。

湖北武汉同样不甘示弱，近两年来，东风汽车、南京金龙、武汉理工新能源、武汉众宇、雄韬电源公司等一批国内顶级氢能研发企业纷纷在武汉落户。据武汉出台的首份氢能产业发展规划方案显示，到2025年，武汉将产生3~5家国际领先氢能企业，建成加氢站30~100座，形成相对完善的加氢配套基础设施，实现乘用车、公交、物流车及其他特种车辆总计1万~3万辆的运行体量，氢能燃料电池全产业链年产值力争突破1000亿元，成为世界级新型氢能城市。

尽管如此多的省市已经开始拼抢氢能之都的宝座，但氢能产业未来前景还有待学界的努力，看谁家能够率先完成技术突破，让氢能利用的成本大幅降低下来。

美国航天工程学专家和火箭科学家罗伯特·祖布林曾在他的著作《能源的胜利》里称，"氢只有在最坏的情况下，才可能成为汽车的能源"。他之所以这么不看好氢能源，主要是因为大规模氢经济的发展受限于许多技术挑战，包括长期存储设备、运输管线等难以研发，缺乏安全性高的氢发动机技术，氢与空气中的氧混合后有很大的安全隐患，以及电解制氢生产的成本问题，等等。这些现实困难再加上一个"商业回报"的限制选项，直接导致氢经济几十年来只能作为低碳经济的一小部分缓慢发展。[26]

国际能源署的报告显示，绿氢目前的价格为3.5~5欧元/千克，远高于通过化石燃料制成的高碳灰氢（1.5欧元/千克）。未来一段时间，绿氢市场竞争力较弱，需要长期投资扶持。保守估算，全球氢能行业如要实现有效扩张，到2050年实现氢能供给全球24%的能源需求，针对这一行业的投资需要约11万亿美元。

巨大的投资、技术的突破，这都是设在氢能产业前的门槛，已经明确氢能是最为清洁的能源，但最后谁能成为氢能宝座上的王者，还有待市场的检验。

·第十三章·
宁德奇迹

就在新旧能源体系变化之时，有鹤岗这样错过时代机遇的城市，也有把握住时代机会的城市，比如福建宁德。

宁德市隶属于福建省，别称闽东，是中国大黄鱼之乡，按照人均GDP来看，宁德市一直在福建全省排名靠后。相比而言，宁德的滨海平原较小，其市区依山傍海，城在山中，山在城中，城市扩展成本高，城市建成区面积赶不上福州、泉州等地，且地形的影响对宁德农业、工业、城建等方面都有一定的限制。

但就在近五年，宁德市的GDP高速增长。在《福建日报》的一篇报道中指出，2020年宁德GDP增速达到10%，福建省考核的12项主要经济指标，宁德有6项增速居全省第一位，有9项增速超过全省平均水平。而宁德近几年之所以经济突飞猛进，就是抓住了新能源的契机——随着宁德核电、新能源、鼎信、联德等一批重点大型项目的投产，在宁德市传统的电机电器、食品加工、船舶修造产业基础上，已经形成了发电供电、锂电池、冶金、合成革等新产业。

宁德市是怎样抓新能源产业机会的？有一个典型样本，即"宁德时代"公司。2021年5月，宁德时代的创始人曾毓群以345亿美元身家一举超越李嘉诚成为香港首富，这让更多人知道了这家新能源电池巨头。曾毓群本是宁德人，大学毕业后去广东闯荡。早在2000年之前，曾毓群就在广东东莞那边做锂电池，成绩斐然。

2000年，宁德制造业产值刚刚超过农业，庆幸的是，宁德市政府非常具有前瞻性，当时就已经认定锂电池产业在未来大有前景，多次劝曾毓群回乡创业。但根据当时的实际情况来说，回乡怎么看都不是一个最好的选择，无论是信息、资源，宁德都不占优，因为曾毓群当时所在的公司已经有不少外籍专家，而宁德这个小地方，连个外文报都没有，营商环境和硬件设施都跟不上，何况当时公司已经有几千名员工，都已经在东莞安家。

但最终，在家乡政府的诚意感召下，曾毓群还是回去了。2008年3月，宁德新能源科技有限公司正式成立，其后又经过三年筹备，2011年，曾毓群与同乡黄世霖回到了老家宁德建成投产，成立了后来的宁德时代新能源科技股份有限公司（以下简称"宁德时代"）。就在十年间，宁德时代从几间厂房发展成为享誉全球的电池巨头。2018年上市以来，宁德时代股价增长了10倍。2019年11月至今，更是从约70元/股上涨到了约600元/股，市值超过万亿，成为中国股市中市值最大的公司之一，成为新经济新能源的代表企业。

宁德时代回乡发展，当地政府也是全力支持，远远不是把人感召回来就放手不管了，确实是助力发展。宁德时代刚成立时，销售规模不大，为了帮助其打开市场，福建省工信厅还带着他们去拜访包括东南汽车和厦门金龙这样的本地车企。后来，厦门金龙成为宁德时代前五大客户，2005年，厦门金龙作为第二大客户，采购金额达到8.9亿元。

帮助宁德时代留住专家和人才也被当地政府视作重要工作，为此，宁德政府制定了一系列人才优待政策，一些专家甚至可以在当地享受到厅处级干部的医疗待遇。根据宁德时代2020年财报，他们目前共有研发技术人才5592名，包括127名博士、1382名硕士，其中大多都在小城宁德工作和生活。

宁德时代发展起来后，对当地经济起到了很好的拉动作用，就在宁德时代逐渐发展成型后，宁德当地开始围绕宁德时代打造上下游的产业集群，积极招商引资，招来了约70家配套企业。

为了帮助整个产业链做大做强，2017年，宁德市政府参与宁德时代举办的全球供应商大会，开始推介宁德的经商环境以及产业政策，并在会上与多家宁德时代供应商建立了联系。这一次推荐的落地效果显著，当时就有三十多家企业有意向落户宁德。产业链的聚集效应越来越明显，正向循环效果日益呈现。2018年，由于宁德时代的关系，年产值超过300亿元的上汽集团乘用车项目也落户宁德，该项目是福建省设计产能最大的新能源乘用车生产项目。

可以说，一个锂电池产业彻底改变了一方水土。

通过宁德时代的例子我们可以想一下，如果谁能成为新能源汽车的霸主，将给当地经济带来怎样的变化？这样的碳红利，谁不想吃到嘴里？围绕着新能源汽车，一场争霸战已经打响。

·第十四章·
"新能源汽车霸主"争夺战

汽车产业自诞生以来，一直都是全球工业的风向标，大型整车企业对当地经济的拉动效应属于震撼、重塑式的。伴随着一个个大的整车企业，往往崛起的就是一个工业之都、汽车之城。

随着电动化、智能化时代的到来，汽车产业迎来百年未有之大变革，在这轮大变革中，哪个城市能先拔头筹，无疑为当地经济的腾飞插上了翅膀，更新了都市财富的发动机。上海、重庆、合肥等城市都已经全力出击，为打造"新能源汽车之都"的宝座展开了激烈争夺。

一、安徽：借"新能源汽车"打造产业集群

安徽本身的汽车产业底子就不薄。像江淮汽车集团，前身为1964年就成立的合肥江淮汽车制造厂，是一家集全系列商用车、乘用车及动力总成研产销于一体企业，技术实力颇为强劲。20世纪90年代，江汽集团研制出了中国第一台真正意义上的客车专用底盘。像奇瑞汽车，属于中国最早自主品牌汽车之一，也位于安徽省芜湖市经济开发区，截至2020年累计全球汽车销量突破900万量。相比其他省份，安徽在汽车工业上算是颇有技术和人才储备。在新能源汽车的大潮里，岂肯轻易放过如此产业机会。

目前，安徽省正在谋划汽车产业未来五年高质量发展蓝图。到2025年，世界级汽车产业集群培养将取得突破性进展，全省新能源汽车产业整体发展水平将达到国际先进水平。《合肥晚报》在一篇"支持合肥构建新能源汽车核心发展区"的报道中指出：

"十四五"期间，安徽汽车产业计划着力构建以合肥、芜湖为核心，以马鞍山、安庆、滁州、宣城、六安等为支撑的"双核驱动、多点支撑"发展格局，并支持各地加快产能结构调整，通过政策支持、资源调配等方式，鼓励优势整车企业在省内开展产能合作，推动汽车产业优化整合、兼并重组。

在"双核"方面，接下来将以合肥、芜湖新能源汽车重大新兴产业基地为全省汽车产业核心发展区，探索构建跨城市的区域产业协同机制，打造"合肥芜湖"双核联动、相互促进的一体化创新产业链。

除了支持芜湖打造自主品牌核心集聚区外，未来几年，安徽将重点支持合肥构建新能源汽车核心发展区。依托产业聚集区，支持重大项目建设，培育具有国际竞争力的新能源汽车品牌，整合产业链上下游资源，力争将合肥打造成为全国新能源汽车之都。

2021年4月29日，由蔚来与合肥市政府共同规划的新桥智能电动汽车产业园正式开工建设，这意味双方的合作达到了一个新的高度。蔚来汽车董事长、CEO李斌在多个公开场合表示，正是在去年4月，来自合肥市政府的巨额投资让身处"重症监护室"的蔚来转危为安。

除了新能源汽车代表之一的蔚来汽车，目前在安徽，已经云集了大众安徽、江淮汽车、奇瑞汽车、长安汽车、华菱汽车等一大批知名企业。"十四五"期间，安徽将鼓励汽车企业把质量建设作为提高竞争力的核心，鼓励适宜企业制定品牌向上计划，围绕设计研发、生产制造、质量控制和营销服务全产业链。

面对新能源汽车如此丰硕的果实，以前有汽车工业基础的区域更加心动，如果不将旧有的传统汽车产业升级、进化为新能源汽车，不但意味着在新时代里分不到一杯羹，还意味着原有的传统汽车产业将面临巨大的产业压力，甚至被彻底淘汰出局，所以对传统汽车工业基地来讲，这份转型升级的迫切性更强。

二、重庆：全力谋求产业转型

一直以来，重庆以工业立市，是一座典型的重工业城市。其中，汽车产业则是重庆工业的重中之重，是重庆经济的支柱之一。重庆拥有全国最多的汽车厂商，包括长安、长安福特、东风小康、力帆等20余家整车生产企业，遍布在渝北、江津、涪陵、万州、合川等十几个区县。而汽车企业也带来了供应链的落地，重庆有着上千家规模以上汽车零配件配套厂商。

从2009年开始，乘着中国汽车产业飞跃式增长的势头，重庆汽车产业快速发展。国家统计局数据显示，重庆汽车的产销规模从2009年的118.65万辆，到2015年已经增长至260.93万辆，成为全国第一大汽车生产基地。2016年，重庆创造了一个巅峰时刻，汽车产量达到316万辆，位居全国第一。就在同年，重庆市全年GDP以10.7%的增幅领跑。

但随后市场发生变化，吉利、长城等一批车企崛起，SUV等运动型车型走俏，汽车市场格局出现剧烈变化。此后几年，长安汽车产销大幅下滑，长安福特销量腰斩，长安铃木退出中国，长安汽车股价也是大跌，力帆集团悲惨到需要通过出售造车"资质"来缓解资金压力后，又进入破产重整的程序，力帆股价更是跌到惨不忍睹。

重庆经信委副主任居琰曾经在公开场合表示，如果重庆汽车产业再不谋求转型，未来面临的不仅是支柱产业能否支撑得住的问题，背后还有几十万人的就业问题。

在重庆传统制造业转型过程中，新能源汽车和智能网联汽车被认为是转型升级的两大关键。2018年12月，重庆市政府发布了《重庆市人民政府办公厅关于加快汽车产业转型升级的指导意见》，其中提到要大力提升汽车产业产品电动化、智能化、网联化、共享化、轻量化水平，打造现代供应链体系，壮大共享汽车等应用市场，实现产业发展动能转换。

按照规划，到2022年，全市汽车行业研发投入达到180亿元，研究与试验发展经费投入强度达到2.5%，超过全国平均水平，年新车型投放量达到20款，其中新能源和智能网联汽车达到10款以上。与此同时，重庆政府还将在平台、研发、降低成本、人才方面给予企业资金等支持。

在政策与资金的加持下,转型效果立竿见影。自2018年以来,两江新区共实施了近170个汽车大数据智能化改造项目,财政补贴2.6亿元,撬动企业资金近26亿元,并建成数字化车间29个、智能工厂7个。

一系列动作在市场上还是取得了效果。2020年,重庆汽车产业顶住了疫情压力,产量逆势上扬。统计数据显示,2020年全年汽车产量158万辆,同比增长13%。

除了对新能源汽车厂家"重拳出击",在开拓市场方面,重庆市政府也是不断发力。2020年9月7日,重庆市政府发布《重庆市支持新能源汽车推广应用激励措施(2020年度)》(以下简称《措施》)。《措施》的目的在于扩大新能源汽车私人消费,完善基础设施,优化使用环境,加快新能源汽车推广应用,促进重庆市新能源汽车产业高质量发展。

对购买新能源汽车的用户也是优惠颇大。按照政策,对于加快私人领域新能源乘用车推广应用方面,重庆市采取对市内销售并上牌的新能源乘用车按照指导价(扣除国补后)进行降价优惠的,市财政及整车企业所在区县财政分别按优惠价的25%给予整车企业奖励;同时,对网约出租车、巡游出租车、公交车等公共用车进行不同程度的补贴奖励。

此外,重庆市还将对市内新能源汽车使用环境进行优化,新能源汽车在路内停车位以及收费停车场免收停车费,并对新能源汽车充电费用给予补贴。

一系列的政策下,2020年,重庆市内车企推广应用新能源汽车3.64万辆;截至2020年,重庆累计推广应用新能源汽车10万辆,建成公共充电站超2000座、公共充电桩1.7万个,公用充电基础设施已实现全市区县全覆盖,处于西部地区领先水平。

进入2021年,重庆预计安排超10亿元资金,从生产、销售、使用等环节全过程支持新能源汽车发展,重点向充(换)电基础设施短板建设和配套运营服务倾斜,推动新能源汽车产业电动化、网联化、智能化发展,力争推广应用纯电动新能源汽车1万辆以上、新建充电桩6000个。

三、上海：已占据赛道优势地位

在新能源汽车的"王者争霸战"中，上海更是重量级选手，出手力度可谓是全球罕见。2019年，上海有史以来最大的外资制造业项目——特斯拉超级工厂在临港产业园区正式开建，这就已经震惊了全球汽车产业。

2020年，特斯拉全球总交付量高达49.95万辆。明星车型Model 3、Model Y自国产以来受到国内消费者追捧，始终处于供不应求的状态。乘联会数据显示，2020年12月特斯拉Model 3单月销量高达23804辆，全年销量为137459辆，登顶2020年中国新能源汽车销量冠军。经过一年多的时间，特斯拉上海超级工厂极大带动了上下游产业链的发展。据了解，目前已在临港落户的配套企业超过百家，涉及车身、底盘、动力系统、控制系统等不同方向，对中国新能源汽车产业链的培育起到关键作用。

已经在新能源汽车赛道上占据优势地位的上海，更为自己制定了雄心勃勃的发展计划。2021年2月，上海制定了《上海市加快新能源汽车产业发展实施计划（2021—2025年）》，其2025年新能源汽车产业发展目标如下：

（一）产业规模国内领先。上海本地新能源汽车年产量超过120万辆；新能源汽车产值突破3500亿元，占全市汽车制造业产值35%以上。

（二）核心技术攻关取得重大突破。动力电池与管理系统、燃料电池、驱动电机与电力电子等关键零部件研发制造达到国际领先水平。车规级芯片、车用操作系统、新型电子电气架构等网联化与智能化核心技术取得重大进展，形成完整供应链。

（三）绿色交通能源体系加速形成。个人新增购置车辆中纯电动汽车占比超过50%。公交汽车、巡游出租车、党政机关公务车辆、中心城区载货汽车、邮政用车全面使用新能源汽车，国有企事业单位公务车辆、环卫车辆新能源汽车占比超过80%，网约出租车新能源汽车占比超过50%，重型载货车辆、工程车辆新能源汽车渗透率明显提升。燃料电池汽车应用总量突破1万辆。

（四）网联化智能化应用能力明显提升。有条件自动驾驶的智能汽车实现规模化生产，高度自动驾驶的智能汽车实现限定区域和特定场景商业化应用，智能交通系统相关设施建设取得积极进展，高精度时空基准服务网络实现全覆盖。

（五）基础设施配套持续优化。充换电技术水平大幅提升，设施布局持续优化，智能化、信息化运营体系基本建成。充换电设施规模、运营质量和服务便利性显著提高。建成并投入使用各类加氢站超过70座，实现重点应用区域全覆盖。

（六）政策体系不断完善。新能源汽车应用、加氢及充换电相关标准和监督体系基本成熟。智能汽车测试、示范应用、商业运营相关标准体系建设取得重大进展。

在具体举措中，上海计划支持新一代动力电池、高功率密度驱动电机及控制系统、燃料电池系统、车用操作系统及车规级芯片等关键零部件核心技术研发；推动多种形式车用氢气储运技术应用，大幅降低成本；支持国企改革，打造若干个销售规模达到百亿级的零部件"独角兽"企业；支持安亭、临港新片区、金桥合力打造世界级新能源汽车产业集群；推动长三角燃料电池汽车和智能汽车一体化发展，实现制度、标准、成果互认。

为了支持新能源汽车，上海市特意指出：自2023年起对消费者购买插电式混合动力汽车不再发放专用牌照额度。公交汽车、巡游出租车、党政机关及国有企事业单位公务车辆等有适配车型的，新增或更新车辆原则上全部使用纯电动汽车或燃料电池汽车。

可以看到，经过几年的打拼，上海特斯拉、合肥蔚来、广州小鹏、深圳比亚迪、重庆小康和长安等各大豪门已经拉开了架势，那么上海、合肥、广州、深圳、重庆以外的城市还有机会吗？传统汽车重镇长春、武汉、襄阳等地就这样坐看机会丧失吗？

可以预见，围绕着"新能源汽车霸主"之位，各地的龙争虎斗将更加激烈。

换个角度思考，在此轮汽车产业百年未有的大变局中，到目前还迟迟未动的区域恐怕已经身位落后，如果没有特殊机缘，这落后百亿、千亿的产业差距已经难以追赶了。有志于新能源汽车产业的朋友们，要慎重思考自己所处的地域。汽车这种需要拉动全产业链支持配合的产品，仅凭个人、单独企业是玩不转的。

第四部分
谁会拥有碳资产的全球定价权？

◇ 第十五章　"碳中和"已成全球主流趋势

◇ 第十六章　全球油气市场，40年后谁用石油？

◇ 第十七章　全球汽车产业的重塑时刻

◇ 第十八章　贸易运输行业的抽心之变

◇ 第十九章　全球金融市场，打响"碳资产"定价争霸战

◇ 第二十章　石油美元霸权面临巨大冲击

·第十五章·
"碳中和"已成全球主流趋势

相信有的读者朋友已经想到了,既然"碳中和"对中国经济影响都这么大了,如果全球各个国家都搞"碳中和",那对全球经济岂不是影响更大?

没错。

"环球同此凉热",在"碳中和"新时代里,全球经济版图将出现巨变。

放眼全球,出于对人类自身繁衍的责任感,出于对地球复杂而微妙的大气系统的敬畏感,出于对一旦突破大气平衡点后不可逆的恐怖后果(忘了相关内容的朋友可以回头再翻翻本书第一部分),"碳中和"已成全球主流发展趋势。

目前,全球已有超过120个国家和地区提出了"碳中和"目标。其中,大部分计划在2050年实现,如欧盟、英国、加拿大、日本、新西兰、南非等。美国总统拜登已明确表示,将承诺在2050年实现"碳中和"。一些国家计划实现"碳中和"的时间更早,如乌拉圭2030年实现"碳中和",芬兰2035年实现"碳中和",冰岛和奥地利2040年实现"碳中和",瑞典2045年实现"碳中和"。有趣的是已经有国家完成了人类梦寐以求的环保大业,宣布实现了"碳中和",而且还是两个国家,那就是苏里南和不丹,这两个国家已经分别于2014年和2018年实现了"碳中和"目标,进入负排放时代。

苏里南位于南美洲北部,无论是从面积还是人口排名来说,其都是南美洲最小的一个国家。1602年,荷兰人开始到此定居,其后几个世纪此地都是荷兰的殖民地,1975年才宣告独立,成立共和国。苏里南的经济发展却长期裹足不前,至今仍未摆脱贫困状态。不丹位于中国和印度之间喜马拉雅山脉东段南坡（属青藏高原南底），以农业为支柱产业。

从"碳中和"这个角度，我们也可以看到全球经济发展不平衡的问题，最先实现负排放的是两个不发达地区，其本身都没有发展到碳排放那一步。在一些发达国家内心深处恨不能把除自己之外的国家都按在农业社会阶段，不但没有碳排放问题，还可以供他们发"思古之幽情"，好追忆农业文明的田园乐趣，把不发达地区当作农业文明的典型"化石"。

目前全球各个国家的碳排放问题基本与中国类似，根据国际能源署测算，1990—2019年，传统化石能源（煤、石油、天然气）在全球能源供给中占比近八成，清洁能源占比很小。而全球温室气体排放量的73%源于能源消耗，其中38%来自能源供给部门，35%来自建筑、交运、工业等能源消费部门。所以各国目前制定的"碳中和"路径主要是从能源供给和消费两端入手，大力发展清洁能源，减少高碳能源消耗。从目前各国的"碳中和"路径上来看，其实并没有太多新奇的玩法，减排路径与我国基本同频。具体措施包括：

一、降低火电供应

从能源供给一侧看，55%累计排碳来自电力行业，而电力行业80%排碳来自燃煤发电。为实现"碳中和"目标，全球多个国家均已采取措施降低对煤炭的依赖。

比如：2017年，英国和加拿大共同成立"弃用煤炭发电联盟"（The Powering Past Coal Alliance），已有32个国家和22个地区政府加入，联盟成员承诺未来彻底淘汰燃煤发电；德国"煤炭退出委员会"已经宣布将在2038年前关闭所有煤炭火力发电厂；2020年4月，奥地利最后一家燃煤电厂Mellach关闭，该电厂在过去34年间主要向附近城市格拉茨供电供暖；希腊、荷兰、芬兰、匈牙利、丹麦也计划在2020年内放弃燃煤发电，法国则计划加快实施"无煤化"，并希望在2023年底关闭燃煤设施；丹麦停止发放新的石油和天然气勘探许可证，并将在2050年前停止化石燃料生产。

二、发展清洁能源

尽管时间表略有差异,但将火电剔除出能源结构之后,各国都需要补齐这部分的能源供给,现在都在如火如荼地发展清洁能源。

目前,德国是欧洲可再生能源发展规模最大的国家,德国政府也是政策力挺,在2019年出台了《气候行动法》和《气候行动计划2030》,明确提出可再生能源发电量占总用电量的比重将逐年上升,该比重将在2050年达到80%以上。美国在这个问题上动手还是很早的,在2009年就颁布了《复苏与再投资法》,通过税收抵免、贷款优惠等方式,重点鼓励私人投资风力发电,2019年风能已成为美国排名第一的可再生能源。欧盟2020年7月发布了氢能战略,推进氢技术开发。英国、丹麦均提出发展氢能源,为工业、交通、电力和住宅供能。

三、绿色建筑

很多国家把"碳中和"的目标瞄到了绿色建筑上。追根溯源,国外对绿色建筑的研究颇早,从20世纪60年代起,美国、澳大利亚、德国、英国等国家的部分建筑师、生态学家就开始从土生建筑、生物建筑、自维持建筑、共生建筑的研究实施,逐步提出绿色建筑的概念,这一时期主要是由个别的专业人士研究推广。当然这些建筑师主要是想把当时的建筑材料、建筑科技跟低碳结合起来,这与古老的农业文明的低碳村落建筑虽然同是低碳,但设计理念、操作建材的工业属性更强。到了1976年,绿色建筑的发展从个人行为上升到政府、个别国家上升到国际的层面。比如当年在加拿大温哥华召开的联合国首届人居大会提出了"以持续发展的方式提供住房、基础设施和服务"的目标。

和亚洲的一些新型大城市不一样,欧洲的城市化进程比较早,所以到目前为止,八成以上的建筑年限已超20年,维护成本较高。欧委会2020年发布了"革新浪潮"倡议,提出2030年所有建筑实现近零能耗;法国设立了翻新工程补助金,计划帮助700万套高能耗住房符合低能耗建筑标准;英国推出"绿色账单"计划，以退税、补贴等方式鼓励民众为老建筑安装减排设施，对新建绿色建筑实行"前置式管理"，即建筑在设计之初就综合考虑节能元素，按标准递交能耗分析报告。

四、新能源交通工具

从整体经济产业布局角度来看，新能源汽车自然是各国关注的重点领域，特别是欧美各国都是工业化浪潮的老牌玩家，都非常清楚汽车产业对整个国民经济的强大推动力。

德国已经提高电动车补贴，挪威、奥地利对零排放汽车免征增值税，美国出台了"先进车辆贷款支持项目"，为研发新技术车企提供低息贷款。在发展新能源汽车的同时，一些国家还在压缩燃油车的空间，出台了一系列的负向约束措施，比如禁售燃油车时间表，主要发达国家及墨西哥、印度等发展中国家均公布了禁售燃油车时间表。

针对新能源汽车整车制造这一块巨大的蛋糕，美国、德国、日本都是势在必得。特别是对德国、日本来说，好不容易经过几十年甚至上百年的市场打拼，在全球范围内奠定了德系车、日系车的江湖地位，如果新能源汽车整车制造另起炉灶，彻底甩开之前的汽油车，那将对德、日两国产业经济造成严重打击。

在陆路交通方面，多个国家政府以法律政令形式推广绿色出行。美国出台《能源政策法案》，建立低碳燃料标准并进行税收抵免；日本、南非、阿根廷等政府发布绿色交通战略或交通法令，统一购车标准，鼓励使用电动或零排放车辆。水陆运输领域也在推广零排放交通工具。欧委会公布了《可持续与智能交通战略》，计划创建一个全面运营的跨欧洲多式联运网络，为铁路、航空、公路、海运联运提供便利，推动 500 千米以下的旅行实现"碳中和"，预计仅多式联运一项，就可以减少欧洲 1/3 的交通运输排放。

五、大力减少工业碳排放

在减少工业碳排放方面，各个国家的方向都是相同的。2021 年 1 月，欧盟委员会通过新版《循环经济行动计划》，将循环经济理念贯穿到产品从设计制造到消费、维修、回收再利用等整个周期，其中电子通信、纺织品、废旧电池、塑料、建筑等行业将作为计划实施的重点领域。针对欧洲商品的生产和消费存在严重浪费现象，《循环经济行动计划》中还提出"电子循环计划"、新电池监管框架、包装和塑料新强制性要求以及减少一次性包装和餐具，旨在提升产品循环使用率，减少欧盟的"碳足迹"。

另外，欧洲国家正在大力发展碳捕获和储存技术。2018年，英国启动了欧洲第一个生物能源碳捕获和储存试点。但目前国际上在碳捕捉领域也面临同样的问题，技术不过硬、成本过高、地质埋存风险难以估计。

六、种树

此外，世界各国在"碳中和"之路上还有一个招数，那就是像中国那样——种树。因为树木是最佳的碳汇方式，要想更好地实现"碳中和"，增加绿化面积是不二选择。所以各国都在大力推广植树造林，比如英国政府发布了"25年环境计划"和"林地创造资助计划"，到2060年将英格兰林地面积增加到12%；秘鲁等七个南美国家签署了灾害反应网络协议，增强雨林卫星监测，禁止砍伐并重新造林；墨西哥以国家战略明确2030年前实现森林零砍伐的目标。

·第十六章·
全球油气市场，40年后谁用石油？

目前，石油在中国一次能源消费的比例大约是20%，按照2030年"碳达峰"目标，计划在2030年将天然气在国内一次能源的消费比例从8%提升至15%，在2060年实现"碳中和"，这就需要中国在内部少用煤炭，在外部同样要减少对包括石油、天然气化石能源的依赖，更多地转向可再生能源和无碳能源。

相信很多人都懂大客户起身离开会给一个行业带来什么样的后果。中国是世界上最大的石油进口国，是全球油气市场的大主顾，而且前面也介绍了德国、英国等国也在同步推进"碳中和"革命，也就是说，从石油餐桌上离开的大买家不止中国一家。对石油这种需求量的下降前景已经悄然显现端倪。

另外，随着全球各个主要经济体疯狂地推进新能源汽车，各大汽车巨头正在疯狂地推进以锂电池为首的新一代智能化驾驶模式，柴油、汽油需求的下降也是未来题中之义。这将对原油勘探、开采、运输、炼化等油气全产业链条造成全方位的冲击。

一、原油出口大国面临严峻考验

聪明的朋友肯定已经想到，"碳中和"革命除了对我国内部的能源格局造成影响外，对全球油气市场的影响会更大，特别是那些原油出口大国。

据世界顶级出口国网站（World's Top Exports）统计显示：2019年，沙特石油出口收入达1336亿美元，位列全球十大石油出口国第一，占全球石油出口总额的13.3%；俄罗斯和伊拉克以1214亿美元和833亿美元分列第二、三位，占全球石油出口份额分别为12.1%和8.3%；随后是第四名加拿大（681亿美元，6.8%）；第五名阿联酋（661亿美元，6.6%）；第六名美国（653亿美元，6.5%）；第七名科威特（420亿美元，4.2%）；第八名尼日利亚（410亿美元，4.1%）；第九名哈萨克斯坦（336亿美元，3.3%）；第十名安哥拉（323亿美元，3.2%）。而且，石油出口排名前15位的国家石油出口总收入占全球石油出口总额的86.7%。

根据"碳中和"达成后的经济模式，国际能源署做过一轮假设。据预测，在远期实现"碳中和"的情境下，世界一次能源总需求在2019—2070年间仅增长4.7%，同时全球人口将有35%的增幅，经济增长约3.5倍。如果在全球能源政策不转变的情况下，2070年全球一次能源需求较2019年增长36.2%。

在这个模型之中，预计未来经济增长与能源需求脱钩程度将大大提升，这实际上说明国际能源署已经认定，过去那种发展模式将迎来重大转型。预计2019—2070年单位美元的能源消耗将下降2/3，年化下跌2.2%，而1990—2019年下降速度为1.6%，能源和材料利用效率需要得到大幅度提升。在2070年全球实现"碳中和"的假设下，国际能源署预计全球煤炭在一次能源中的占比将由2019年的25.9%下降至4.6%，原油占比从31.0%下降至7.6%，天然气自22.9%下降至13.4%。而不管是在"碳中和"或者既定政策的假设下，可再生能源的需求占比都将大幅提升。预计"碳中和"下，可再生能源需求占比将从2019年的15.2%上涨至64.8%。

不可忽视的是，随着新能源车的推广普及，对传统能源的替代也抑制了原油的需求增长。在申万宏源的《石油天然气价格走势及对各行业影响专题分析报告》中，对于新能源汽车替代传统能源汽车，假设有500万台新能源汽车，且替代汽油消费为主，如所代替的汽车百千米油耗7升，每台车年行驶4万千米，则替代汽油1184万吨，可见其替代效应明显。2000年以来，全球的原油年需求平均增速为1.2%，但是整体人均消费有下降的迹象，未来全球人口仍将保持增长，但是老龄人口比例提升，加之新能源汽车的渗透，石油需求或有望在2030年之前达到峰值。

面对未来的能源结构转型态势，国际能源署已经开始呼吁各国尽快停止地质勘探和新油气田开发。国际能源署执行董事比罗尔表示，2021年应禁止对地质勘探和新油气田开发的投资。可以预见，向"碳中和"过渡将使全球石油生产商大幅减少，仅剩低成本生产商。至2025年，OPEC国家将凭借低成本优势把其在全球石油市场中的份额从目前的37%提升至52%。

但围绕国际能源署的预测和呼吁，石油行业的一些从业人员已经提出了异议。国际能源署对石化行业的遏制政策遭到了部分机构批评，但这种争议往往是"长期视角与短期视角"之争：伍德麦肯兹国际能源宏观研究公司表示，石油和天然气在全球经济中的作用巨大，认为全球石油和天然气需求短期内将恢复至疫情前水平，约达到1.6亿桶/日；长期看，随着"碳中和"进程不断推进，碳氢化合物需求将下降，乐观情况是2050年全球石油日需求量降至9000万桶，2030年布伦特原油价格超过80美元/桶，如国际社会积极应对气候变暖，全球石油需求高峰将在2025年出现，2050年全球石油日需求量将降至3500万桶，2030年布伦特原油价格将跌至40美元/桶。

很多专家就此问题也纷纷做出预言和判断，主流意见认为石油和天然气不仅是发动机燃料来源，还可生产肥料、聚合物和其他石化产品，对现代社会至关重要。尽管有"碳中和"的影响，但石化行业依然可以存在，且停止石油和天然气投资将破坏全球能源市场格局，导致很多高成本的企业因此破产。

现在在国际上提出任何关于石油缺乏前景的观点，确实是需要一点承压能力的。因为在过去百年能源体系中，石油体系已经缔造出了非常强大的财富既得利益者。以沙特阿拉伯为例，沙特阿拉伯曾经是一个土地贫瘠、资源匮乏、地广人稀的沙漠之国，70%的国土面积为半干旱荒地或低级草场，可耕地面积只占土地面积的1.6%，可以说经济发展惨到极点。但自从1938年在沙特的达兰地区发现了石油，沙特的历史发生了根本性变化。依靠对石油资源的开发和利用，沙特从一个贫穷的国家发展成为一个人均收入位居世界前列、实力雄厚的新兴国家。

沙特的石油资源极其丰富，已探明的石油储量居全球之冠，约占世界总储量的1/4。不仅如此，沙特的石油还具有品质多样的特点，从重油到轻油品种齐全，可满足世界各地炼油厂的需要。石油和石化工业早已经成为沙特的经济命脉，石油收入占国家财政收入的87%，占国内生产总值的42%。近年来，沙特政府充分利用本国丰富的石油、天然气资源，积极引进国外的先进技术设备，大力发展钢铁、炼铝、水泥、海水淡化、电力工业、农业和服务业等非石油产业，尽管依赖石油的单一经济结构有所改观，但石油依然是其命脉。

二、石油巨无霸将会成为消失的恐龙吗？

想象一下，在"碳中和"时代，相信到2060年，沙特原油成本依然极具竞争力，但石油会有多大需求？沙特还会保持富有的现状吗？要知道人类之所以放弃用石头做工具，并不是因为石头用完了，也不是因为石头变贵了。新的能源时代，必然会对国际原油市场造成颠覆式的影响。而某些依托原油资源致富的国家将面临转型的迫切压力。经过近八九十年的积累，在全球经济体系中已经出现了一批石油巨头企业，那么在新的时代里，这些原油巨头同样压力山大。

据《中国石化报》报道（"国际石油巨头遭遇环保'逼宫'"），2021年5月26日，荷兰海牙地方法院裁定，石油巨头壳牌公司对气候变化负有部分责任，并下令该公司以远高于目前计划的力度削减碳排放。值得注意的是，法院强制要求油气公司遵守《巴黎协定》减少碳排放的裁定尚属首次。

当天，荷兰海牙地方法院裁定，到2030年壳牌必须使其碳排放量比2019年的水平降低45%。而根据壳牌公布的零碳时间表，到2030年，与2019年水平相比碳排放降低20%；到2035年，降低45%。可以看到法院裁定的"2030年降低45%"与壳牌设定的"2030年降低20%"相差甚远。

此次判决一出，一时间外媒争相报道，称其为"历史性胜利"。而就在壳牌败诉的同一天，由于环保派的投资者持续推动低碳减排，美国两大石油巨头埃克森美孚和雪佛龙也遭遇股东"逼宫"。埃克森美孚的股东在围绕公司业务方向争论几个月后，选举了两名气候活动人士进入董事会，而雪佛龙

61%的股东投票支持了一项削减碳排放的提议。全球三大石油巨头集体遭遇"逼宫",著名的债券评级机构穆迪公司将其描述为一场由投资者主导的"气候反抗",这表明随着全球向全新的能源世界过渡,石油公司面临的风险将越来越大。

数据显示,目前全球法庭上有约1800宗与气候变化有关的诉讼。外界预计,法院对壳牌的裁定可能引发连锁反应,包括BP、道达尔等油气巨头可能成为新的诉讼目标。目前的消息显示,壳牌表示针对法院裁定结果将考虑上诉。然而,对于埃克森美孚和雪佛龙来说,董事会的最终结果具有约束力,不存在"上诉"的问题。埃克森美孚和雪佛龙遭"逼宫",预示着未来其他石油公司的董事会选举也可能出现类似结果。分析师认为,这些事件将进一步加速能源转型,并可能导致更多激进主义运动和诉讼。

在石油行业里,壳牌、埃克森美孚虽然声名赫赫,但还有一家巨头才是雄霸全球,那就是沙特阿美公司,它在"碳中和"以及原油市场上的一举一动也分外引人关注。沙特阿美是沙特阿拉伯国家石油公司的简称,其成立于1988年,也是沙特最为主要的石油公司,可以这样说沙特的石油产业都被沙特阿美给垄断了。资料显示,沙特阿美相关储备非常大,2019年已探明的原油储量为1985.69亿桶,油气总储量为2560.55亿桶。要知道沙特是全球最大的石油出口国,并且沙特阿美这家石油企业最大的特点就是利润高。2019年,沙特阿美正式在沙特联交所挂牌上市,上市募资额高达256亿美元,直接成为当时全球最大规模IPO,且公司市值高达1.7万亿美元,一度成为全球市值最高的公司。

2020年,沙特阿美油气产量为1240万桶/日,上游碳强度约为每桶油当量10.5千克二氧化碳,全年排放二氧化碳6700万吨,甲烷排放强度为0.06%。跟随国际减排大势,全球最赚钱的油企沙特阿美也对炼化业务实施了新战略,但偏向于保守型。面向低碳未来,其采取的主要策略是:增加天然气储产量,利用天然气制氢,在确保油气龙头地位的同时减少碳排放;收购大型化工公司,开发自有技术,寻求多元化发展,布局化工、新能源发展;开发超级计算机、智能机器人等降低能耗，提高能源利用率，实现减排目标。

针对"碳中和"问题，沙特阿美认为，即使在气候变暖控制在2℃内的情景下，油气仍是重要能源，其中天然气将在制氢方面发挥关键作用。所以在未来几年，沙特阿美依然计划投资1100亿美元开发Jafurah气田，预计蕴藏200万亿立方英尺（约5.66336万亿立方米）天然气，原计划2024年启动生产，到2036年将达到22亿立方英尺（约6229.696万立方米）/日的天然气销量，并包括4.25亿立方英尺（约1203.464万立方米）/日的乙烷产量。但出于减排考虑，沙特阿美不再将这些天然气以液化天然气（LNG）的形式出口，而是用于制造蓝氢，并计划生产足够的天然气供国内使用，以停止燃油发电。

看看这些石油巨头在时代浪潮前的强力应对，谁胜谁败？想象一下，在未来全球500强的榜单，没有沙特阿美、埃克森美孚、壳牌、英国石油、道达尔等油气巨头将会是什么景象。

·第十七章·
全球汽车产业的重塑时刻

有的时候，你什么都没做错，甚至更加努力，但还是被淘汰了，只因为时代变了。

在19世纪时，交通行业的第一大产业是什么？答案是马车行业。伦敦、巴黎、纽约、波士顿、费城、新奥尔良、华盛顿这些大都市中，都是马车在奔驰。那时候人们攀比谁的马车更豪华、马匹跑得更快，有钱人家往往还需要配置两辆马车，一辆是在白天用的敞篷马车，另一辆是在夜晚用的硬顶四轮马车。

当时马车是奢侈品，一般人家用不起。大文豪巴尔扎克有一次和波兰某伯爵的太太韩思卡夫人相约去维也纳远游。为了不掉价，巴尔扎克没有照常搭车前往约会地点，而是自己花大价钱买了一辆贝尔利努（Berline）马车。可是因为第一次买车没经验，他忘了计算在中途换马的费用，到了维也纳的时候窘迫到连饭店服务员的小费都付不起。

在当时的伦敦、纽约等大都市，马车行业已经形成了一套庞大的产业体系。据统计，当时仅伦敦一地就养了30万匹马，供应私人马车、出租马车、公交马车、有轨马车等各类交通工具之用。马车行业的雇员，除了车夫，还有马夫、马车生产商、马厩管理员、马粪清理工等，这些人再加上他们的家人，伦敦靠此吃饭的人口就将近10万。伦敦当时虽号称世界第一大都市，但全城也不过200万人。要用汽车替换马车，就要砸掉全城百分之五的人口的饭碗。此外，还要延展到饲料、修理、马粪处理等周边行业。

马车被淘汰，并不是因为马奔跑得不努力了，而是时代变了，汽车工业崛起了。

汽车工业堪称是民用经济行业的集大成者，是在许多相关联的工业和有关技术的基础上发展起来的综合性企业。汽车工业是一个综合性的组装工业，一辆汽车由千万种零部件组成，每一个汽车主机厂都有大量的相关配件厂。为了低成本、高效率地制造汽车，这些专业生产厂（车间）按产品的协作原则，经过了近百年的分工合作。一般来说，发动机、变速器、车轴、车身等主要部件由本企业自己制造，而轮胎、玻璃、电器、车身内饰件与其他小型零部件等多靠协作或由外面专业厂生产。

汽车工业还是高度技术密集型的工业，集中着许多科学领域里的新材料、新设备、新工艺和新技术，汽车工业的发展必然会推动许多相关工业部门的发展，与许多工业部门具有密切的联系，所以汽车工业在发达国家的经济发展中起着重要支柱的作用。

比如德国，堪称现代汽车的发祥地，是生产汽车历史最悠久的国家。汽车行业是德国第一大产业，历届领导人都多次表示过，汽车行业是德国经济的重要支柱。自从1886年卡尔·本茨发明第一辆汽车至今，德国的汽车工业已经走过了120多年的发展历程。可以说，德国的汽车工业一直都与德国的政治、经济、社会文化等领域的重大事件紧密联系在一起。

1933年，德国将已经规划好的高速公路建设和国民轿车的生产提上了日程，把发展汽车工业及与此相关的行业摆到十分显著的位置。汽车的诱人前景和迅速发展起来的高速公路网，使此后的30年代再次成为德国汽车生产的"黄金时代"。到"二战"爆发前，德国的汽车工业已具有相当的基础，戴姆勒—奔驰、奥迪、大众等汽车公司均已形成一定的生产规模。从20世纪60年代开始，德国的汽车工业继续以较高速度增长，经过惨烈血拼竞争，德国汽车厂家由100多家到仅剩下10多家，产量却不断提高。

从20世纪90年代后期起，全球汽车业发生的最重要事件莫过于资产重组、联合兼并的浪潮了。这一时期德国汽车业发生的比较引人注目和产生较大反响的重组及联合兼并事件主要有：奔驰与克莱斯勒的合并，大众与宝马收购劳斯莱斯、宾利，等等。

经过几十年的演变，世界汽车工业在2000年初基本形成了所谓"6+3"（"6"即通用、福特、戴姆勒－克莱斯勒、大众、丰田、雷诺－日产；"3"指标致雪铁龙、本田、宝马）的竞争格局，基本可以代表当今世界整个汽车工业。因为这些企业的汽车产量之和已占到全世界汽车总产量的95%以上，其中德国的汽车公司为"2+1"，占据了1/3的江山。

日本的汽车工业起步比欧美晚约30年，本来在江湖上籍籍无名，应该没有机会了。但非常有意思的是，一场能源变革让日本汽车工业顺风而上。

20世纪70年代的石油危机重创了欧美车商，但是却让推崇小排量车的日本车企从中受益。就在石油危机中，日本汽车被推上了世界汽车的舞台，之后，美国一部分家庭难以承担高昂的油费，选择了日本汽车代替大排量美系车，而在欧洲注重节能减排之后，日本车又进一步抓住了欧洲市场，一跃成为世界汽车工业的巨头。1976年，日本汽车出口达到250万辆之多，首次超过国内销量。20世纪70年代以后，虽然日本经济走向成熟，经济增长率下降，但汽车产业继续保持近15%的高增长率。而日本汽车产业的这一"黄金时期"基本持续到20世纪80年代中期。此后，日本汽车市场的增长速度也开始减缓，但出口依然强势，持续推动汽车产业的不断发展。

日本汽车产业占日本GDP比重很高，虽然多方数据说法不一，但这仍是日本毫无争议的第一产业。

美国的汽车工业也非常发达，号称"车轮上的国家"，其汽车普及率居全球首位，平均每100人拥有80多辆汽车。2007年，全美国拥有超过2.5亿辆汽车。美国每年销售新车约1700万辆，是全球最庞大的单一汽车市场，所以美国又是全世界汽车业最重要、竞争最激烈的地方。20世纪50年代到70年代初是美国汽车业发展的"黄金时期"，在经过20世纪70年代两次石油危机之后，经济省油的日本小型汽车开始崛起。从20世纪70年代到90年代，日本汽车大举进入美国，给其汽车市场造成了巨大冲击。日本的本田、日产、三菱和富士公司相继在美国设厂，让美国汽车工业几乎难以招架日本汽车业的凌厉攻势。三巨头（通用、福特、戴姆勒－克莱斯勒）陷入长期的衰落，

1980年出现了34年来第一次亏损（也是当年美国企业史上最大的亏损）。

经过2008年金融风暴的洗礼，美国汽车巨头更是奄奄一息。但神奇的是，就是近几年，在新能源汽车领域，特斯拉横空出世。美国汽车工业在惨败中，不但浴火重生，反而占据了更高的维度，俯瞰原本的全球汽车工业。

围绕着"碳中和"目标，全球汽车产业必然会发生重构。美国汽车的原有三巨头早已经缺乏市场竞争力了，而特斯拉在新能源、智能化的方向高举高打，坐上了全球市值第一车企的宝座，等于从资本的角度已经重新占领了新时代的赛道顶端。在之前的篇章中，我们也回顾过汽车产业所面临的冲击，德国、日本的汽车巨头在此轮变革中显得较为被动，并没有发挥什么引领作用。这其实是非常危险的信号，也是产业进化、颠覆的前奏。当认知到一个行业已经从内到外都要发生一个颠覆性革命时，原有的巨头如果不能引领方向，必然会成为最大的输家。而汽车产业在德国、日本均有举足轻重的地位，该国汽车产业的下滑，会对该国的国民经济、就业情况、相关产业链造成巨大冲击。

从目前的态势看，美国特斯拉领跑，中国的比亚迪、蔚来、理想等造车新势力跟上，在这种格局下，如果德日车企还不反思、大力变革，那么这些德日汽车巨头百年基业恐怕离崩溃也就不远了。

·第十八章·
贸易运输行业的抽心之变

随着"碳中和"的推进,石油、煤炭、钢铁、化工、汽车等行业都会发生巨变。这些行业产品都是国际大宗交易的核心品类,随着这些产品交易量的变化,将会对全球贸易运输产业造成巨大影响。

以石油贸易为例,现在海运是全球石油贸易重要运输方式。据2017年英国石油公司发布的能源统计年鉴,2016年全球石油产量9215万桶/日,贸易量6545万桶/日。据美国能源信息署(EIA)估算,2015年石油海运量5890万桶/日,约占总产量的61%。也就是说,原油产量的60%左右都要通过运输才能被送到消费端。

全球有最重要的三大贸易圈,即以美国为枢纽的北美贸易圈,欧盟贸易圈的德国、意大利等,以及东北亚贸易圈的中日韩三国。这三大贸易圈都需要原油驱动。根据EIA中信期货研究部的一篇报告,全球原油海运主要是以中东、西非、南美为主的产油区,运往美国、欧洲以及以中国为代表的亚太地区,其中包括以下四大流向:

1. 最大海运流量来自波斯湾的中东原油,经由霍尔木兹海峡出至阿拉伯海,向东去往印度或过马六甲海峡运往中日韩;向西经由曼德海峡过苏伊士运河,或绕好望角运往欧洲或美湾/美东海岸。

2. 西非原油过好望角至东亚,或经大西洋至欧洲或北美;北非过苏伊士运河至亚洲。

3. 俄罗斯向西经苏伊士运河至亚洲;向东过日本海至中日韩。

4. 南北美东岸过大西洋经好望角至东亚国家，西岸过太平洋至亚洲。

另外还有南美—北美、东南亚—东亚、地中海—北海，以及西非—西欧、西非—北美、西欧—北美等相对中短途区域间航线。

围绕着原油运输，还有诸多航运巨头雄踞于市场之中。一艘艘巨型油轮、超级油轮后面还牵扯到投资巨大的航运制造业，那更是一个重资产行业。

在全球海运的繁忙中，诞生了最繁忙的海道、海港，比如霍尔木兹海峡。霍尔木兹海峡位于阿曼与伊朗之间，连接波斯湾与阿拉伯海。霍尔木兹海峡是世界上最重要的石油枢纽，EIA估计通过海峡的原油约80%运往亚洲，出口至中国、日本、印度、韩国和新加坡等国。

再比如位于印度尼西亚、马来西亚、新加坡之间的马六甲海峡，将印度洋和中国南海、太平洋连接起来。马六甲海峡是中东运往中日韩等亚洲消费市场最短的海上路线。2016年马六甲海峡运量为1600万桶/日，继续保持第二大航运要塞的地位。其中85%~90%为原油，其余为成品油。

苏伊士运河、巴拿马运河、土耳其海峡更是大家耳熟能详的交通要道。2021年3月23日，一艘中国台湾长荣集团货轮长赐号（Ever Given）计划驶向荷兰鹿特丹，经过苏伊士运河时发生事故，横向卡在运河中，堵塞了双向交通。结果导致各国货轮在运河上纷纷排队等候，10艘载有1300万桶原油的油轮因此受到波及，据彭博社称，可能对全球能源供应链造成不利影响。因为欧洲和美国的炼油厂依赖苏伊士运河运输中东石油，如果运河持续阻塞，进口商不得不寻找替代供应，从而抬高替代品的价格。

谈到航运时，不得不说到全球三大航运巨头——马士基集团、地中海航运有限公司、法国达飞海运集团。马士基集团成立于1904年，总部位于丹麦哥本哈根，在全球135个国家设有办事机构，主营集装箱运输、物流、码头运营、石油和天然气开采与生产，以及与航运和零售行业相关的其他活动。地中海航运有限公司成立于1970年，在世界十大集装箱航运公司中排名第二，业务网络遍布世界各地。法国达飞海运集团总部设在法国马赛，始建于1978年，目前，达飞集团在全球运营集装箱船舶267艘，在全球150个国家和地区设立了650家分公司和办事机构，其中中国有63家分支机构办事处。

假设一下，如果原油运输量大幅下滑，那么新加坡、伊斯坦布尔这些著名的港口城市会不会就此衰落？古老的希腊港口是否会就此减少风帆？而这些航运巨头将面临什么样的冲击？其中又需要多少的日用品贸易才能把原油、钢铁等产品留下的巨坑填满？

克拉克森研究数据显示，目前的全球货船船队中：原油油轮数量为2188艘，成品油轮数量为9243艘，化学品船舶数量为3966艘，其他各种类油轮数量为412艘。这上万艘油轮是否将迎来市场渐渐萎缩的命运？

全球贸易运输业如果找不到新的增长点，将不得不面临严峻考验。

·第十九章·
全球金融市场，打响"碳资产"定价争霸战

"碳中和"时代对全球金融市场是有重大影响的，最直接的体现就是看谁能拥有"碳资产"的定价权。

一、利润的核心是"定价权"

"碳排放配额"是有价格的，"绿色能源"是有价格的，"碳捕捉技术"是有价格的，"新能源汽车"是有价格的，"家用储能设备"是有价格的，"光伏设备"是有价格的，"风电设备"是有价格的，"新型的微电站"是有价格的……这是一个全新的能源时代，特斯拉的电动车定价70万元合理吗？定价30万元合理吗？甚至定价3万元合理吗？

什么是定价权？你能否改变产品定价？提价后会不会对需求有负面影响？只有拥有定价权的公司，在成本上升的情况下才可以顺利通过提价的方式将新增成本传导给下游且不影响销量。而拥有定价权意味着什么？意味着垄断，意味着利润。

中国是国际贸易体系的重要成员，但因为历史原因，在现在贸易体系中参与的时间比较晚，在国际大宗商品市场上很少拥有定价权。比如原油的价格，定价多少合适？从2008—2021年的十几年时间里，国际原油价格高的时候150美元一桶，低的时候到20美元一桶都没人要。什么是合理定价？20美元一桶油合理吗？150美元一桶油合理吗？

根据沙特阿拉伯国家石油公司沙特阿美在IPO前夕发布的招股说明书，沙特阿拉伯和科威特的石油生产成本在2019年约为17美元/桶，被认为是世

界范围开采成本最低的，而俄罗斯生产一桶石油的成本可能高达60~70美元，被认为是世界最高的石油开采成本之一。但实际上，有ACRA分析师认为，这是俄罗斯的税收、运输成本、恶劣环境等因素造成的，如果只算直接从油井开采出石油的成本，俄罗斯为4~5美元/桶，而沙特阿拉伯为1.5~2美元/桶。此外，布伦特原油的开采成本超过40美元/桶；哈萨克斯坦、美国每桶油生产成本高于46美元；安哥拉和泰国约50美元；阿塞拜疆、印度和中国的开采成本更高，要55~60美元。

那么，在国际原油市场上沙特会跟你谈开采成本吗？从来没有过，沙特总是说自己原油的财政收支平衡油价在55美元左右。什么是财政收支平衡油价？财政平衡油价指的是以石油为支柱产业、高度依赖石油收入的产油国政府能够实现财政预算平衡的原油价格。当国际油价低于财政平衡油价时，该国政府可能出现财政赤字，进而引发国家的经济、政治、社会等问题。

见过这样计算成本的吗？就是出售一件商品，要把自己国家修公路、建体育馆、满足国民教育、提升国民福利等各种开支的钱，都算到这件商品的成本里。举个例子，有家农户卖给你一个苹果，标价80元一个，只要低于80元，这农户就喊亏本；当你问这苹果成本怎么这么高时，农户说这里面包含了给娃的教育经费、购买农用车辆、给自己家修水渠的钱……如此，你觉得这个成本计算方式合理吗？你觉得不合理有用吗？没用。

这就是依据自身的优势地位，占据有利甚至垄断的市场地位之后，所拥有的定价权。在别人拥有定价权的市场中，其他玩家很难逃脱被"宰割"的命运。

二、没有定价权，难逃被收割的命运

曾经，在国际原油市场上，在别人占据定价权之时，中国的企业已经经历被收割的命运了。商战硝烟还没散去，这些企业被撕咬过的伤口还没恢复，在未来的碳资产市场上，应牢记这些教训。前车之鉴不远，在决定能源格局的市场上，在关系国计民生的碳资产市场中，没有定价权，终会吃大亏。

比如，"中航油事件"：

2003年下半年：中国航油公司（新加坡）（以下简称"中航油"）开始交易石油期权，最初涉及200万桶石油，中航油在交易中获利。

2004年第一季度：油价攀升导致公司潜亏580万美元，中航油公司决定延期交割合同，期望油价能回跌；交易量也随之增加。

2004年第二季度：随着油价持续升高，公司的账面亏损额增加到3000万美元左右。公司因而决定再延后到2005年和2006年才交割；交易量再次增加。

2004年10月：油价再创新高，公司此时的交易盘口达5200万桶石油；账面亏损再度大增。10月10日，面对严重资金周转问题的中航油，首次向母公司呈报交易和账面亏损。为了补加交易商追加的保证金，公司已耗尽近2600万美元的营运资本、1.2亿美元银团贷款和6800万元应收账款资金。账面亏损高达1.8亿美元，另外已支付8000万美元的额外保证金。10月20日，母公司提前配售15%的股票，将所得的1.08亿美元资金贷款给中航油。10月26日和28日，公司因无法补加一些合同的保证金而遭逼仓，蒙受1.32亿美元实际亏损。11月8日到25日，公司的衍生商品合同继续遭逼仓，截至25日的实际亏损达3.81亿美元。

2004年12月1日，在亏损5.5亿美元后，中航油宣布向法庭申请破产保护令。

事后经过调查才发现，中航油当时"做空"石油，小部分是通过伦敦石油期货市场交易的，大部分是通过柜台期权市场交易的。在后来的"中航油事件"的追债者中有高盛能源贸易子公司（J.Aron公司）、三井能源风险管理公司、巴克莱资本、伦敦标准银行、三井住友银行、富通银行和麦格理银行等。其中前三家就是中间商或做市商。高盛的中文网站介绍说：高盛是场外交易市场的造市机构，是能源风险管理领域公认的行业领导，协助大量的客户全面管理与能源相关联的风险。

普华永道2005年3月30日公布的"中航油事件"调查报告显示，中航油在2003年四季度对国际油价作出下跌的预期，因此改变交易战略，从"做多"转入"做空"，开始卖出买权并买入卖权。从2003年12月31日到2004年1月31日，中航油已亏损1100万美元，主要就来源于在石油期权交易中输给了交易对手高盛的J.Aron公司。由于不希望让"账面亏损变成实际亏损"，中航油总裁陈久霖决定将盘位"后挪"。

2004年1月26日，中航油与交易对手高盛的J.Aron公司签署了第一份重组协议，双方同意结束前面的期权交易而重签一份更大的合约。根据协议，中航油在平仓后，买进了更大的卖出期权。但自2004年1月签署重组协议至当年6月，油价并未如中航油预期的下跌，反而一涨再涨。到二季度，因期货产生的亏损已高达3000万美元。中航油再次选择"后挪"，在6月28日同交易对手J.Aron公司签订第二份重组协议，风险成倍扩大。

值得一提的是，在"中航油事件"发生后，2006年3月8日新加坡地方法院审理中航油一案时，法庭辩护词中对被告人中航油总裁陈久霖"挪盘"一事也有这样的叙述："在咨询公司专业人员、高盛能源贸易子公司——J.Aron公司以及三井能源风险管理公司之后，由于他们全都强烈建议最好的解决办法就是挪盘，陈久霖先生相信了他们的判断并采纳了他们的建议。"

2004年10月26日，中航油在期权交易中最大的对手三井物产旗下的三井能源风险管理公司开始逼仓，正式发出违约函，催缴保证金。在此后的两天中，中航油因被迫在美国西得克萨斯轻油（WTI）55.43美元的历史高价位上实行部分斩仓，账面亏损第一次转为实际亏损1.32亿美元，至25日的实际亏损达3.81亿美元。11月29日，中航油在新加坡申请停牌，次日正式向市场公告了已亏3.9亿美元、潜亏1.6亿美元的消息，合计5.5亿美元。

陷入财务危机后，中航油的母公司"中国航空油料集团"应中航油要求，为其提供了约1亿美元的贷款。随后，中航油马上将这笔钱用来补仓和偿还部分亏损。此时，在石油期权衍生品市场上，以三井财团为首的国外债权人坚持要求中航油付款。到2004年12月7日止，已经向中国航油正式发出追债信的包括高盛的 J.Aron 公司、三井能源风险管理公司、三井住友银行等 7 家公司，其债务总额近 2.5 亿美元。

因为中航油曾经成功进行海外收购，曾被称为"买来个石油帝国"的企业，曾经被评为"2004 年新加坡最具透明度"的上市公司，是中国苦心打造的海外石油旗舰，结果在此一役中遭遇重创，中国实施"走出去"的战略延误……

复盘"中航油事件"，可以看到在没有定价权的市场里，其他机构是如何联手操盘的。在百年原油市场，早有一批金融资本牢牢占据了席位，新来者想在其中分一杯羹，要付出万分的小心和百倍的艰辛。此外，还有中国银行"原油宝"事件。

2020 年 4 月 20 日晚间，美国 WTI 原油（美国西德克萨斯轻质中间基原油）期货 5 月合约上演史诗级崩盘，一夜暴跌超 305%，收盘价格竟为 –37.63 美元 / 桶，成为历史上第一次负价格，刷新所有投资者的认知。在这次原油价格暴跌之中，中国银行"原油宝"（即个人账户原油业务）产品的投资者资金遭"血洗"，甚至出现"穿仓"——保证金赔光的同时还需要"倒贴"银行两倍的资金。

据媒体报道，中行"原油宝"客户 6 万余户，其中 1 万元以下的投资者约 2 万户，1 万~5 万元的投资者约 2 万户，5 万元以上的投资者约 2 万户。按照协议结算价统计，6 万余客户的保证金 42 亿元全部损失，还"倒欠"中行保证金逾 58 亿元。中行该产品多头头寸约在 2.4 万手到 2.5 万手（一手为 1000 桶油），估计此次总体损失规模应不少于 90 亿元。

实际上，仔细复盘 20 日美国原油的走势，可以看到一开始延续了前几日的跌势，5 月合约很快就从 18 美元跌到了 10 美元，这甚至引来了很多抄底的买盘，但是在 12 点左右，空头开始行动了，很快就把价格击穿到了 0，变成了负数，历史上第一次负油价引发了雪崩，价格很快就击穿 –10、–20、–30 一个个关口，最低到了 –40。其实市场在 –10 以下持续的时间并不长，而且成交量并不大，每分钟才几百手，结果中行的客户全都以 –36.73 几乎是最低的价格成交。

为什么会这样？这是因为在中行的银子进入市场后，已经被早早盯住了。

当中国银行的仓位达到市场20%的时候，已经成为市场操纵者的围猎目标，这个低价简直就是为了猎杀中国银行原油宝而设计的。事后，根据彭博社报道，一个伦敦的小交易商在4月20日一天就获利5亿美元；根据商业内幕网报道，高盛的商品部门已经赚取了10亿美元的利润，大部分利润来自4月石油跌至0以下。

为什么从中航油到中国银行，我们的机构总是惨败？负油价这种百年未有的事情，都能为你量身定做而来，还不明白吗？这就是在原油市场上，如果你没有定价权，就只能任人宰割。别看中国是最大的原油进口国，在这个市场上占点便宜十分不容易。

除了在原油市场，中国机构屡屡受挫，在国际铁矿石市场上也一样。中国钢铁产量全球第一，但中国各大钢铁企业忙一年，经常没赚多少利润，最后一盘点，利润全被巴西淡水河谷公司、澳大利亚必和必拓公司、英国力拓集团三大铁矿石巨头赚走了。从2004年起，铁矿石长协矿的价格开始一路飙升，2004—2008年，铁矿石长协价涨幅分别为：18.8%、71.5%、19%、9.5%、79.88%。直接把中国钢铁全行业虐成了利润微薄的小苦力。

在石油、钢铁这些已经被国际大资本玩了上百年的行业里，行业的开创者早已经牢牢把控住了利润最为丰厚的环节，且拥有强大的定价权，并随时对新入行者发起一轮轮的围猎。

三、资本巨头已开始调整投资理念

放眼"碳中和"时代，国际大宗期货市场面临巨大冲击，原油市场、铁矿石市场甚至一些有色金属市场，都将会面临市场规模萎缩的前景。那么这些金融资本何去何从？它们会安静地守候着原油市场、铁矿石市场，静待自己的消亡吗？

不可能的，"金钱永不眠"。

要知道，按照预测，全球碳市场有可能增长成比全球原油市场大10倍的一个巨无霸市场。这市场里谁掌握定价权，无疑将会成为新一代的金融霸主。

"碳中和"时代是一个新市场，大家都差不多同时进入这个领域，定价权在谁手里？才高足捷者得之。

国外巨头已经开始为争夺这个巨大的市场做准备了。近几年，越来越多的国外大型金融机构倡导 ESG 投资理念。所谓 ESG，就是一种关注企业环境（Environment）、社会（Social）和治理绩效（Governance）的投资理念。这是投资者在投资时用于衡量企业的可持续性和环境、社会影响所关注的三个核心因素，这种策略也被称为责任投资。

全球最大的资产管理公司贝莱德集团（BlackRock）公开表示，对碳排放没有采取积极措施的企业，将会被剔除出投资组合。贝莱德集团 CEO 拉里·芬克表示，当下投资风向正在发生"结构性转变"，机构更愿意将资本投向在环境、社会与公司治理，即 ESG 领域表现突出的可持续发展企业。"从汽车到银行，从石油到天然气公司……2020 年 ESG 领域表现较好的企业都比同行业其他企业业绩更好，享受'可持续性估值溢价'。"

回顾 2020 年的 A 股市场，在光伏和新能源汽车产业链，大部分公司股价翻倍；在港股市场和美股市场，出现一批股价一年翻 10 倍的公司。资本市场已经提前预见到，一场新能源变革的新经济革命正如朝阳般喷薄而出。公开统计显示，美国 ESG 市场规模超 17 万亿美元（US SIF 数据），加拿大 ESG 市场也超过 3 万亿美元（RIA 数据），全球 ESG 基金规模突破 1.26 万亿美元（晨星数据）。

贝莱德集团目前管理着 8.7 万亿美元的资产，其中包括 5 万亿美元被动指数投资工具。从某种意义上来说，贝莱德集团是全球所有大型企业的重要股东，是全球投资的重要风向标。贝莱德集团转向对低碳经济的配置是投资理念的重大突破，将引领国际资本在投资策略上的重大转变。

2020 年 12 月，包括富达、施罗德、LGIM、瑞银、威灵顿管理公司、DWS 在内的全球 30 家最大的投资机构，集体承诺将通过投资组合来促进企业减少碳排放，为 2050 年碳净零排放提供助力。

贝莱德基金作为管理着 8.6 万亿美元资产的巨头，在 ESG 上立场坚定。

该公司首席执行官拉里·芬克承诺，公司的所有投资都将考虑 ESG 因素。在 2020 年初给客户的信中，贝莱德表示，全球金融业正处于重大变局的前夜，"碳中和"目标将改变全球资产配置格局。贝莱德指出，旗下 1.8 万亿美元主动投资将在今年全面撤出动力煤投资。

自 2002 年推出首只 ESG ETF——贝莱德旗下的安硕 MSCI 美国 ESG 精选以来，全球此类产品的数量和多样性稳步增长。目前，全球 ESG ETF 行业包括 393 只产品，它们来自 25 个国家 31 个交易所的 92 家提供商。

在全球迈向"碳中和"这一大背景下，即使沙特这种以石油经济为主的市场都意识到环保和社会责任的重要性。沙特阿拉伯证券交易所在 2020 年 8 月表示，计划 2021 年与摩根士丹利资本合作推出一系列环境、社会和治理指数，以帮助投资者更好地投资沙特市场。

晨星公司提供的行业数据显示，低碳经济行业正在以每年上千亿美元的规模增加，而 2020 年的资金流入表明，这一市场仍在加速发展。

相比而言，目前中国的金融巨头们在此方面动作还比较迟缓，证券市场中虽然有"碳中和"概念炒作，但主力青睐的多是一些缺少新能源技术、只有噱头的短线交易品种，真正缺乏从理念到概念到技术到业绩的全方位体系。

这对中国金融市场实际上有一个相当紧迫的要求，如果还没有意识到争夺"碳中和"时代定价权的严重性，不去争抢这份红利，在未来新时代里，依然还是处在被宰割的不利位置，更为气人的是，在"碳中和"时代被欺凌后，往往还要被扣上一个不环保的帽子。

·第二十章·
石油美元霸权面临巨大冲击

"碳中和"时代,对全球经济贸易版图的最大冲击就是"石油美元"问题。如果全球顺利进入"碳中和"时代,没有新的变量因素干扰,美元汇率将一落千丈。

美元是这个星球上最受人欢迎的法币。美元能有如此强势的地位,是有其历史原因的。

经历过两次世界大战后,老牌资本主义国家如英国、法国、德国,因战争受到重创,迅速衰落,而美国在战争中发了财,成为最大的债权国。1945年,美国国民生产总值占全部资本主义国家国民生产总值的60%,成为西方发达国家中的绝对领袖。在这种形势下,全球形成了以美元为中心的国际货币体系。

1944年7月,美、英、法、中、苏在内的44国在美国新罕布什尔州的布雷顿森林村召开会议,确立了以美元为中心的固定汇率制,即美元与黄金挂钩,其他货币与美元挂钩。这被后世称为"布雷顿森林体系"。[27]

布雷顿森林体系是一种特殊形式的金本位制,即将强势的美元纳入金本位体系中。通过这种双挂钩的固定汇率制,各国货币与黄金失去了直接联系,而是间接通过美元与黄金联系。

通过布雷顿森林体系,美元不仅起着关键货币的作用,而且成为这一体系的基础,有着等同于黄金的地位。这就使美元高居各成员国货币之上,行使世界货币的职能,美国通过美元便可操控世界经济。

所以美元经常被人们叫作"美金",相当于黄金的化身。但好景不长,战后英法德意日等国纷纷进行重建,经济恢复迅速,对贸易需求量大,所以各国都储备了大量的美元。此时美元作为国际货币就会出现一个问题，美国必须不断供应足量的美元，才能维持自己长期的逆差，这相当于牺牲自己的利益，让其他国家挣自己的钱，来维持世界贸易的繁荣。时间一长，美国的债务很快会超过黄金储备，一旦超过储备，美元就等于被高估，美国的黄金储备就会受到挤兑，既无法维持一盎司35美元的黄金价格，也不利于美国对外贸易。

这样下去，对于世界各国来说，如果美元储备增多，一旦美元贬值，自己的钱就打了水漂。对于美国来说，觉得自己应该将美元与黄金脱钩，避免被挤兑的风险，不能自己将所有风险都承担下来。

于是，20世纪60年代初，美国采取了折中的办法，联合其他国家，建立了英美法德加等十国集团联合的"黄金总储备库"，即大家一起将黄金储备起来。但是法国率先在1967年将储备的美元兑换成了黄金，退出了黄金总储备。紧接着，在"阿拉伯—以色列战争"后，由于英国支持以色列，中东国家纷纷抛售英镑，英镑遭遇贬值，黄金总储备库被大量挤兑。美国这一联合黄金储备的方法摇摇欲坠。

1971年，尼克松在权衡利弊之后，做出大胆改革，宣布终止美元兑换黄金业务，将美元与黄金脱钩。这是世界经济史上的重大事件，从此这个星球上的法币开始与黄金这个一般等价物脱钩。但脱钩之后，美国依然希望维持国际货币的地位，所以就完成了一个神操作，那就是积极与中东石油国家建立联系。1975年，以沙特为代表的石油输出国决议，确认美元是石油的唯一定价和交易货币。欧佩克的石油总储量占到了全球的七成以上。也就是说，全球国家，如果买欧佩克的石油，就必须使用美元交易。

石油和美元挂钩，就为美元寻找到了比黄金更为方便的锚，因为石油的产量完全可以受人为控制，欧佩克的石油产量可多可少。布雷顿森林体系解体，石油美元的建立，开启了不受约束的美元时代，美国依靠其强大的军事、经济和科技实力，来保证美元在全球的价值。

维持国际货币的地位，对美国有着种种好处。比如美元超发，实际上就是在全球范围内收税。在浮动汇率条件下，美国可以无须承担稳定汇率的责任，而自主选择财政和货币政策。在布雷顿森林体系下，美元与黄金挂钩，其他货币与美元挂钩，这就要求美元有义务维持美元汇率的稳定。布雷顿森林体系解体后，美元就没有这个义务了。量化宽松，还是加息缩表，自主性强。通过美元的国际货币地位，美国可以高负债运转，很多新兴经济体通过辛苦贸易赚来的钱，最后以美债的形式储备。

但此次"碳中和"革命，意味着以光伏、氢能等新能源为代表的新能源将彻底崛起，全球绿色低碳发展的大趋势终将改变传统的化石能源格局。根据国际能源署的数据，2018年原油和原油相关产品、煤炭、天然气、生物能源以及风能等占一次能源消耗的比重分别为52.49%、12.89%、20.88%、13.12%和0.63%。如果发达国家2050年实现"碳中和"，发展中国家2060—2070年实现"碳中和"，那么这将意味着能源体系的彻底变革。

煤炭、石油、汽油都将被淘汰，这就意味着未来四五十年，原油将可能被淘汰出能源系统，随之而来的是全球金融市场的一场巨大变革。当原油不再是"工业生产的血液"，那么美元作为世界货币挂钩的载体将不复存在，美元的霸权地位将失去锚定。这将是从1944年布雷顿森林体系、1975年美元锚定石油之后的最大变局。

美元如果在这轮变革中丧失国际货币地位，那将意味着美元超发的种种好处将全部消失，其对全球经济所产生的冲击力不言而喻。

在"碳中和"时代的大变局下，谁将成为新时代的货币锚定，谁会成为新的国际货币，我们拭目以待。

·写在最后的话·

看到这里,相信各位朋友已经明白了"碳中和"对地球生态的伟大意义,也厘清了"碳中和"推进过程中对能源及相关产业所造成的天翻地覆的影响,也明白了其中存在巨大的财富机会。从某种程度上说,"碳中和"就是一座金山,而这座金山已经打开了大门。

但金山打开了大门,我们就一定能够抱金而归吗?不一定。

前面写了那么多的"碳中和"的好处、必经之路,但在全书的最后,笔者需要给朋友们提个醒:金山虽好,却有颇多陷阱。

就在笔者写这本书的同时,中国证券市场上围绕着"碳中和"已经爆发了一轮轰轰烈烈的大行情。进入2021年以来,新能源汽车概念板块频频登上涨幅榜榜首,概念相关指数自2021年开年以来至8月涨幅均超过50%。本书前文中提到的几家上市公司已经成为热点投资标的,其中宁德时代市值突破万亿元,比亚迪市值也冲过万亿元大关。让市场震撼的是,就因为比亚迪的新能源汽车概念,此时的比亚迪市值已经抵得上四家上海汽车之和,而上海汽车才是真正的国内汽车市场的老大,由此可见比亚迪等新能源汽车公司得到了怎样的追捧。

这一切纯属资金的疯狂炒作吗?也不尽然。

2021年上半年,新能源汽车销量达到120.6万辆,与2019年同期相比增长92.3%,年复合增长率为38.7%。值得关注的是,2021年上半年,国内汽车总销量为1289万辆,与2019年同期相比仅增长4.6%,年复合增长率为2.3%。也就是说,与2019年同期相比,汽车整体的销量小幅增长,而新能源汽车的销量却出现了井喷，接近翻番，这反映出了新能源汽车对传统车辆的快速替代效应。

中汽协预测到 2025 年中国汽车销量有望达到 3000 万辆，根据新能源汽车的未来发展路线图，若届时新能源汽车销量占比达到 20%，新能源汽车总销量将达到 600 万辆，以 2020 年的销量为基数，新能源汽车销量的年复合增长率有望达到 34.4% 的持续高增速水平。

年复合增长率接近 35% 的一个行业，这是一个多么让人心动、眼红的高速成长赛道啊。

毫无疑问，新能源汽车是一个好赛道，在未来十几年，甚至几十年内都是明确的高速增长行业，这已经成为全球资本市场的共识。

但值得警惕的是，市场共识一旦形成，往往也意味着公司价格高得难以接受。截至 2021 年 8 月，新能源汽车指数的动态市盈率已经高达 165 倍，而在 2019 年底，估值仅仅是 29 倍。就算新能源汽车行业存在持续高增长的动力，165 倍的估值，也是毫无疑问地过高了。这种情况在投资圈有句话，值得分享给大家：好投资，也需要好价格。

新能源汽车概念在 2021 年初的暴涨，恰恰类似 2000 年的全球网络股泡沫。

从 20 世纪 90 年代中后期，全球资本市场都越来越青睐互联网公司，做二手商品交易的易贝（eBay），用户量增长飞快但是没有任何利润，易贝上市当天发行价是 18 美元，收盘时达到了 47 美元，涨了接近两倍。

一家叫专门做网页浏览器的 Netscape 公司，在 1994 年成立，第二年就上市了，发行价 28 美元，上市第一天最高就涨到了 75 美元，最后收盘时公司市值 29 亿美元！美国百年企业通用动力公司花了 43 年才能达到的市值，就被这样一个才两岁的互联网公司给超越了。

有些公司只是在名称前面加个"e-"或者后面加了一个".com"，然后出一份商业计划书，投资者就认为它是互联网公司有投资价值而疯狂砸钱，随随便便一家新上市的互联网公司就能融资好几千万美元，前面提到的做生鲜配送的 Webvan 上市融了 3.7 亿美元，专卖宠物用品的 http://Pets.com 融资了

8200万美元，还有社交网络鼻祖http://theGlobe.com上市第一天股价暴涨9倍，融资2800万美元。

那些为互联网公司提供服务的通信公司和网络公司也同样备受投资者青睐，仅仅在1999年一年高通就涨了26倍，同样还有另外12只股票涨了超过10倍，网络服务公司阿卡迈（Akamai）第一天股价就涨了四倍。

2000年，纳斯达克指数公司的整体市盈率已经到了200，比1991年日本房地产泡沫时候的日经225指数公司整体市盈率的80高了两倍不止。

极端的疯狂终难持续，当互联网泡沫破灭之后，美国纳斯达克指数从2000年的历史最高点5048一路跌到2002年的1114，整个股市市值蒸发了三分之二。不少明星公司市值断崖式下跌甚至关门歇业，一大批程序员失业转行，只有不到一半的互联网公司苟延残喘活到了2004年。

最终，52%的公司在这次危机中破产，大多数互联网公司的市值跌掉了75%，即使是经营情况良好的亚马逊和易贝市值也是暴跌。

同时还牵连到那些通信公司和硬件公司，思科和太阳计算机系统（中国）有限公司（Sun Microsystems）跌掉了几乎90%的市值，前面提到的合并之后的美国在线时代华纳公司市值也跌到了1200亿美元，还把AOL（美国在线）从公司的名称中删掉，免费软件模式的鼻祖网景通信公司（Netscape）也在和微软的对抗中失去了大部分的市场份额，四十多万IT从业者失去了工作被迫转行。

我们现在都知道亚马逊已经成为一家伟大的企业，截至2021年8月，股价达到了3300美元左右，总市值1.6万亿美元，市值超过10万亿元人民币。但这样伟大的企业，在2000年的互联网泡沫中也是损失惨重，亚马逊从2000年互联网科技股泡沫顶峰的353美元股价，跌到了不足6美元，跌去了96%，后来在2013年底才终于再次站回了353美元的高位。这就是伟大企业买贵了的后果。

宁德时代、比亚迪毋庸置疑都是非常优秀的企业，但在新能源汽车的市场竞争中，它们一定能笑到最后吗？

市场竞争是激烈的，投资的道路往往是曲折艰难的，想拿到最终的红利，是要付出艰辛努力并认真分析的。证券市场上无数次经验告诉我们，盲目跟风只会收获一地鸡毛。

从 2000 年互联网泡沫一路陪伴亚马逊而来的投资人屈指可数，但就算是经历波折，能和优质企业一起走到最后的还算是喜剧结尾。

就在 2000 年互联网泡沫前后，中国 A 股市场同步也有了一场轰轰烈烈的网络股行情。当时的 A 股市场上，网络股泡沫扩散到电脑、软件、网络、电信、电子、航空航天、生物科技、芯片、有线电视等板块，为了蹭上网络狂潮的热点，上市公司掀起一番改名的浪潮：1999—2000 年，有 151 家公司改名，涉及"科技""信息"概念的改名达到 43 家，改名前后平均涨幅高达 156%，而其余改名的公司平均涨幅只有 118%。其中代表性公司亿安科技、科利华、综艺股份、托普软件、风华高科、大唐电信、上海梅林、海虹控股等平均最高涨幅达 518%，其中又以亿安科技为最，在 1998 年 8 月到 2000 年 2 月短短 1 年半时间里，最高涨幅达到令人咋舌的 22 倍。

但在二十年后，我们回顾那场 A 股的网络股泡沫后，只能哀叹，当年那几百家蹭热点的网络股狂潮，最后一家像样的网络公司都没有孕育出来。

亿安科技股价操纵案早已经成为资本市场的污点；科利华、托普软件等热点企业早已经烟消云散；大唐电信已经多次因为亏损被特别处理；综艺股份经历几轮泡沫，依然是维持在 60 亿市值，如果是 2000 年泡沫高峰持有到现在，依然是亏损的；上海梅林早已经不谈什么网络概念，踏实做罐头、肉制品了。

回首这段历程，我们会发现，尽管互联网是人类历史上最伟大的财富机会，但在最初的泡沫期，却足以让国际、国内的无数投资人血本无归。

好投资，也需要好价格；也许，你今天匆忙买入的公司，可能 5 年后回顾，就是一笔非常糟糕的投资。

"碳中和"是一座财富的金山，但这座金山属于耐心者，属于真正有毅力去挖掘"碳中和"事业的人。从概念中赚来的钱，最终会还给市场，甚至赔得惨烈。在如今这个时代里，各种技术日新月异，新奇理念也是层出不穷，图书上的信息往往太易于过时，在碳红利的赛道上，更可以昭彰一句老话："唯一不变的是变化。"

本书中所探讨的那么多行业、技术路径，可能哪天出了一位天才，直接解决了核聚变问题，人类能源从此进入新时代的，那本书的很多内容也就全是虚设了。

为了更好地和有志于此的朋友交流，把握更多的信息与变革浪潮，除了本书外，笔者还开设了公众号"碳中和新时代"，会及时更新交流投资心得。在"碳中和"的漫长征途中，在挖掘碳红利之路上，笔者希望能与志同道合的朋友们继续一起漫游。

·附录·
参考资料一览

1. 《地球的故事》，（美）罗伯特·哈森（Robert M. Hazen）著，中信出版集团。
2. 《蒙古高原中部气候变化及影响因素比较研究》，（中）王菱、甄霖等著，《地理研究》（Geographical Research）杂志 2008.01.19 期。
3. 《东亚地区超过临界点后突然转向更热更干的气候》（Abrupt shift to hotter and drier climate over inner East Asia beyond the tipping point），（中）陈德良著，《科学》（Science）杂志 2020.11.27 期。
4. 《大气》（An Ocean of Air），（美）加布里埃尔·沃克（Gabrielle Walker）著，生活·读书·新知三联书店。
5. 《大气科学》（Atmospheric Science），（美）约翰·M.华莱士（John M.Wallace）、（美）彼得·V.霍布斯（Peter V.Hobbs）著，科学出版社。
6. 《46亿年的奇迹：地球简史》，（日）朝日新闻出版著，人民文学出版社。
7. 《第四纪冰期及冰期天文说》，（中）周尚哲著，科学出版社。
8. 《线粒体融合实现基因"大迁徙"》（Horizontal Transfer of Entire Genomes via Mitochondrial Fusion in the Angiosperm Amborella），丹尼·W.赖斯（Danny W.Rice）、安德鲁·J.阿尔弗森（Andrew J. Alverson）等著，《科学》杂志 2013.12.13 期。
9. 《生命的起源与演化》，（中）郝守刚著，高等教育出版社。
10. 《远古的灾难》，（中）戎嘉余、（中）许汉奎等著，江苏科学技术出版社。
11. 《黄土高原生态环境沧桑巨变七十年》，（中）陈怡平著，《中国科学报》2019.09.03 期。

12. 《丛林废都吴哥窟废弃之谜》，（中）张彤彤著，《博物》杂志 2015 年第 10 期。

13. 《崩溃》（Collapse），（美）贾雷德·戴蒙德（Jared Diamond）著，上海译文出版社。

14. 《美丽塞罕坝》，（中）朱悦俊、（中）段宗宝著，天地出版社。

15. 《能源革命改变 21 世纪》，（中）刘汉元、（中）刘建生著，中国言实出版社。

16. 《2060 碳中和目标下的电力行业》，（中）郭伟、（中）唐人虎著，《能源》杂志 2020.11 期。

17. 《二氧化碳降解塑料产业化遭遇三大难题》，（中）罗百辉著，《中国包装报》2011.06.14 期。

18. 《风能与风力发电技术》（第三版），（中）刘万琨等编著，化学工业出版社。

19. 《掺氢汽车的特点》，《能源与环境》杂志 2019.06 期。

20. 《IFC 进军南京市商业银行》，（中）吕莹、（中）裴海生著，《现代商业银行》杂志 2002.02 期。

21. 《从人口迁徙看投资机会》，（中）李迅雷、（中）杨畅著，《宁波经济（财经视点）》杂志 2018.07 期。

22. 《中国经济改革 30 年：区域经济卷（1978—2008）》，（中）高新才著，重庆大学出版社。

23. 《中国区域经济发展报告（2019—2020）》，（中）赵弘、（中）游霭琼、（中）杨维凤、（中）王德利著，社会科学文献出版社。

24. 《库布其模式"一增一减"助力碳中和》，（中）马爱平著，《科技日报》2021.04.06 期。

25. 《南方电网：勇当构建新型电力系统的先行者》，（中）佘慧萍、（中）陈细英著，《农村电工》2021.05.03 期。

26. 《零碳经济的市场新风口 氢能发展并非"氢"而易举》，（中）刘国伟著，

《环境与生活》2021.05 期。

27. 《布雷顿森林被遗忘的基石》（*Forgotten Foundations of Bretton Woods*），（加）埃里克·赫莱纳（Eric Helleiner）著，人民出版社。